冯定
哲学思想研究

Research on
Feng Ding's
Philosophical
Thought

Philosophical
Thought

王多吉　代立梅　著

社会科学文献出版社
SOCIAL SCIENCES ACADEMIC PRESS (CHINA)

摘　要

冯定先生是 20 世纪我国著名的马克思主义哲学家、思想家和教育家。他一生的理论探索，围绕着对时代问题的哲学思考，在通俗化的哲学话语表达中，形成了一个以人类解放理论为主轴，贯通哲学观、世界观、辩证法、认识论和人生观的有机理论体系，对于推进马克思主义哲学大众化具有重要意义。

无产阶级和人类解放是马克思主义一以贯之的理论主题。冯定对这一主题做了充实和丰富，从生产劳动及其基础上的社会和自然的矛盾、生产力和生产关系的矛盾、经济基础和上层建筑的矛盾这三大矛盾运动中揭示了人类解放的根据，从工人阶级的历史任务入手确定了人类解放的主体，从阶级斗争和社会革命入手指明了人类解放的方式，从全部人类解放和世界和平入手阐明了人类解放的目标。

冯定的马克思主义哲学观，以哲学含义观为核心，涵盖了哲学应用观、哲学学科建设观、哲学体系建构观，形成了一个相互衔接的哲学观体系。他强调哲学的应用性，认为马克思主义哲学是和平凡的人、平凡的事分不开的，是对真理的认识和遵从，是自然哲学和历史哲学的统一。他提出了北大哲学系"一体两翼"的哲学教育方针，为北大马克思主义哲学研究生的正规培养奠定了基础。在马克思主义哲学体系的建构上，他认为应坚持世界观、历史观、认识论、方法论和人生观的统一，以认识和实践为主线，把哲学当作认识史来研究，把辩证唯物论和历史唯物论融为一体。

　　冯定坚持马克思主义的世界观，并对其做了丰富和拓展。冯定的马克思主义世界观，虽然坚持世界的物质统一性，但不同于物质本体论；虽然坚持劳动实践对于人类社会的基础地位，但不同于社会存在本体论；虽然坚持实践对于人与自然、人与社会相互关系构建的重要性，但不同于"实践哲学"。他把矛盾辩证法提到了世界观的高度，彰显了实践基础上自然界和人类社会辩证关系的动态图景，并赋予马克思主义世界观新的理论视域：实践是人类智慧的根源；实践关乎人类的命运，是人类最重要的特性；实践是人生意义的根据。

　　冯定的辩证法思想，既有理论建构的原创性，又有现实应用的实践性。从理论建构来看，他认为唯物辩证法是对"形式逻辑"在本体论和方法论意义上的双重扬弃；从实践应用来看，他对资产阶级共同性格和特殊性格的分析，对过渡时期无产阶级和资产阶级矛盾性质的把握，对新民主主义社会过渡性特征的判断，对"红与专"关系的阐释，都闪烁着唯物辩证法的智慧光芒，是结合时代问题灵活运用辩证法的杰出范例。

　　冯定从历史观、认识论、价值观三个层面对真理的品格进行了考察，着重阐述了认识发生的自然生理前提、认识产生的社会实践基础、真理内含的科学假设先驱、真理检验的社会实践标准、真理发展的动态超越过程这五个重要问题。冯定对真理的论述，具有四大理论特色：第一，从真理和智慧的关系审视真理的品格，赋予真理以智慧论的意义；第二，从真理和谬误的关系确定真理的界限，辩证地看待真理的适用范围；第三，从真理和规律的关系追溯真理的根据，强调认识论和唯物论、辩证法的统一；第四，从真理和实践的关系阐释真理的目的，凸显了马克思主义认识论改造世界的功能。

　　在人生观上，他主张人生观就是世界观，强调高扬人作为万物之灵的主体意识，强调基于共产主义立场来把握人生的意义，强调在坚持科学的世界观基础上自觉加强人生修养。高扬主体意识，是冯定人生观思想的核心特征，这既表现在选择人生道路的主动性上，又表现在做人做事的积极性上，还表现在识理明理的自觉性上。

推进马克思主义哲学的大众化是冯定一生的理论愿望。他不仅考察了马克思主义哲学大众化的前提和内容，更重要的是，他从主体条件、内在要求、情感诉求、表达形式、现实基础、社会心理条件和时代视野七个方面对马克思主义哲学大众化的路径做了深入阐述，对我们继续推进马克思主义哲学大众化提供了重要的理论启迪。

总之，冯定一生的理论探索，贯穿着对马克思主义的深刻理解，渗透着立场鲜明的党性原则，熔铸着注重应用的理论旨趣，高扬着立足现实的创新精神，蕴含着宽容平等的人格力量，洋溢着精练朴实的清新文风。探索探索者所走过的道路，继续追求真理和发展真理，既是冯定先生的理论嘱托，也是一切马克思主义研究者的共同任务。

关键词：冯定；马克思主义；真理观；主体意识；马克思主义哲学大众化

目　录

导　论

一　选题缘由

　　冯定（1902～1983年）是20世纪我国著名的马克思主义哲学家、思想家和教育家，是中国共产党领导的革命中涌现出的兼具职业革命家和马克思主义理论家双重身份的杰出人物。从青年时代起，他就活跃在我国文化教育和理论战线上，以"贝叶"为笔名在上海的《自修大学》等进步刊物上发表哲学和有关青年修养的文章，是20世纪30年代备受青年喜爱和钦佩的通俗哲学家和人民教育家，在此后直至80年代的将近半个世纪的历程中，他奋斗的脚步从不曾停歇，为我国马克思主义理论的研究、传播和通俗化等做出了重大贡献。他的理论创新和崇高风范寓于他对马克思主义真理的孜孜不倦的探索和追求之中，寓于他对中国人民的解放进步事业以及社会主义现代化建设事业的积极奋斗之中。

　　然而，正如黄枬森先生2001年在"纪念冯定诞辰百年"筹备会上所指出的：冯定贡献很大，但对他的研究和宣传不够。[①] 在推进马克思主义哲学中国化、大众化、时代化的理论征程中，梳理冯定思想形成发展的过程，概括冯定思想的全貌和理论特质，是一项非常

---

　　① 参见李少军《永远的丰碑——怀念黄枬森老师》，《北京大学校报》2013年4月7日，第4版。黄枬森又名黄楠森。

重要的理论工作，具有重要意义。

第一，冯定先生坚持"无产阶级和人类解放"这一马克思主义一以贯之的理论主题，研究冯定思想，对深化马克思主义原理整体性的研究具有重要理论启迪。

一部马克思主义发展史，不仅仅要"照着说"，而且还要"接着说"，既要坚持马克思主义的基本立场、基本理论、基本观点和基本方法，还必须结合新的实际、新的实践，赋予马克思主义新的发展，做到坚持继承和发展创新的统一。发展马克思主义，必须坚持马克思主义一以贯之的理论主题——无产阶级和人类解放——来展开。任何离开这一主题的所谓"创新"，都不是发展马克思主义，而是"肢解"马克思主义，或者以某种隐晦的方式让马克思主义"改头换面"。

针对民主革命任务完成后无产阶级的历史任务和历史使命是否完成的疑问，冯定先生写于 1952 年的《中国共产党怎样领导中国革命》和写于 1953 年的《工人阶级的历史任务》，以"通俗的理论"[①]解答了这些问题。针对"革命究竟是为着什么"的疑问，冯定认为："革命为的并非仅只破坏旧的，而是还要建设新的。换句话说，革命就是要使大多数人的生活，乃至整个人类的生活，一天比一天更为美好起来。"[②] 在论述中国共产党领导中国革命经验和阐述无产阶级未来任务的基础上，冯定先生进一步确证了"无产阶级和人类解放"这一马克思主义理论的主题，并结合实际对其内涵做了丰富和拓展。

马克思主义理论一级学科设立十多年来，学术界对马克思主义原理整体性的认识取得了重大进展，但进一步深化对马克思主义理论主题、研究对象及理论架构的研究，仍然是当前中国学术界重要的理论任务。恩格斯曾明确指出："共产主义是关于无产阶级解放的

---

① 冯定：《中国共产党怎样领导中国革命》，华东人民出版社，1952 年版，"交代的话"第 3 页。

② 冯定：《中国共产党怎样领导中国革命》，华东人民出版社，1952 年版，第 5 页。

条件的学说。"① 因此，我们认为，深化对马克思主义原理整体性的研究，应该坚持"无产阶级和人类解放"这一主题来展开、完善和发展。冯定先生关于人类解放根据的揭示、关于人类解放主体的确证、关于人类解放方式的阐述、关于人类解放目标的说明，对于我们从整体上把握马克思主义具有重要启迪。

第二，冯定先生是北京大学马克思主义哲学学科的开创者、建设者和管理者，研究冯定思想，对于培养哲学人才、深化马克思主义哲学体系创新具有重要的理论启迪。

冯定先生生命的最后二十七个春秋是在北京大学度过的。冯定先生曾对夫人袁方说，"现在有许多人死后都要把骨灰撒到家乡，我看北大就是我的第二故乡，我就把骨灰撒在校园里，作为一个园丁所加的最后一把肥料吧"②。

作为我国著名的马克思主义哲学家、思想家和教育家，冯定先生为哲学教育呕心沥血，从 1957 年调入北京大学哲学系工作直至逝世，冯定先生的工作和思想是和北京大学的哲学教育事业分不开的。他先后担任了北京大学校党委委员、北京大学党委副书记、北京大学副校长、北京大学哲学系主任、北京大学校务委员会顾问等职。在长期的教学研究和高校管理实践中，冯定先生提出了一整套符合时代要求和人才培养要求的哲学学科建设观。冯定哲学学科建设观内涵丰富，其突出的贡献，表现在提出了"一体两翼"的哲学教育方针、革新了哲学教材内容体系和培养了一批马克思主义哲学研究人才等方面。

在马克思主义哲学体系的建构上，他认为应坚持世界观、历史观、认识论、方法论和人生观的统一，以认识和实践为主线，把哲学当作认识史来研究，把辩证唯物论和历史唯物论融为一体。

《平凡的真理》是冯定先生的代表作。在这部著作中，冯定先生

---

① 《马克思恩格斯文集》（第 1 卷），人民出版社，2009 年版，第 676 页。
② 袁方：《永恒的追求——悼念冯定同志》，载于谢龙主编《平凡的真理 非凡的求索——纪念冯定百年诞辰研究文集》，北京大学出版社，2002 年版，第 153 页。

通过真理和智慧、真理和谬误、真理和规律、真理和实践的逻辑展开，从"人归根到底是能够认识真理的"入手，论述"个人的认识和思想"形成、发展的条件，最后落脚到"人生最有意义的行动就是改造世界"，而欲达这一目的，就必须强化个人修养，并最后实现每个人自由全面发展。这既是马克思主义的崇高目标和理论主题，也是冯定思想的必然结论。

今天，实现马克思主义哲学体系创新，就必须关注时代问题，关注生活在这个时代中的"人"的命运，并以人的全面自由发展为主线。只有这样，才能不断增强马克思主义鲜活的理论生命力。

第三，冯定先生的文风平实简洁，与人交流平等谦和，思想表达与时俱进，对我们推进马克思主义大众化具有重要的方法启迪。

马克思指出："批判的武器当然不能代替武器的批判，物质力量只能用物质力量来摧毁；但是理论一经掌握群众，也会变成物质力量。"① 理论反映群众的诉求，并能以喜闻乐见的形式为群众所接受和掌握，这是理论掌握群众的必要前提。要做到这一点，则必须实现马克思主义中国化、时代化和大众化，其中文风是很重要的一个方面。

习近平总书记把我们现在面临的文风问题，概括为"长、空、假"，他说："当前，在一些党政机关文件、一些领导干部讲话、一些理论文章中，文风上存在的问题仍然很突出，主要表现为长、空、假。"② 习近平总书记认为，改进文风，需要在三个方面下功夫。一是短。力求简短精练、直截了当，要言不烦、意尽言止，观点鲜明、重点突出。坚持内容决定形式，宜短则短，宜长则长。二是实。讲符合实际的话不讲脱离实际的话，讲管用的话不讲虚话，讲反映自己判断的话不讲照本宣科的话。三是新。在研究新情况、解决新问题上有新思路、新举措、新语言，力求思想深刻、富有新意。

---

① 《马克思恩格斯选集》（第1卷），人民出版社，2012年版，第9页。
② 习近平：《努力克服不良文风 积极倡导优良文风》，《求是》2010年第10期。

　　冯定先生的著作，透着平实、简洁的文风。在冯定先生看来，马克思主义固然深奥，但却又同实际、同工作、同生活密切相关，是实实在在的学问，是平凡的真理，"真理是跟平凡的事物和平凡的群众分不开的"①。冯定先生的论著，从内容到结构，从用语到讲述，都有一套成熟的通俗化的做法，十分流畅。尤其是《平凡的真理》一书，通篇语言朴实无华，内容亲切生动，作者用自己的体会和认识与读者交流，而不是引经据典，借助于权威。

　　在推进马克思主义大众化方面，冯定先生的文风至少给我们以下启迪。其一，要实现马克思主义大众化，必须用言简意赅、通俗易记的方式凝练马克思主义的精髓。其二，要实现马克思主义大众化，必须用紧接地气、平和朴实的大实话为老百姓解惑释疑。其三，要实现马克思主义大众化，必须以破解问题、新颖创意的话语凝聚社会发展共识。其四，要实现马克思主义大众化，必须以讲故事、举事例、拉家常的方式娓娓道来，拉近马克思主义与老百姓的心理距离。

　　第四，研究冯定思想，尤其是其人生观思想，对弘扬社会主义核心价值观，塑造当代青年科学的人生观和价值观具有现实意义。

　　2012 年党的十八大明确提出"三个倡导"，即"倡导富强、民主、文明、和谐，倡导自由、平等、公正、法治，倡导爱国、敬业、诚信、友善，积极培育社会主义核心价值观"，这是对社会主义核心价值观的高度概括。

　　价值观是人们心中的深层信念系统，核心价值观能否与时俱进，直接关系到一个国家的凝聚力和影响力。社会主义核心价值观虽然涉及国家、社会和个人三个层面，但归根到底，价值观最基本的主体还是个人，个人的价值选择，是社会价值观念的基础所在、根本所系。

　　要培育和践行社会主义核心价值观，就必须得落实到个人层面，

---

① 《冯定文集》（第 1 卷），人民出版社，1987 年版，第 175 页。

让社会主义核心价值观在个人心中生根发芽，并转化为自觉的行动。为此，必须在学理上阐明两个前提性问题：第一，个人为什么要树立这样的而不是别样的人生观和价值观？第二，树立这样的人生观和价值观对个人来说有什么用或者说有什么意义？

为什么要树立这样的而不是别样的人生观和价值观？冯定先生关于共产主义人生观的阐述给我们提供了重要的方法启迪。在冯定先生看来，原因有两个方面：其一，从社会方面来讲，这样的人生观和价值观是社会所需要的，是符合社会发展规律的；其二，从个人来讲，这样的人生观和价值观是正确的、积极的、进步的，它告诉我们的是积极做人的道理。正因为这样，冯定先生在不同的历史时期，分别结合当时的社会现实和生活实践对人生观和价值观问题进行了研究和阐释，先后写下了《青年应当怎样修养》（1937 年）、《谈新人生观》（1937 年）、《新人群的道德观》（1937 年）、《共产主义人生观》（1956 年）、《爱养父母在社会主义社会里也是必要的美德》（1956 年）、《人生漫谈》（1964 年）、《生命的价值——谈谈革命人生观》（1979 年）、《人活着究竟为什么？》（1980 年）、《青年的苦闷从何而来？》（1980 年）、《让共产主义道德深入人心是理论工作者的神圣职责》（1980 年）等论著。

树立这样的人生观和价值观对个人来说有什么用或者说有什么意义？在冯定先生看来，还是体现在两个方面。其一，这样的价值观应该是对历史上一切合理进步的价值观思想的批判继承和自觉扬弃，因而既有民族性，又有世界性，还有时代性。在《人生漫谈》中，冯定先生提出了踏实、为众、尊人、求知、热情、乐观和克己七个方面的人生要求和价值观。这七个方面，既体现了中华民族精神特质，又是符合时代要求、为社会主义建设所需要的。其二，这样的人生观和价值观对青年人成长、成才是不可或缺的，是青年人成长成才的必要条件。

重视对人生观尤其是青年的人生观和价值观问题的研究，是冯定先生思想的一个显著特点，他关于共产主义人生观的论述，对于我们今天在学理上阐释和研究"如何培育和践行社会主义核心价值观"问题提供了有益的理论思路。

二　文献综述

（一）学术界研究冯定先生思想的五个主要阶段

梳理研究文献，可以发现对冯定先生思想的研究，呈现出明显的阶段性特征，主要有以下五个研究阶段。

第一个阶段：20 世纪 50 年代对《平凡的真理》一书的评介性研究。这一阶段主要对冯定先生《平凡的真理》一书做了评介性研究，主要的文章有马仲扬等著的《评介"平凡的真理"》和《再评"平凡的真理"》，黄枬森先生《谈谈"平凡的真理"一书的结构》，沈少周《"平凡的真理"》和《重读"平凡的真理"之后》等。1956 年 10 月 30 日，中国青年出版社召开了《平凡的真理》以及通俗哲学读物写作方面的座谈会，对《平凡的真理》一书的结构、部分章节概念的表述等问题进行了讨论和对话。这一阶段的文献，主要肯定了冯定先生在马克思主义哲学通俗化方面的贡献和成绩，但基本没有对冯定先生的思想进行提炼。

第二个阶段：20 世纪 60 年代对冯定思想的错误批判。这一阶段主要集中在 1964 年和 1965 年，对冯定先生的思想进行了所谓"修正主义"的错误批判。《红旗》杂志 1964 年第 17、18 期合刊刊登了张启勋的《评冯定的〈共产主义人生观〉》的署名文章并加编者按，第 21、22 期合刊又刊登了陆锋的《主观唯心主义的大杂烩——评冯定同志的〈平凡的真理〉》。其后，全国报刊发表了几百篇批判冯定先生的所谓"修正主义观点"的文章。

第三个阶段：20 世纪 80 年代对冯定先生思想的重新肯定与研究。这一阶段的研究主要从三方面展开。一是对冯定先生思想的重新肯定。《红旗》杂志 1980 年第 10 期刊登了朱德生和张文儒合写的论文《寓深刻于平凡——评介〈平凡的真理〉一书》并发编者按，指出"本刊在陈伯达的指使下，于一九六四年连续发表所谓批判文章，无限上纲，横加罪名，大肆围攻冯定同志"，"这里，我们特意刊登《寓深刻于平凡》这篇文章，以推倒过去对冯定同志的一切污蔑不实之词"。以此为标志，冯定先生的思想获得重新肯定和评价。紧接着，黄楠森先生和陈志尚先生在《北京大学学报》（哲学社会科学版）1980 年第 4 期上发表《评 1964 年对冯定的〈共产主义人生观〉的批判》一文。文章在揭露 1964 年对冯定先生错误批判的基础上，对其中的一些错误论点逐一进行了深刻有力的剖析。由此，冯定先生的思想在学术界和理论界得到重新肯定。二是对冯定先生思想的初步研究。共有两篇论文①，主要探讨了冯定先生哲学思想的特点。三是对冯定先生及其思想的初步评价。集中在冯定先生 1983 年逝世后所撰写的悼念文章中，共有三篇②。总体来看，这一阶段的研究文献虽然不多，但意义重大，重新肯定了冯定先生思想的重要价值并开始了对冯定先生哲学思想特点的研究。

第四个阶段：20 世纪 90 年代纪念冯定先生诞辰九十周年的理论研讨。1993 年冯定先生诞辰九十周年之际，北京上海相继召开了"冯定学术思想讨论会"。这一时期的研究有两个侧重点。第一个侧重点是对冯定哲学思想的研究。1993 年第 2 期的《北京大学学报》（哲学社会科学版）开辟了"冯定哲学思想研究"专栏，刊登了许全兴、苗力沉、冯宋彻、姚惠龙等撰写的四篇研究文章和张文儒撰写的《冯定诞辰九十周年纪念会暨学术讨论会综述》。第二个侧重点是对冯定生平事迹和品格风范的研究。1993 年第 3 期的《道德与文明》期刊也开辟研究专栏，刊登了冯宋彻、许启贤、陈瑛、魏英敏、

---

① 这两篇论文是：张文儒《冯定哲学学术思想初评》，《北京大学学报》（哲学社会科学版）1985 年第 3 期；袁方、张文儒《冯定的学风与哲学思想的特点》，《社会科学》1985 年第 7 期。

② 这三篇悼念文章是：袁方《永恒的追求——悼念冯定同志》，《人民日报》1984 年 2 月 24 日；舒文、吴士濂《缅怀冯定同志》，《社会科学》1984 年第 5 期；张文儒《忠诚的马克思主义理论战士——纪念冯定逝世一周年》，《光明日报》1984 年 12 月 8 日。

陈昊苏等人的相关论文。这一阶段的研究有所深入，主要研究了冯定先生的哲学思想及主要特征、冯定先生哲学体系改造的思想及冯定先生的矛盾辩证法思想等。

第五个阶段：2002 年纪念冯定先生诞辰一百周年理论研讨。在 2002 年冯定先生百年诞辰之际，北京大学哲学系谢龙教授主持了国家社会科学基金项目（01BZX011）"冯定的哲学与伦理思想"，该课题的成果就是 2002 年由北京大学出版社出版的《平凡的真理 非凡的求索——纪念冯定百年诞辰研究文集》。该文集由冯定生前的同事和好友季羡林先生根据与冯定一起担任第二届至第五届全国政协委员期间留下的深刻印象拟定书名"平凡的真理 非凡的求索"，张岱年先生题写了书名，汪子嵩先生和闵维方先生分别作序。该文集分为上、中、下三编，其中上编汇集了以回忆和评论冯定生平事迹为主的文章，中编汇集了以评论冯定学术理论贡献为主的文章，下编汇集了在冯定学术思想启发下以研究某些课题为主的文章。这是迄今进行的规模最大、层次最高的研究冯定先生思想和理论贡献的一个阶段。

从以上几个研究阶段可以看出，对冯定先生思想的研究主要集中在冯定先生逝世后召开的两次较大规模的理论研讨会上。但这两个阶段的研究更多地带有纪念性质，同时研究也缺乏系统性。因此，对冯定先生的思想从整体上展开系统研究是很有必要的。

同时可以看出，对冯定先生思想的研究主要可分为三类：对冯定先生生平事迹的评介性研究、对冯定先生思想的错误批判和对冯定先生思想的专题性研究。其中有关生平事迹的评介性研究资料对论文写作的意义主要在于撰写冯定学术事业年表和体会把握冯定先生的品格风范，故以下不展开述评。对冯定先生思想的错误批判在今天看来虽是荒谬的，但反观之，则有助于在论文写作中更突出冯定先生思想的前瞻性和穿透力。对冯定先生思想的专题性研究资料对论文的写作有重要的借鉴意义和参考价值。故以下就这两类研究进行述评。

（二） 对冯定思想 "专题探讨性" 文献的研究综述

1. 关于冯定先生的历史评价

对冯定先生的历史评价主要是从两个角度提出了相关论断。

第一个角度是基于冯定先生在中国革命和建设事业中对研究和传播马克思主义所做出的历史贡献。总体认为冯定先生是我国著名的马克思主义哲学家、思想家和教育家，在伦理学领域，也将冯定先生定位为我国著名的伦理学家。如《中国哲学年鉴（1984）》（1984 年版）将其定位为 "著名的马克思主义哲学家和教育家"①；《中国大百科全书》（1985 年版）将其定位为 "中国现代哲学家、教育家"②；1987 年薛暮桥为《冯定文集》所作序言中，也将冯定定位为 "我国著名的马克思主义哲学家和教育家"③；在张文儒先生撰写的《冯定传略》中，称冯定是 "我国著名哲学家和教育家"④；《中国伦理大辞典》（1989 年版）将其定位为 "现代中国著名哲学家、伦理学家"⑤；北京大学谢龙教授在 2002 年出版的《平凡的真理 非凡的求索——纪念冯定百年诞辰研究文集》前言中提出，冯定是 20 世纪我国著名的哲学家和教育家，是中国共产党领导的革命中涌现的兼具职业革命家和马克思主义理论家双重身份的杰出人物；《中国大百科全书》（2009 年版）将其定位为 "中国马克思主义哲学家、思想家、教育家"⑥。

第二个角度是从北京大学 90 多年的马克思主义传统中对冯定先生所做的历史评价。主要是北京大学谢龙教授、王东教授和李少军教授所提出的开创性观点。谢龙教授提出，冯定是 "北京大学马克思主义

---

① 中国社会科学院哲学研究所编《中国哲学年鉴（1984）》，中国大百科全书出版社，1984 年版，第 450 页。
② 《中国大百科全书》（哲学Ⅰ），中国大百科全书出版社，1985 年版，第 224 页。
③ 《冯定文集》（第 1 卷），人民出版社，1987 年版，第 3 页。
④ 《冯定文集》（第 2 卷），人民出版社，1989 年版，第 531 页。
⑤ 陈瑛、许启贤主编《中国伦理大辞典》，辽宁人民出版社，1989 年版，第 198 页。
⑥ 《中国大百科全书》（第二版）（第 6 卷），中国大百科全书出版社，2009 年版，第 570 页。

哲学学科的开创者"①。王东教授认为，"'李大钊—冯定—黄枬森'，代表了马克思主义哲学中国化 90 年的北大传统，代表了北大学派发展的三个时期、三个阶段"②。李少军教授也提出，"在北大近百年的马克思主义理论教育史上有三座里程碑，他们是李大钊、冯定和黄枬森"，冯定是"北京大学马克思主义理论教育的第二座里程碑"③。

2. 对《平凡的真理》及其真理观的研究

《平凡的真理》是冯定先生最重要、最有影响的著作之一，《平凡的真理》与艾思奇的《大众哲学》是我国影响最大的两部马克思主义哲学的通俗化著作，对宣传普及马克思主义理论产生了重大作用，曾印行 50 万册。该书最初是冯定先生在大连做完胃切除手术后休养时写的一批哲学短文汇集而成的，这批哲学短文写于 1947 年，连载于当时的《大连日报》，1948 年由光华书店出版。新中国成立后，经冯定先生重写，于 1955 年由中国青年出版社出第一版，1959 年出第二版，1980 年出第三版。学界对这一著作及其真理观做了研究。

朱德生先生和张文儒先生探讨了《平凡的真理》一书的四大特点：第一，它既忠实于马克思主义的原意，又密切结合斗争实际，对辩证唯物主义与历史唯物主义的原理，做了比较全面的、系统的阐述；第二，它具有通俗化、群众化的特点；第三，它把理论宣传和思想教育密切地结合起来，并贯穿全书；第四，它也是批判林彪、"四人帮"所散布的许多荒谬论点的锐利武器。④

苗力沉先生和褚静宇先生认为《平凡的真理》一书在以下四个方面做了可贵的探索：第一，理论和实践的融合贯通；第二，把矛

---

① 谢龙：《北京大学马克思主义哲学学科的开创者——冯定》，载于谢龙主编《平凡的真理 非凡的求索——纪念冯定百年诞辰研究文集》，北京大学出版社，2002 年版，第 181 页。

② 王东：《马克思主义哲学创新的一面旗帜——纪念黄枬森先生》，《高校理论战线》2013 年第 3 期。

③ 李少军：《永远的丰碑——怀念黄枬森老师》，《北京大学校报》2013 年 4 月 7 日，第 4 版。

④ 朱德生、张文儒：《寓深刻于平凡——评介〈平凡的真理〉一书》，《红旗》1980 年第 10 期。

盾即对立统一贯彻到物质与精神关系范畴中，即把辩证法融入唯物论中，从而形成唯物辩证的世界观；第三，科学地说明了矛盾的同一性和斗争性的辩证关系；第四，对马克思主义哲学体系做了独到有益的探索。①

冯国瑞先生认为，"冯定的真理观体系宏博，内容丰富，其核心就是平凡的真理，并且贯通于辩证唯物主义和历史唯物主义，实施于理论与实践的辩证统一、做人与治学的完美结合中"，提出"冯定的真理观，其核心内容和最大特点，就是认为真理是平凡的"，并阐述了冯定关于真理的网络性、矛盾性、相对性与绝对性、实践性及教育性的特点。②

可以看出，关于《平凡的真理》这一冯定先生较为重要的作品，学术界的研究并不多，基本都是从总体上进行定位，还需要我们进一步深入文本构成，探讨其内在的逻辑思路和思想主旨。

3. 对马克思主义哲学体系建构的研究

许全兴先生认为，《平凡的真理》的体系与国内外流行的马克思主义哲学体系相比较，别开生面，独具一格，自成一家，对改造马克思主义哲学体系提供了有益的启示：第一，认识论应成为哲学研究的中心；第二，辩证唯物论和历史唯物论应融为一体；第三，人生观应该是哲学的有机组成部分。③

苗力沉先生和褚静宇先生认为，冯定对马克思主义哲学体系的探索坚持了列宁提出的四个观点：一是关于"马克思主义哲学是人类认识史哲学史的总结"的观点；二是关于"哲学的党性"的观点；三是关于"对立统一是哲学的基本的、核心的概念"的观点；四是关于"辩证法、认识论、逻辑三者同一，不要三个名词"的观

① 苗力沉、褚静宇：《冯定的哲学和伦理学思想探讨》，《北京大学学报》（哲学社会科学版）1993 年第 2 期。

② 冯国瑞：《冯定的真理观》，载于谢龙主编《平凡的真理 非凡的求索——纪念冯定百年诞辰研究文集》，北京大学出版社，2002 年版，第 267～284 页。

③ 许全兴：《〈平凡的真理〉的启示——兼谈哲学体系的改造》，《北京大学学报》（哲学社会科学版）1993 年第 2 期。

点。前两条提出了哲学体系要达到科学性和阶级性相统一的目标，后两条则要求以矛盾即对立统一的红线贯穿整个体系，即达到世界观、认识论、方法论相统一的科学体系。基于此，冯定在《平凡的真理》中从真理和智慧、真理和谬误、真理和规律、真理和实践的对立统一中构建了以"真理"概念贯穿始终的独特体系。[①]

毫无疑问，冯定先生无意于建构一个马克思主义哲学的体系，但通过《平凡的真理》和《共产主义人生观》的具体论述，却对长期以来占统治地位的《联共（布）党史简明教程》第四章第二节对马克思主义哲学体系的阐释进行了消解。冯定先生对哲学体系的建构最大的特点，一是坚持列宁关于马克思主义哲学就是人类认识史的总结的观点，把马克思主义的基本原理统一在认识论的框架中进行阐述；二是坚持人生观就是世界观的观点，围绕着人的发展，尤其是涉及个人的自由、利益和发展等。但目前，学术界仍缺乏将两者统一起来进行研究的相关文献，还需要我们进一步深入挖掘和研究。

4. 对人生观与伦理思想的研究

冯定先生的学术思想中，人生的意义与价值，个人品德的修养与素质的提高占有重要位置，把哲学研究与人生观的研究结合起来，既是中国哲学中具有人生哲学这一特点的合理继承，又是冯定先生对马克思主义哲学的创造性理解和运用。在冯定先生看来，"人生的意义这个问题，从马克思主义学说创立以来，开拓了一个新的境界。马克思主义认为人生观就是世界观，就是人们对于世界如何认识，而又根据这种认识所产生的对生活道路的选择，以及思想、情操、道德品质等一系列的精神气质"[②]。

周辅成先生认为，20 世纪三四十年代，马克思的《1844 年经济学哲学手稿》问世以后，人性与异化的问题成为苏联哲学界讨

---

① 苗力沉、褚静宇：《冯定的哲学和伦理学思想探讨》，《北京大学学报》（哲学社会科学版）1993 年第 2 期。

② 《冯定文集》（第 2 卷），人民出版社，1989 年版，第 396～397 页。

论的重要问题，这种情况影响了冯定，可以说他见到了历史唯物主义必须注重"人学"的研究，作为补充，使天（自然）、人、物一贯的思想，更为充实、明白，所以他写了一本《平凡的真理》，接着又写了一本《共产主义人生观》。他关于个人和个人主义、集体和集体主义、个人主义和集体主义关系的论述至今仍闪烁着真理的光芒。①

黄楠森先生和陈志尚先生研究了冯定共产主义人生观的基本特点和当代价值，指出冯定先生对共产主义人生观的论述集中在写于1956年的《共产主义人生观》和写于1964年的《人生漫谈》两部著作之中，但又不局限于这两部著作，在《冯定文集》的47篇论著中，有20篇是论述人生观或共产主义人生观的。黄楠森和陈志尚两位先生阐释了冯定先生共产主义人生观的基本特点，认为冯定先生集中阐述的共产主义人生观，是先进的人生观，是科学的人生观，是自觉的人生观，也是与时俱进的人生观。②

罗国杰先生认为，冯定人生观在理论上有两大贡献：第一，将人生观和世界观统一起来，尤其是将人生观提到了世界观的高度；第二，提倡和重视个人的价值。③

朱传棨先生认为，冯定关于人生观的思想理论有两大显著特点：一是鲜明地将人生观和世界观结合起来，从世界观的高度阐述人生观；二是特别注重对青少年进行人生观教育，竭力向青少年宣传和提倡共产主义的理想信念，加强集体主义的思想道德修养。同时，他认为，冯定的人生观理论虽有其时代局限性，但从整个20世纪现

---

① 周辅成：《〈平凡的真理〉就是劳动人民心目中的真理》，载于谢龙主编《平凡的真理 非凡的求索——纪念冯定百年诞辰研究文集》，北京大学出版社，2002年版，第221~234页。

② 黄楠森、陈志尚：《共产主义人生观的基本特点和当代价值》，载于谢龙主编《平凡的真理 非凡的求索——纪念冯定百年诞辰研究文集》，北京大学出版社，2002年版，第300~317页。

③ 罗国杰：《在改造客观世界中加强主观修养》，载于谢龙主编《平凡的真理 非凡的求索——纪念冯定百年诞辰研究文集》，北京大学出版社，2002年版，第325~333页。

代哲学发展的总趋向、从当前我国现实所处的形势和任务来看，还是具有不可磨灭的时代意义的。①

苏振富先生认为，冯定先生的人生哲学思想，内涵丰富，意蕴深刻，紧紧围绕着"人活着到底为什么？人生的目的是什么？人生的意义又何在？"这些人生哲学的根本问题，深入阐明了应该如何自觉选择正确的人生道路，如何正确对待处世之道，如何处理意志、情感和事业的关系，如何锤炼道德情操、提升精神境界等重大问题。②

苗力沉先生和褚静宇先生认为，冯定先生人生观和伦理思想重点关注三个领域：一是重视人生观教育；二是对历史上劳动人民的道德传统的肯定；三是对道德人格修养的探索。③

许启贤先生认为《共产主义人生观》基本上涵盖了人生修养中最基本的内容，他论述了冯定为我国社会主义伦理学做出的重要的贡献：第一，他最早重视和详尽阐述了青年人生观及其教育问题；第二，反复论述和谆谆告诫人们要树立无产阶级集体主义，反对资产阶级个人主义；第三，批判继承了中国伦理思想遗产，高度重视青年和工人阶级的人格的全面修养。④

5. 对新中国成立后资产阶级两面性的哲学分析

苗力沉、褚静宇认为，冯定关于中国民族资产阶级两面性的分析，有"新的解释发挥"。首先，冯定从世界资产阶级的大范围来观察中国资产阶级的特殊性，即共性中的个性；其次，针对当时中国

---

① 朱传棨：《弘扬冯定同志关于人生观的理论》，载于谢龙主编《平凡的真理　非凡的求索——纪念冯定百年诞辰研究文集》，北京大学出版社，2002 年版，第 318 ~ 324 页。

② 苏振富：《人生就是不断进击——冯定师人生哲学思想初探》，载于谢龙主编《平凡的真理　非凡的求索——纪念冯定百年诞辰研究文集》，北京大学出版社，2002 年版，第 354 ~ 369 页。

③ 苗力沉、褚静宇：《冯定的哲学和伦理学思想探讨》，《北京大学学报》（哲学社会科学版）1993 年第 2 期。

④ 许启贤：《论冯定为社会主义伦理学作出的主要贡献》，《道德与文明》1993 年第 3 期。

思想界只承认矛盾的斗争形式有对抗与否之分，不承认有对抗性矛盾和非对抗性矛盾之分的观点，冯定先生认为中国的无产阶级和资产阶级是对抗性质矛盾，但在中国社会特定的历史条件下，它可能运用解决内部矛盾的方法甚至采用非对抗方法解决。①

舒文、吴士濂认为，冯定关于新中国成立以后中国民族资产阶级性质、特点的认识，闪烁着哲学智慧，是冯定真正掌握了马克思主义唯物辩证法真谛的体现，同时论述了冯定关于中国资产阶级的性格问题。第一，性质问题是分层次的，不能把中国资产阶级的性格问题同工人阶级与资产阶级的矛盾性格混淆起来，这是两个层次不同性质的问题。说中国资产阶级性格具有两面性，不能混淆为中国工人阶级与资产阶级剥削与被剥削的本质矛盾性质具有两面性。第二，共性和个性是结合的，个性不可以否定共性。剥削就是一种对抗关系，对抗的性质取决于是否存在剥削，被剥削与剥削的关系是工人阶级与资产阶级的关系。中国资产阶级自出生一直在变，但变来变去，只要还是剥削，它还是资产阶级。第三，形式不能决定本质，不能把形式与本质对等起来。一般来说，对抗性矛盾只有通过对抗来解决，采用非对抗形式只是在特殊条件下对这一普遍规律的补充。②

6. 冯定哲学思想的理论贡献、特点及文风表达

这方面的代表性观点主要有以下几方面。

黄楠森先生等主编的八卷本《马克思主义哲学史》第七卷专门以"李达、艾思奇、杨献珍、冯定等对马克思主义哲学的研究和宣传"为标题对冯定的哲学贡献做了介绍，认为《平凡的真理》具有明显的优点和特点：第一，这是一部通俗化的哲学学术著作；第二，

---

① 苗力沉、褚静宇：《出入几生死，往事泣鬼神——冯定同志的理论贡献》，载于谢龙主编《平凡的真理 非凡的求索——纪念冯定百年诞辰研究文集》，北京大学出版社，2002 年版，第 235～250 页。

② 舒文、吴士濂：《缅怀冯定同志》，《社会科学》1984 年第 5 期。

把思想教育寓于哲学理论宣传之中。①

　　2012 年出版的马克思主义理论研究和建设工程重点教材《马克思主义哲学史》将冯定及其理论贡献放在"马克思主义哲学的广泛传播和普及"标题下做了介绍，认为冯定"将哲学理论宣传和思想教育结合起来，寓思想教育于哲学宣传之中，使广大干部群众在学习马克思主义哲学的同时受到了革命传统教育和共产主义教育"②。

　　袁方和张文儒认为，冯定的哲学思想具有两大特点：第一，坚持理论与实践的统一，反对纯粹的书本哲学；第二，注重哲学本身的解放、创新、开拓，以及哲学的群众化和通俗化。③

　　张文儒认为冯定哲学思想的特点及理论贡献主要有三个方面。第一，突出了马克思主义哲学的实践性，提倡哲学的应用。第二，对马克思主义哲学体系的研究做了有益探索。第三，重视理论学习与做人之间的联系，开辟了人生哲学的新领域。④ 陈占安教授也持相同观点，提出冯定作为哲学家，最重要的特点是注重研究中国革命的逻辑，注重哲学的实际应用。⑤

　　冯宋彻从马克思主义大众化传播的学者路径角度阐述了冯定先生的理论贡献，认为冯定哲学思想是马克思主义大众化的重要一环，在马克思主义中国化、时代化、大众化的过程中，学者路径是重要的、不可或缺的传播路径，冯定是马克思主义大众化传播之学者路径的重要代表。⑥

　　邢贲思认为，冯定的哲学贡献主要集中在"三个结合"上。首

---

① 黄楠森等主编《马克思主义哲学史》（第 7 卷），北京出版社，1989 年版，第 33～34 页。
② 《马克思主义哲学史》，高等教育出版社、人民出版社，2012 年版，第 384 页。
③ 袁方、张文儒：《冯定的学风与哲学思想的特点》，《社会科学》1985 年第 7 期。
④ 张文儒：《冯定哲学学术思想初评》，《北京大学学报》（哲学社会科学版）1985 年第 3 期。
⑤ 转引自张文儒《冯定诞辰九十周年纪念会暨学术讨论会综述》，《北京大学学报》（哲学社会科学版）1993 年第 2 期。
⑥ 冯宋彻：《马克思主义大众化传播的学者路径》，《现代传播（中国传媒大学学报）》2012 年第 6 期。

先，他把哲学和人民群众的生活结合了起来，打破了哲学的神秘感；其次，他按照自己对马克思主义哲学的理解，把辩证唯物主义和历史唯物主义结合了起来；最后，他打破了过去那种把世界观和人生观分割开来的传统，把世界观和人生观结合了起来。①

冯国瑞认为，"冯定作为现代中国著名的哲学家，他对马克思主义哲学的理论贡献是多方面的，其中一个重要方面就是他的真理观"②。

姚惠龙认为，冯定的哲学思想涉及的层面和内容是很丰富、很广泛的，而他经常提倡的和他在社会实践中身体力行的、最突出的是哲学的应用，或者说是在应用哲学方面，认为冯定应用哲学的主要特点是目的性、指导性、普及型及实践性。③

肖前先生探讨了冯定先生的文风表达，认为冯定著作的语言非常亲切，如话家常，娓娓道来，以平实简朴的语言道出的是朴素的真理。他认为冯定的哲学贡献有几个方面在今天看来仍然具有重要意义：第一，他主张从"平凡的生活问题"出发，而不是从阶级斗争出发，因此，与当时极左的狂热思潮和鼓吹相对照，冯定对于中国革命的性质和目标始终保持着清醒和务实的态度；第二，他主张从行动，即从实践出发，并且认为只有在行动中，在改造世界因而争取对己有利而避免对己不利的过程中，才能真正认识外界客观事物；第三，他坚持从主体的角度、从实践出发来理解人的认识的真理性，反对一切形式的绝对权威和领袖崇拜，显示了作为一个学者和共产党人的理性和良知。④

闵维方先生认为，冯定"既为经师，更为人师"，其高尚的精神

① 邢贲思：《重读〈平凡的真理〉》，载于谢龙主编《平凡的真理 非凡的求索——纪念冯定百年诞辰研究文集》，北京大学出版社，2002 年版，第 195～202 页。

② 冯国瑞：《冯定的真理观》，载于谢龙主编《平凡的真理 非凡的求索——纪念冯定百年诞辰研究文集》，北京大学出版社，2002 年版，第 267～286 页。

③ 姚惠龙：《冯定应用哲学的主要特征》，《北京大学学报》（哲学社会科学版），1993 年第 2 期。

④ 肖前：《真理是朴素的》，载于谢龙主编《平凡的真理 非凡的求索——纪念冯定百年诞辰研究文集》，北京大学出版社，2002 年版，第 214～220 页。

品格主要表现在：第一，冯定具有坚定的党性原则和奉献精神；第二，冯定始终坚持理论和实际相统一的学风，并结合自己的工作实际形成了对广大青年高度负责的教风。①

总之，学术界对冯定思想的研究，在理论上主要集中在他的真理观、哲学体系观、资产阶级观、人生观及伦理思想这几个重要方面。对文献的选取，主要集中在《平凡的真理》和《共产主义人生观》两部著作上，未能完全体现冯定思想的动态性、丰富性和立体性，加之由于很多文章是追忆性的，所以理论总结相对欠缺，缺乏系统性。分述如下。

第一，对哲学观的研究，学术界关注到了冯定对马克思主义哲学体系构建的理论贡献，但都是依据《平凡的真理》所做的理论概括，没有注意到冯定先生在1980年以后对有关哲学史研究和哲学工作者的使命论述中表达出来的哲学体系建构思想；学术界关注到了冯定先生对北大哲学系学科设置的理论贡献，但对冯定先生"一体两翼"的构想对哲学人才培养的意义缺乏说明；学术界关注到了冯定特别注重哲学应用的特点，但没有对冯定的哲学应用观做出理论界定；对于冯定的哲学含义观，学术界几乎没有涉及。我们认为，作为一个哲学家，冯定阐述了一个以哲学含义观为核心，涉及哲学应用观、哲学学科建设观以及哲学体系建构观的相对完整的哲学观体系。

第二，对真理观和认识论的研究，学术界依据《平凡的真理》对其特点做了说明，但没有勾画出冯定以真理观为核心的认识论的总体框架，没有突出冯定真理观的理论特色。我们认为，冯定从认识论、历史观和价值观维度对真理的品格做了定位，探讨了认识论的主要内容，并从四个方面对其真理观的特色做了阐述。

第三，对人生观思想的研究，学术界著述较多，一致认为这是

---

① 闵维方：《弘扬人民教育家冯定同志的崇高品德》，载于谢龙主编《平凡的真理 非凡的求索——纪念冯定百年诞辰研究文集》，北京大学出版社，2002年版，第12～16页。

冯定先生思想的重要观照，一致认同冯定先生关于"人生观就是世界观"的重要思想，并对他的人生观思想的内容做了初步总结。但我们认为，只关注到"人生观就是世界观"这一观点，还不足以说明冯定先生人生观思想的核心特征。冯定认为自己的人生观是"新人生观""共产主义人生观""正确的积极的人生观"。所谓共产主义人生观，其实是基于共产主义立场所要求的人生观，在冯定先生看来，这种立场就是人类解放的立场，就是辩证唯物论和历史唯物论的立场。探讨世界的生成，必须结合人的活动；探讨人生的意义，必须从人和世界的相互关系来审视。冯定先生认为，新人生观对"人的力量"这一层看得特别重，人独为灵，人的力量，就是基于实践基础上的人类主体意识。因此，冯定的人生观思想，最核心的特征是通过人的实践活动高扬了人的主体意识。

第四，学术界关注到了冯定先生与马克思主义哲学大众化这一议题，但缺乏系统梳理，只是认为冯定先生代表了马克思主义哲学大众化的一种学者路径。但这一"学者路径"的具体内容和表现是什么，并没有进行理论界定。我们认为，冯定先生对马克思主义哲学大众化的探索，贯穿他的一生，围绕着"为什么化"、"化什么"和"怎样化"三个问题逐层展开，形成了完整的马克思主义哲学大众化思想。

第五，学术界虽然关注到了冯定先生的哲学观、认识论和人生观思想，但对冯定先生关于马克思主义的人类解放理论、新唯物主义的世界观以及注重实践应用的辩证法，没有论及。

本书认为，冯定先生的思想是系统的，而不是零散的，是贯通为一个有机整体的，而不是彼此分散孤立的。他一生的理论探索，形成了一个以人类解放理论为主轴，贯通哲学观、世界观、辩证法、认识论和人生观的相互衔接的有机理论体系，并以老百姓喜闻乐见的语言，以富有中国特色、中国气派的方式表达了时代问题，形成了中国化的马克思主义哲学的理论新形态。

三 冯定思想的历史分期

冯定说，"我的一生也是探索的一生"①，不断探索、研究和解答时代问题，贯穿冯定先生的一生。在《平凡的真理》1980 年版——冯定先生生前的最后一版"前言"中，冯定先生对《平凡的真理》一书成书及出版历程的评价其实恰好也是冯定先生一生理论探索命运的真实写照。他说："我这本《平凡的真理》的小书，在它诞生以来，却经历了不平凡的道路，这一切波涛起伏，只能激励着我继续去学习和探索真理，正是'路漫漫其修远兮，吾将上下而求索'。从十月革命一声炮响，使我们这一代人认识和接受了马克思列宁主义以来，已经走过了半个世纪的道路，现在我们又面临着新的历史时期的新任务，尽管这个任务还是十分艰巨的，但是我们坚信它一定会象我们过去所走过来的道路那样，会由弱变强，由小到大，以至达到胜利。其实，这也就是真理本身成长发展壮大的客观过程。"②根据冯定先生的革命奋斗实践和他的思想历程转换，我们把他的思想划分为马克思主义世界观的形成确立期、理论发展期、成熟总结期和反思升华期四个前后相连、各有侧重的阶段。

（一）马克思主义世界观的形成确立期（1921～1937 年）

冯定 1902 年出生于浙江宁波慈溪县一个手工业家庭，家境贫寒，读完小学已无力再升学，但他勤奋好学的资质被其叔父——当地学者冯君木先生看重。在冯君木先生的资助下，冯定考入宁波省立第四师范学校学习直至毕业。1921 年，19 岁的冯定以优异的国文和算术成绩被宁波新创办的花纱交易所录用为会计。1925 年冯定考进上海商务印书馆成为编辑，在这里，他初次接触了马克思主义书籍，阅读了马克思和恩格斯的《共产党宣言》、布哈林的《共产主

---

① 《冯定文集》（第 2 卷），人民出版社，1989 年版，第 397 页。
② 冯定：《平凡的真理》，中国青年出版社，1980 年版，"前言"第 6 页。

义 ABC》及李大钊等人写的共产主义普及性读物，接受了共产主义思想，并于 1926 年初在商务印书馆加入中国共产党，初步确立了对马克思主义的信仰。1927 年冯定被党派到莫斯科中山大学学习马克思主义理论，其间因抵制王明的宗派家长制而受到警告处分。1930 年冯定从苏联回国，1932 年参加"中国社会科学家联盟"和"左联"组织的活动，并开始以"贝叶"为笔名翻译进步著作，写作并发表理论文章。

1937 年是冯定先生重要的理论创作年。这一年，他发表了第一部著作《青年应当怎样修养》以及《英雄和英雄主义》、《谈新人生观》、《新人群的道德观》、《哲学的应用》、《现阶段的中国青年问题》、《论自然哲学和历史哲学》、《形式逻辑的扬弃》等 18 篇重要理论文章，尤其是《青年应当怎样修养》一书与艾思奇的《思想方法论》等被列为"青年自学丛书"，曾多次再版，赢得了相当多的读者，特别是青年读者。冯定的这些论文和著作对促进青年学生和知识界积极投身革命，产生了很好的影响。王元化先生后来回忆说："正是这些书籍报刊引导我们那代青年走上了抗日救亡之路，也引导我们探索马克思主义革命思想。当时这种影响是巨大的，今天的青年，恐怕不大容易理解当时那种热烈的情况了。"[①] 在这些论著中，冯定先生初步阐释了马克思主义的哲学观、世界观和人生观思想。

第一，在哲学观上，他正确阐述了马克思主义哲学同旧哲学的显著区别，强调马克思主义哲学改造世界的应用功能。冯定认为马克思主义哲学是"现代的新哲学"，"同从前的旧哲学显然有很大的不同"[②]。具体表现在以下几方面。其一，新哲学是人类历史发展以来的知识的总汇，是近代各种科学经过"千锤百炼"而制造出来的"丹"，同时又是领导科学继续前进的明镜，是人类社会以来论宇宙、论社会、论思想的一种最接近客观真理的真理。其二，新哲学是自

---

① 王元化：《认识冯定》，载于谢龙主编《平凡的真理 非凡的求索——纪念冯定百年诞辰研究文集》，北京大学出版社，2002 年版，第 3~9 页。
② 《冯定文集》（第 1 卷），人民出版社，1987 年版，第 111 页。

然哲学和历史哲学的统一，是近代各种科学的汇集，同时反过来成为各种科学发展的动力。其三，同旧哲学远离人的生活，"只在人迹罕至的绝顶上回旋"① 不同，新哲学应用于各个领域，"不但在我们的生活领域里、经济领域里、政治领域里、社会领域里活动，就是在自然科学里也在积极活动"②。其四，新哲学的精髓在于理论和实践相结合、相统一。"新哲学的精髓，便在理论脱不了实际，实践离不了理论；方法不是死的，而且应该应用的。"③

第二，在世界观上，他坚持唯物主义的一般原则，强调劳动实践基础上人与自然、人与社会相统一的动态生成过程。在《青年应当怎样修养》一书中，他以"自然摇篮里的人类"和"社会大海里的个人"这样醒目的标题来表达他对人与自然、人与社会关系的新理解。其一，在人与自然的关系上，他从自然角度出发去理解人，把人首先看成自然存在物；从人的角度出发去理解自然，把自然看成属人的自然，因此，"人类始终在自然摇篮里，人类是自然的一部分，人类的统治自然，也就是找着自然发展的规律，好好儿去运用罢了"④。其二，在人与社会的关系上，他强调个人和社会的有机统一，认为"社会正是由个人集合起来的。个人受着社会的影响，但社会也无时无刻不在受个人的影响"⑤。其三，他强调人的本质在于"劳动"。他认为，人是群居的动物，但群居的动物不一定是人；人是能思想的动物，但能思想的动物不都是人。"人的特点，原来在于劳动"⑥，特别是"技术工具的应用，使人类和其他的动物筑就了一条不可逾越的鸿沟"⑦。

第三，在人生观上，他反对"旧人生观"，提倡"新人生观"。

---

① 《冯定文集》（第 1 卷），人民出版社，1987 年版，第 111 页。
② 《冯定文集》（第 1 卷），人民出版社，1987 年版，第 111 页。
③ 《冯定文集》（第 1 卷），人民出版社，1987 年版，第 112 页。
④ 《冯定文集》（第 1 卷），人民出版社，1987 年版，第 12 页。
⑤ 《冯定文集》（第 1 卷），人民出版社，1987 年版，第 19 页。
⑥ 《冯定文集》（第 1 卷），人民出版社，1987 年版，第 10 页。
⑦ 《冯定文集》（第 1 卷），人民出版社，1987 年版，第 10 页。

认为人生的意义在于解决每个时代的中心任务，强调青年应从思想、技能、生活、恋爱等各方面进行人生修养。他把马克思主义的世界观应用到对人生问题的阐释上，认为"新人群的道德标准和旧道德标准有一个大大的区别，这就是旧道德常常从个人出发，而新道德却处处从社会出发"①。因此，他反对只关注个人的"旧人生观"，认为那是"'人上人'的人生观"②，提倡"新人生观"，特别强调指出："新的人生观对人的力量一层看得特别重。"③

综上所述，我们把冯定先生 1921 年从宁波省立第四师范学校毕业参加工作至 1937 年全面抗日战争爆发之前这 16 年，定位为冯定马克思主义世界观的形成确立时期。这一时期，他确立了马克思主义信仰，加入了中国共产党，反对王明的"左"倾宗派主义错误，初步阐发了马克思主义的哲学观、世界观和人生观。

（二）理论发展期（1937～1952 年）

1937 年 7 月 7 日抗日战争全面爆发后，冯定于 1938 年 10 月在安徽省皖南新四军政治部出任宣传科长、《抗敌报》主编、教育科长、干部教育科长，积极从事党的思想政治宣传工作和干部教育工作。1940 年，他担任苏北抗日军政大学副校长，出色的工作赢得了新四军副军长项英的高度评价，说他是"不可多得的教育人才"④。抗日战争胜利以后，冯定于 1947 年调任中共中央华东局宣传部副部长，冯定后来回忆说："当时，旅大已从日本军国主义铁蹄下解放出来；东北境内，遵照毛主席的一再郑重指示，开辟和巩固根据地工作正在开展；华东局领导同志令我从鲁中华东局驻地出发，东去胶东区党委了解和协助宣传工作。为时不久，我患的胃溃疡发作起来，有穿孔的危险，已非切除不可。但区党委所在地或根据地其他地方

---

① 《冯定文集》（第 1 卷），人民出版社，1987 年版，第 109 页。
② 《冯定文集》（第 1 卷），人民出版社，1987 年版，第 93 页。
③ 《冯定文集》（第 1 卷），人民出版社，1987 年版，第 97 页。
④ 张崇文：《怀念著名哲学家冯定同志》，载于谢龙主编《平凡的真理 非凡的求索——纪念冯定百年诞辰研究文集》，北京大学出版社，2002 年版，第 36～39 页。

都无此条件。经过组织考虑，决定送我随武装快艇出海，到北朝鲜港口，转至大连治疗。"① 在大连治病期间，他写出了著名的《平凡的真理》，以"平凡的真理"之一、之二、之三……连载于《大连日报》。上海解放以后，他任中共华东局宣传部副部长，兼任华东军政委员会文化教育委员会副主任。

长期严酷的战争环境和解放初期紧张的国民经济恢复工作，使得冯定没有条件系统地去写作，而是采用讲课、做报告、写评论等方式阐述党的方针政策。但这并不是说他终止了哲学研究和理论创作，恰恰相反，他把马克思主义哲学用来分析当时的政治、经济、军事、文化、教育等问题，实现了他用哲学理论来分析活生生的现实的理论愿望。

这一时期，他先后写下了《脑子还得磨砺》（1938 年）、《美国与世界大战》（上，下）（1940 年）、《论反省》（1943 年）、《认清形势，积极行动》（上，下）（1945 年）、《平凡的真理》（1947 年）和《学习毛泽东思想来掌握资产阶级的性格并和资产阶级的思想进行斗争——读〈毛泽东选集〉的一个体会》（1952 年）。在《美国与世界大战》中，他运用本质和现象的辩证关系，精辟剖析了中美关系的两面性；在《论反省》中，他运用马克思主义认识论原理，阐述了思想改造的重要性；在《认清形势，积极行动》中，他运用阶级分析法揭露了国民党和平谈判的阴谋。特别是《平凡的真理》和《学习毛泽东思想来掌握资产阶级的性格并和资产阶级的思想进行斗争——读〈毛泽东选集〉的一个体会》，标志着冯定思想的新发展。具体表现如下。

第一，在哲学观上，强调哲学和现实生活的联系，认为马克思主义哲学是跟平凡的事物和平凡的群众分不开的，因而是平凡的。当然，在《平凡的真理》中，冯定先生没有说哲学是平凡的，而是说真理是平凡的，这主要是照顾阅读对象的缘故。在《平凡的真理》

---

① 冯定：《平凡的真理》，中国青年出版社，1980 年版，"前言"第 1 页。

1949 年新中国书局版的"前言"中，冯定先生这样写道，"我写的这一本不厚不薄的小书，主要是打算给识字的青年兄弟姐妹们阅读的"，"写的内容，实在带有类似'通俗哲学'那样东西的性质"，因此，"为着不使读者误会这是太过艰深或脱离现实生活的玩意儿，所以就不用哲学这个名称了"①。

第二，在辩证法上，注重辩证法的实践运用。冯定特别强调辩证法和时代问题、现实生活的紧密联系，特别是运用毛泽东关于矛盾普遍性和特殊性相互关系原理这一"精髓"，深入剖析了新中国成立后民族资产阶级的性格及其未来走向，受到了党中央和毛泽东的肯定和重视。

第三，将马克思主义的世界观、认识论和辩证法统一起来，阐述和分析了革命转变时期青年应该坚持的人生立场、应该追求的人生意义及其人生修养的方法，主张"忘我做人"，强调"反省自己"，倡议青年在学习、工作和斗争中砥砺自我，提升人生境界。

（三）成熟总结期（1953～1964 年）

这一阶段自冯定 1953 年 1 月调任中共中央马列主义学院一分院副院长，到 1964 年被错误地点名批评之前。其间，由毛泽东亲自提名于 1957 年初调任北京大学哲学系教授。

这一时期，冯定先生总结了自己多年来研究和宣传马克思主义的成果，在理论上加以总结、发挥和系统阐释，重要著作相继问世，学术文章频频出现，硕果累累，成就斐然。其中重要的文章有：《关于我国当前阶级矛盾的性质和斗争的形式问题》（1956 年）、《中国在过渡时期的辩证发展》（1957 年）、《唯物论辩证法的伟大胜利》（1959 年）、《马克思主义世界观的伟大胜利》（1960 年）、《关于"红专"》（1962 年）。同时，冯定还修改出版了他的哲学代表作《平凡的真理》（1955 年），完成了《工人阶级的历史任务》（1953 年）、《共产主义人生观》（1956 年）、《人生漫谈》（1964 年）等重

---

① 冯定：《平凡的真理》，新中国书局，1949 年版，"前言"第 1 页。

要著作。

这一时期，冯定对我国社会主义革命和建设中的一系列问题进行了深入思考，在对现实的深入分析中系统阐发了他的哲学观、世界观、认识论、辩证法思想。这一时期他在理论上有三个重要突破。

第一，结合民主革命胜利后工人阶级的历史任务，系统阐发了马克思主义的人类解放理论，认为只要全人类的解放没有完成，无产阶级及马克思主义理论工作者就要奋斗不止。

第二，《平凡的真理》打破了以往哲学教科书体系的模式，以认识和实践为主线，对马克思主义哲学体系建构做了积极探索。

第三，强调人的主体意识，将人生观提到世界观的高度进行阐释，提出了"人生观就是世界观"这一马克思主义的新观点。

这一时期的思想在后文中有详细阐述，在此不赘。

（四）反思升华期（1976～1983 年）

冯定先生从 1964 年开始就受到了错误批判，长期的政治磨难，使他的身心备受折磨，加之年老多病，他进行大部头理论创作已经变得不太可能。但正如他总结"文化大革命"的经验教训时所说："反面的经验教训，往往会比正面的东西还深刻、还扎实。"[1] 艰苦曲折的斗争经历，使他的思想变得更为明澈、更为成熟。在此期间，他共发表了将近二十万字的文章，约有二十余篇。重要的有：《哲学工作者的历史使命》（1978 年）、《树立共产主义世界观 走历史的必由之路》（1979 年）、《学习少奇同志关于党的建设的理论》（1980 年）、《吸取人类思想文化中的一切有价值的东西——兼谈研究外国哲学的态度和方法》（1980 年）、《让共产主义道德深入人心是理论工作者的神圣职责》（1980 年）、《列宁对我们今天的启示》（1980 年）、《怎样学哲学》（1981 年）、《探索探索者的道路 开辟未来》（1982 年）和《把马克思主义哲学送到人民手中——论哲学的普及》（1983 年）。

这一时期，冯定先生主要提出了以下重要观点。

---

[1]　《冯定文集》（第 2 卷），人民出版社，1989 年版，第 300 页。

第一，强调哲学工作者的历史使命。冯定认为，哲学工作者的历史使命在于：其一，分析"文化大革命"，尤其是林彪、"四人帮"能够在中国出现和存在的"深远的社会历史根源"①；其二，对生动的现状进行马克思主义的分析；其三，加强对新时期资本主义的变化及其原因的研究；其四，"研究客观事物的来龙去脉，研究它的历史与现状，从中找出规律性的东西，说明今天的现实，预见未来的趋势"②。

第二，强调共产主义世界观在社会主义建设时期的重要性。冯定认为，不但革命战争年代要树立共产主义世界观，即使在和平建设时期，共产主义世界观同样重要，因为"共产主义世界观是进行革命事业的中枢神经"③。只有树立辩证唯物主义和历史唯物主义的世界观，只有树立自觉劳动的观点，只有打破狭隘的小生产眼界，树立五湖四海的大集体主义、大团结意识，只有树立敢于坚持真理、捍卫真理的无私无畏精神，才能从必然王国走向自由王国。

第三，强调区分政治立场和学术观点之间的关系，提出"思想无国界，科学无禁区"。冯定指出，不要轻易扣政治帽子，"对待任何历史遗产或文化遗产，无论中国的还是外国的，都要客观地、实事求是地去对待。不为偏见所蒙蔽，不为地位和权势所左右，不滥用政治原则，不以先入为主"④。

第四，强调不要对历史上所有的哲学家做要么唯物、要么唯心那样简单的划分，应把哲学当作人类的认识史来研究。冯定认为，唯心主义作为一种思想体系是我们坚决反对的，正因为要反对，所以有必要深入研究，如果不深入研究唯心主义，就不能有效克服唯心主义。但"一种思想体系和这个思想体系所包括的内容不完全是一回事。在唯心的形式下可以有唯物的内容，认识的真理的颗粒并

①　《冯定文集》（第 2 卷），人民出版社，1989 年版，第 297 页。
②　《冯定文集》（第 2 卷），人民出版社，1989 年版，第 301 页。
③　《冯定文集》（第 2 卷），人民出版社，1989 年版，第 314 页。
④　《冯定文集》（第 2 卷），人民出版社，1989 年版，第 353～354 页。

不是天然地都属于唯物主义者"①。

第五，强调哲学的大众化，主张把马克思主义哲学送到人民手中。冯定认为，大力开展马克思主义哲学的普及工作，使越来越多的干部和群众能够掌握和运用马克思主义哲学这一思想武器去观察和解决问题，会对我们的改革、对社会主义现代化建设产生巨大的影响和作用。

四　本书论题的处境及理论创新

（一）本书论题的处境

冯定是中国现代哲学史上有名的哲学家，如何勾勒出冯定先生思想的全貌及其理论贡献，凸显冯定思想的当代价值，是本书主要的任务。然而，本书面临以下两个主要问题。第一，冯定一生主要的工作，是通俗化的哲学宣传和教育工作，那么，在通俗化的哲学话语表达中，其思想的超越性何在？或者说，他对马克思主义基本原理与中国实际相结合的有效理论建构有哪些在今天看来依然闪烁着智慧的光芒，散发着丰富的生命力？第二，应该把冯定的著述及主要思想放置在怎样的时空维度来进行审视？因为研究冯定的思想，至少有以下两种选择视角：其一，把它放置在马克思主义哲学大众化的维度进行考察；其二，把它放置在整个马克思主义原理阐释和创新的维度进行考察。

当进一步阅读文本进行理论梳理的时候，我们发现，只有准确把握冯定在一生的理论创作中所涉及的全部哲学领域和理论问题，才能准确把握他的思想全貌，也只有把握他的思想全貌及主要理论，我们才能把他的思想放置在一个坐标系中对其进行理论定位。因此，只有解决了冯定的思想"是什么"这一问题，才能对它做"怎么样"的定位和评价。综观冯定一生的理论创作，他在马克思主义的人类解放理论、哲学观、世界观、认识论、辩证法、人生观等方面

---

① 《冯定文集》（第 2 卷），人民出版社，1989 年版，第 356 页。

都有专门的理论探索，形成了自己独特的理解和阐释，并贯通为一个有机理论整体，统一于马克思主义哲学中国化、大众化这一历史进程中。但随之而来的问题是：如何判定冯定先生的理论表达在理解、阐释马克思主义基本原理上的准确性和科学性？如何判定冯定先生的理论表达所具有的历史超越性和现实意义？为此，本书做了以下三个方面的工作。

首先，对冯定每一个理论主题的表达，除了准确把握冯定先生思想表达的历史语境以外，还必须把他对马克思主义的科学性理解、创新性阐释和针对当时当地具体问题的具体结论区别开来。比如，《平凡的真理》是冯定的代表作，但全书并不仅仅是在讲认识论问题，正如冯定指出的，它"并非专讲真理的"①，而是把哲学观、世界观、辩证法、人生观都综合起来，作为一个整体进行阐释，讲的是整个马克思主义哲学的主要问题。那么，为什么不用"马克思主义哲学"之类的题目呢？对这样的问题的分析，就必须深入历史语境，因为《平凡的真理》于1947年写作的时候，主要是"识字的青年兄弟姐妹们阅读的"，是一种"通俗哲学"著作，由于"哲学"这个字眼给很多人感觉是脱离生活、故弄玄虚的，所以，冯定先生就没有用"哲学"这个名称，但这并不妨碍他通篇表达的全是哲学问题。

其次，必须把冯定每一个理论主题的表达和马克思主义经典作家对相关问题的论述进行对比，看其是否把握了马克思主义理论的精神实质。众所周知，对马克思主义的世界观，即使在坚持世界统一于物质这一基本前提下，也有人认为马克思主义哲学是物质本体论，有人认为马克思主义在世界观上坚持社会存在本体论，有人认为马克思主义归根到底是一种实践哲学，有人认为是实践唯物主义，即使是实践唯物主义，也有很多理解，彼此不能统一。毫无疑问，冯定对马克思主义世界观有自己的理解，他用"新哲学""现代的

---

① 冯定：《平凡的真理》，中国青年出版社，1980年版，"前言"第3页。

新哲学""正确的世界观""正确的世界观和历史观""辩证唯物论和历史唯物论"等名称来指称马克思主义世界观。通过文本的对比分析我们发现，在冯定看来，马克思主义哲学作为一种新世界观，与传统哲学最大的不同之处在于这种哲学既是唯物的，又是历史的，更主要的是辩证的、实践的，因此这种唯物主义是辩证的、历史的、实践的唯物主义的统一，"新"就"新"在这里，"现代"就"现代"在这里，"正确"也就"正确"在这里。而当我们深入马克思的理论文本时，我们发现，冯定对马克思主义世界观的阐释和马克思主义创始人的思想在精神实质上高度一致。

最后，必须把冯定每一个理论主题的表达，放置在马克思主义哲学中国化、大众化的视野进行考察，才能把握其赋予时代相关的生命力。如果说，从原理研究的角度我们可以通过冯定与马克思主义经典作家的印证来进行阐释的话，即有一个文本依据就可以定位的话，那么，冯定先生思想的现实关怀和超越性就必须得有一个现实依据，这个现实依据就是马克思主义哲学中国化、大众化的视角。

（二）本书的逻辑结构及理论创新

1. 本书的逻辑结构

除"导论"和"结语"之外，本书主体部分由七章构成，分别阐述了"马克思主义的人类解放理论"、"冯定的马克思主义哲学观"、"冯定的马克思主义世界观"、"注重实践应用的辩证法"、"以真理为核心的认识论"、"高扬主体意识的人生观"和"冯定对马克思主义哲学大众化的理论探索"。

第一章探讨"马克思主义的人类解放理论"。马克思主义就是关于无产阶级和人类解放的科学，也即人民群众解放的科学，这是马克思主义一以贯之的主题。任何对马克思主义的发展和创新如果偏离了这一主题，不是对马克思主义的"肢解"就是"改头换面"。冯定先生在阐述中国共产党领导中国革命的经验和工人阶级历史任务的基础上，对"无产阶级和人类解放"这一马克思主义理论的主题做了充实和丰富，从生产实践活动入手揭示了人类解放的根据，从无产阶级的历史任务入手确定了人类解放的主体，从阶级斗争和社会革命入手指明了人类解放的方式，从全部人类解放与世界和平入手阐明了人类解放的目标，丰富了马克思主义的人类解放理论。

第二章阐释"冯定的马克思主义哲学观"。作为中国现代著名哲学家，冯定先生以中国革命、建设和改革的实践为中心，着眼于马克思主义理论的实际运用，着眼于对实际问题的理论思考，着眼于新的实践和新的发展，形成了以哲学含义观为核心的涵盖哲学应用观、哲学学科建设观、哲学体系建构观的一系列相互衔接、相互贯通的新哲学观，展现出冯定先生独特的哲学理念和哲学视域。

第三章论述"冯定的马克思主义世界观"。作为一个马克思主义理论家，冯定先生从无产阶级和人类解放的立场出发，在坚持一般唯物主义自然存在先在性的基础上，从劳动实践生成论的角度看待人与自然、人与社会的相互关系，从而构建出一幅反映马克思主义哲学精神实质的新唯物主义世界观图景。他对宗教和唯心主义的批判，为新唯物主义世界观的出场扫清了思想障碍；对旧唯物主义理论缺陷的梳理，为新唯物主义世界观的出场奠定了思想地基。在冯定先生的视野中，新唯物主义世界观虽然坚持世界的物质统一性，但不同于物质本体论；虽然强调劳动实践对于人类社会的基础地位，但不同于社会存在本体论；虽然强调"实践"对于人与自然、人与社会关系建构的重要性，但不同于"实践哲学"，而是以自然存在为前提的实践基础上自然界和人类社会的动态辩证生成过程。

第四章论述"注重实践应用的辩证法"。冯定的辩证法思想，不仅仅是在辩证法理论上的原创性，更多的是对辩证法的灵活应用。从理论建构来看，他认为唯物辩证法是对"形式逻辑"在本体论和方法论意义上的双重扬弃；从实践运用层面来看，他对资产阶级共同性格和特殊性格的分析，对过渡时期无产阶级和资产阶级矛盾性质的把握，对新民主主义社会过渡性特征的判断，对"红与专"关系的阐释，都闪烁着唯物辩证法的智慧光芒，是结合时代问题灵活运用辩证法的杰出范例。

第五章阐述"以真理为核心的认识论"。《平凡的真理》是冯定先生的代表作，真理观在冯定思想中占有重要地位。他从历史观维度、认识论维度、价值观维度对真理的属性进行了多重考察。以"真理"为中心，他着重阐述了马克思主义认识论的五个重要问题，即认识发生的自然生理前提、认识产生的社会实践基础、真理内含的科学假设先驱、真理检验的社会实践标准、真理发展的动态超越过程。在这些重要问题的考察中，冯定先生的真理观凸显了四大理论特色：第一，从真理和智慧的关系审视真理的品格，赋予真理以智慧论的意义；第二，从真理和谬误的关系确定真理的界限，现实地、历史地看待真理的适用范围；第三，从真理和规律的关系追溯真理的根据，强调认识论和唯物论、辩证法的统一；第四，从真理和实践的关系阐释真理的目的，凸显了马克思主义认识论强大的改造世界的功能。

第六章阐述"高扬主体意识的人生观"。冯定重视人生观问题，但他不是抽象地谈论怎样的人生才是幸福的有意义的，人应该如何生活等。冯定认为，人生观就是世界观，必须结合马克思主义的世界观来讨论人生观，当确定了人在世界中的地位，讨论人生意义就有了依归。冯定先生强调"人独为灵"，认为在整个世界中，唯独人是具有主体意识的，这是冯定先生人生观思想的核心特征，以此为中心，他阐述了什么样的人生才是有意义的和如何做才能让自己的人生更有意义，这两个方面构成冯定先生关于人生意义和人生修养的理论。

第七章分析"冯定对马克思主义哲学大众化的理论探索"。本章带有总结的意味，因为冯定先生的整个理论探索，是在从事马克思主义哲学的中国化、大众化和时代化工作，他对马克思主义大众化的理论贡献是很大的。综合起来探讨冯定对马克思主义哲学大众化的理论探索，既带有从方法论层面对冯定一生理论探索的总结，也为我们今天从事马克思主义理论教育提供重要的启迪。冯定对马克思主义哲学大众化的理论探索，不仅表现在他审视了马克思主义大众化的前提，厘定了马克思主义大众化的内容，更为重要的是，他从马克思主义大众化的主体条件、内在要求、情感诉求、表达形式、现实基础、社会心理条件和时代视野七个方面对马克思主义大众化的路径做了理性分析，这一分析至今仍具有强烈的问题意识和现实指向。

　　2. 本书的理论观点创新

　　本书是国内第一部从总体上研究和定位冯定先生思想的专著，第一次明确从马克思主义的人类解放理论、冯定的马克思主义哲学观、冯定的马克思主义世界观、注重实践应用的辩证法、以真理为核心的认识论、高扬主体意识的人生观和冯定对马克思主义哲学大众化的理论探索七个方面展示了冯定思想的全貌和主要特质。在理论阐释上，本书的创新主要表现在如下几方面。

　　（1）把人类解放纳入实践基础上社会和自然之间的矛盾、生产力和生产关系之间的矛盾、经济基础和上层建筑之间的矛盾这三大矛盾的辩证运动中进行考察，从而指证了冯定先生对于人类解放的深层根据的准确把握。

　　（2）明确概括了冯定先生的哲学含义观。

　　（3）把冯定先生的世界观思想定位为"马克思新唯物主义的世界观"，并与"物质本体论"、"社会存在本体论"和"实践哲学"做了比较分析。

　　（4）从认识论、历史观和价值观三重维度阐释了冯定真理观的理论属性，并概括了其四大理论特色。

　　（5）从本体论、方法论、实践观三个层面概括了冯定先生对辩证法的主要贡献，把冯定先生辩证法思想的核心特征定位为"注重实践应用"。

　　（6）把冯定人生观思想的核心特征概括为"高扬主体意识"。

　　（7）根据冯定先生的理论创作和斗争实践，对他在马克思主义哲学大众化方面的贡献做了总结和归纳。

第一章

马克思主义的人类解放理论

尽管人们可以从学科分类的角度把马克思主义分述为哲学、政治经济学和科学社会主义理论，然而，从马克思主义理论学科的整体性来看，就其实质内容和社会功能而言，马克思主义就是"无产阶级和人类解放的科学，简称人民群众解放的科学"①。这个学说既表达了人类解放的旨趣，即对人的全面发展的价值理想的承诺；又表达了人类解放的历程，即对人的全面发展的现实过程的揭示；也表达了人类解放的尺度，即以人的全面发展的价值标准观照人类全部的历史活动和整个的历史进程。②

一部马克思主义发展史，不仅仅要"照着说"，而且还要"接着说"，既要坚持马克思主义的基本立场、基本理论、基本观点和基本方法，还必须结合新的实际、新的实践，赋予马克思主义新的发展，必须做到坚持继承和发展创新的统一。发展马克思主义，必须坚持马克思主义一以贯之的理论主题——无产阶级和人类解放——来展开，任何离开这一主题的所谓"创新"，不是发展马克思主义，而是"肢解"马克思主义，或者以某种隐晦的方式让马克思主义"改

---

① 孙熙国：《马克思主义基本原理的学科对象与整体架构》，《马克思主义研究》2012 年第 2 期。

② 孙正聿：《哲学的目光》，吉林人民出版社，2007 年版，第 234 页。

头换面"。

"共产主义是关于无产阶级解放的条件的学说"①，在中国新民主主义革命胜利以后，如何让群众进一步领会新民主主义革命胜利的成功经验？随着民主革命的胜利，无产阶级的历史任务和历史使命是否就完成了呢？冯定先生写于 1952 年的《中国共产党怎样领导中国革命》和写于 1953 年的《工人阶级的历史任务》，以"通俗的理论"② 解答了这些问题。针对"革命究竟是为着什么"的疑问，冯定先生认为："革命为的并非仅只破坏旧的，而是还要建设新的。换句话说，革命就是要使大多数人的生活，乃至整个人类的生活，一天比一天更为美好起来。"③ 在论述中国共产党领导中国革命经验和阐述无产阶级未来任务的基础上，冯定先生对"无产阶级和人类解放"这一马克思主义理论的主题进行了充实和丰富。他从生产实践活动入手揭示了人类解放的根据，从无产阶级的历史任务入手确定了人类解放的主体，从阶级斗争和社会革命入手指明了人类解放的方式，从全部人类解放和世界和平入手阐明了人类解放的目标，进一步丰富了马克思主义的人类解放理论。

一　人类解放的根据：生产实践

（一）人类解放是经济社会形态演进的必然结果

冯定先生指出："人类社会的发展，在各民族，在各国家，是参差不齐的。但是在参差不齐中，人类社会的发展，还是有一条总的线索和总的轮廓的。"④ 这一条总的线索和总的轮廓，从生产方式演变的角度看，"就是大家都是从原始社会，而奴隶制社会，而封建制

---

① 《马克思恩格斯文集》（第 1 卷），人民出版社，2009 年版，第 676 页。
② 冯定：《中国共产党怎样领导中国革命》，华东人民出版社，1952 年版，"交代的话"第 3 页。
③ 冯定：《中国共产党怎样领导中国革命》，华东人民出版社，1952 年版，第 5 页。
④ 冯定：《工人阶级的历史任务》，上海人民出版社，1960 年版，第 1 页。

社会，而资本主义社会，而社会主义和共产主义社会，或快或慢在一步一步发展的。上述几步的发展阶段，在有些民族和国家，也有缩得很短以至跳越了的"①。马克思把这一"总线索和总轮廓"理解为"一种自然历史过程"②。

众所周知，这种五种社会形态的划分法，是根据生产关系的不同性质来确定的。马克思还根据作为主体的人的发展状况，把人类历史划分为人的依赖性社会、物的依赖性社会、个人全面发展的社会三种依次更替的社会形态。马克思指出："人的依赖关系（起初完全是自然发生的），是最初的社会形式，在这种形式下，人的生产能力只是在狭小的范围内和孤立的地点上发展着。以物的依赖性为基础的人的独立性，是第二大形式，在这种形式下，才形成普遍的社会物质变换、全面的关系、多方面的需要以及全面的能力的体系。建立在个人全面发展和他们共同的、社会的生产能力成为从属于他们的社会财富这一基础上的自由个性，是第三个阶段。第二个阶段为第三个阶段创造条件。"③ 这三种社会形态分别由历史上存在的三种宏观的经济形式，即自然经济、商品经济、产品经济（或叫时间经济）决定，因此，它们也属于经济社会形态的范围。

为什么经济社会形态的发展是一个自然历史过程？为什么人类解放是这一自然历史过程的必然，或者说，人类经济社会形态的自然历史过程为什么内在地蕴含着人类解放的诉求和结果？要解决这些问题，我们必须深入生产资料私有制的历史嬗变进程，审视其缘起，透视其流变，揭示其结果。

生产资料私有制是公共的、集体所有制的对立物，其存在条件是劳动资料和劳动都属于私人，私有制的性质又依据这些私人是劳动者还是非劳动者而有所不同。劳动者拥有生产资料的私有制是小生产的基础。在这种生产方式下，因生产规模小、生产资料分散而

---

① 冯定：《工人阶级的历史任务》，上海人民出版社，1960 年版，第 1 页。
② 《马克思恩格斯文集》（第 5 卷），人民出版社，2009 年版，第 10 页。
③ 《马克思恩格斯文集》（第 8 卷），人民出版社，2009 年版，第 52 页。

阻碍生产的协作和生产过程的内部分工，生产力无法自由发展。这种生产方式发展到一定程度，就造成消灭它自身的物质手段。社会内部就会深刻感受到它束缚的力量，反对这种生产方式的社会势力就会活动起来，这种小生产的私有制就向生产资料和劳动者相分离的阶段飞跃。小生产的消灭意味着分散的生产资料转化为社会集中的生产资料，多数人的小财产转化为少数人的大财产，多数人被剥夺了土地、生活资料、劳动工具等，导致劳动者与生产资料相分离。结果是：一方面，社会的生产资料、生活资料被积聚和集中起来，转化为资本；另一方面，劳动者也转化为雇佣工人。资本主义生产方式的产生，就是在生产力发展的基础上，资产阶级剥夺劳动者，劳动者同生产资料相分离的过程。

资本主义生产关系作为一种崭新的、进步的生产关系，起初适合生产力的发展，推动社会进步，显示出强大的生命力。在《共产党宣言》中，马克思说："资产阶级在它的不到一百年的阶级统治中所创造的生产力，比过去一切世代创造的全部生产力还要多，还要大。"① 然而，资本主义社会的存在，却是以资产阶级"对生产工具，从而对生产关系，从而对全部社会关系不断地进行革命"② 为"首要条件"的，其实质是资本家无限榨取工人剩余价值，这就决定了资产阶级和无产阶级的物质利益是根本对立的。同时，由于资本受剩余价值规律的支配和竞争规律的外部强制，资本家不仅剥夺小生产者，他们之间也相互吞并，生产资料日益集中到少数大资本家手中，从而导致资本主义的生产社会化和资本家私人占有之间的矛盾日益尖锐。其结果是："资本的垄断成了与这种垄断一起并在这种垄断之下繁盛起来的生产方式的桎梏。生产资料的集中和劳动的社会化，达到了同它们的资本主义外壳不能相容的地步。这个外壳就要炸毁了。资本主义私有制的丧钟就要响了。剥夺者就要被剥

---

① 《马克思恩格斯文集》（第 1 卷），人民出版社，2009 年版，第 36 页。
② 《马克思恩格斯文集》（第 1 卷），人民出版社，2009 年版，第 34 页。

夺了。"①

　　资本主义私有制是对个人的、以自己劳动为基础的私有制的第一个否定。随着资本主义生产力的进一步发展，又必然引起对资本主义私有制自身的否定。这个否定不是重新建立私有制，而是在资本主义所造成的社会化大生产的基础上，重新建立个人所有制。这种个人所有制不同于私有制，实质是从社会化生产为基础的资本主义所有制转化而来的社会所有制。

　　总之，经济社会形态不是永恒不变的，而是有其发生、发展到消亡的过程的。"凡是现存的，都一定要灭亡。"② 正如奴隶制、封建制的生产方式已经在现实中消亡了一样，资本主义生产方式也不可能万世长存，最终必然被历史抛弃，被在协作和对土地及劳动本身生产的生产资料的共同占有的基础上"重新建立个人所有制"③代替。正是在这个意义上，我们说，把无产阶级以及整个人类从私有制尤其是资本主义私有制的枷锁下解放出来，并不是主观的一厢情愿，而是根植于经济社会形态演进的历史根基之中的，是不以人的意志为转移的客观规律。

（二）　人类解放是生产实践及其矛盾发展的必然要求

　　既然人类解放是经济社会形态自然历史发展过程这一"总线索和总轮廓"的必然结果，那么随之而来的问题是：第一，是否可以离开人的能动活动来理解这一历史进程？第二，究竟有什么东西贯穿在这一"总线索和总轮廓"里面而使之不断发展呢？冯定认为，经济社会形态的自然历史演进并不意味着忽视人的能动的创造活动，只有从人的能动创造活动即物质生产实践活动出发，才能理解人类社会及其演进。基于此，冯定强调，贯穿人类社会发展的总线索和总轮廓，"最根本和最主要的，就是人们的劳动，也就是生产的实

---

① 《马克思恩格斯文集》（第 5 卷），人民出版社，2009 年版，第 874 页。
② 《马克思恩格斯文集》（第 4 卷），人民出版社，2009 年版，第 269 页。
③ 《马克思恩格斯文集》（第 5 卷），人民出版社，2009 年版，第 874 页。

践"①。经济社会形态演进的客观性和人的主观能动性内在地统一于人类生产实践活动之中，因此，只有从人的物质生产活动出发，才能进一步阐明人类解放的深层根据。

冯定先生认为，劳动不但对人类社会的发展具有决定性的意义，而且对人类的形成和出现来说，也具有决定性的意义。"没有劳动，也就没有人类的形成和出现，更不必说社会的发展了。人类的形成和出现，靠的是劳动；而人类社会的存在和发展，靠的也还是劳动。"② "矛盾是推动和促进事物发展的力量；而人类社会存在和发展所依靠的矛盾，正好就是在人们的社会性的劳动生产中，蕴含着的和具备着的。"③

1. 生产劳动蕴含和具备了社会和自然之间的矛盾

冯定指出，自然是人类的摇篮，也永远是人类寄生的家园；但自然是自然而然在运动和发展的，是没有思想和意识的。自然的不息运动和不断发展，结果是形成了和出现了人类，也形成了和出现了适合人类生存的条件。自然界在提供给人类基本的生存前提，即在给人类生存提供方便的同时，也给人不方便，甚至给人以灾害。"而劳动生产，首先就是解决这种矛盾，使自然的条件，由对人有害而转为无害，乃至转为有利和有益。人们在进行生产劳动时，自发的也好，自觉的也好，总是要使生产工具'精益求精'的；如果人们对生产不感兴趣，对生产工具不知爱护和珍惜，那就说明当时的社会是处在停顿和衰亡的过程中了。"④

毫无疑问，生产实践是自然和社会对立统一的根基，诚如马克思所指出的："环境的改变和人的活动或自我改变的一致，只能被看做是并合理地理解为革命的实践。"⑤ 实践内在地蕴含和具备了人与自然、人与社会乃至人与自我关系的全部秘密，因此，自然和社会

---

① 冯定：《工人阶级的历史任务》，上海人民出版社，1960 年版，第 2 页。
② 冯定：《工人阶级的历史任务》，上海人民出版社，1960 年版，第 3 页。
③ 冯定：《工人阶级的历史任务》，上海人民出版社，1960 年版，第 3 页。
④ 冯定：《工人阶级的历史任务》，上海人民出版社，1960 年版，第 4 页。
⑤ 《马克思恩格斯文集》（第 1 卷），人民出版社，2009 年版，第 500 页。

的对立统一关系及其理解，只能到人类的实践活动中去把握。

　　然而，在资本主义社会里，自然和社会的对立统一是以一种十分"异化"的形式表现出来的。劳动的异化，不仅导致劳动者和自己的劳动产品相异化，而且导致劳动者和劳动活动相异化，同时导致个人和人类的本质相异化，也导致人同人相异化。这种劳动异化导致的自然和社会关系的异化是全面的，渗透到了资本主义发展的各个阶段、各个环节和各个方面。正如马克思所指出的："在我们这个时代，每一种事物好像都包含有自己的反面。我们看到，机器具有减少人类劳动和使劳动更有成效的神奇力量，然而却引起了饥饿和过度的疲劳。财富的新源泉，由于某种奇怪的、不可思议的魔力而变成贫困的源泉。技术的胜利，似乎是以道德的败坏为代价换来的。随着人类愈益控制自然，个人却似乎愈益成为别人的奴隶或自身的卑劣行为的奴隶。甚至科学的纯洁光辉仿佛也只能在愚昧无知的黑暗背景上闪耀。我们的一切发明和进步，似乎结果是使物质力量成为有智慧的生命，而人的生命则化为愚钝的物质力量。"①

　　扬弃这种自然和社会之间的全面对立，只有通过异化劳动的扬弃来解决。马克思指出："就劳动过程只是人和自然之间的单纯过程来说，劳动过程的简单要素是这个过程的一切社会发展形式所共有的。但劳动过程的每个一定的历史形式，都会进一步发展这个过程的物质基础和社会形式。这个一定的历史形式达到一定的成熟阶段就会被抛弃，并让位给较高级的形式。"② 虽然生产实践基础上自然和社会的对立统一关系为任何社会所共有，然而，其尖锐对立的"异化"表现形式却只是资本主义所特有的，这种"历史形式"是暂时的，会在历史的发展中被更高级的形式、更成熟的阶段抛弃。

　　这种自然和社会尖锐矛盾的解决，即异化劳动的扬弃，就是劳动作为人的本质活动的解放，就是人类的解放，就是共产主义。"共产主义是对私有财产即人的自我异化的积极的扬弃，因而是通过人

---

① 《马克思恩格斯文集》（第 2 卷），人民出版社，2009 年版，第 580 页。
② 《马克思恩格斯文集》（第 7 卷），人民出版社，2009 年版，第 1000 页。

并且为了人而对人的本质的真正占有；因此，它是人向自身、也就是向社会的即合乎人性的人的复归，这种复归是完全的复归，是自觉实现并在以往发展的全部财富的范围内实现的复归。这种共产主义，作为完成了的自然主义，等于人道主义，而作为完成了的人道主义，等于自然主义，它是人和自然界之间、人和人之间的矛盾的真正解决，是存在和本质、对象化和自我确证、自由和必然、个体和类之间的斗争的真正解决。它是历史之谜的解答，而且知道自己就是这种解答。"①

总之，自然和社会的矛盾是蕴含和具备在生产劳动之中的，同样地，自然和社会关系的尖锐对立是由异化劳动所导致的，也只有通过异化劳动的扬弃才能解决。异化劳动的扬弃和人的解放是同一个过程的两个方面，因为异化劳动的扬弃，就是人通过人并且为了人真正占有了人的本质，就是人向社会的即合乎人性的人的复归，就是把人类从自然和社会的尖锐对立中解放出来。

2. 生产劳动蕴含和具备了生产力和生产关系之间的矛盾

冯定指出："劳动生产，还蕴含了和具备了生产力和生产关系之间的矛盾。"② "只要社会存在，生产力和生产关系是永远结合在一起的；生产力发展的结果，出现了新的生产力；而新的生产力，迟早又要导致新的生产关系的出现。生产力决定生产关系；但反过来，生产关系如果已经旧了而仍未改变，束缚了生产力的发展的时候，生产关系的变更就起了主要的决定的作用。生产力和生产关系的矛盾，就这样参差错落，而使社会的发展永无止境。生产力和生产关系的结合，就是社会的样式；而社会的性质和面貌，是不能光由生产力来说明，而必须要由社会样式来说明的。"③ 生产力和生产关系的矛盾，是贯穿于人类社会始终的基本矛盾，只要人类社会存在，这一对矛盾就必然存在。

---

① 《马克思恩格斯文集》（第 1 卷），人民出版社，2009 年版，第 185～186 页。
② 冯定：《工人阶级的历史任务》，上海人民出版社，1960 年版，第 5 页。
③ 冯定：《工人阶级的历史任务》，上海人民出版社，1960 年版，第 7 页。

　　然而，在资本主义社会里，这一对矛盾却是以一种"异化"的、尖锐对立的形式表现出来的。冯定指出："资本主义的发展，是使富者愈富、贫者愈贫的；资本家穷奢极侈，而工人除了一双空手以外，真正一无所有，贫富的两极真正成了天堂和地狱，于是，资本主义被社会主义所代替，也已是必然的了。"① 这是因为，资本主义生产过程，是劳动过程和价值增殖过程的统一，"作为劳动过程和价值形成过程的统一，生产过程是商品生产过程；作为劳动过程和价值增殖过程的统一，生产过程是资本主义生产过程，是商品生产的资本主义形式"②。追逐剩余价值的资本本性，使资本家不断改进生产技术，所以资本主义生产过程，也是资本有机构成不断提高的过程，即同量的生产资料需要的劳动力会越来越少，于是，无产阶级的失业、贫富分化和劳资对立是不可避免的了。

　　总之，生产力和生产关系的矛盾，在资本主义社会里表现为生产的社会化和生产资料的资本主义私人占有制之间的矛盾。"生产资料的集中和劳动的社会化，达到了同它们的资本主义外壳不能相容的地步。"③ 于是，制约人类社会化大生产的"资本主义外壳"将被炸开，被"自由人的联合体"所代替，在那里，人们"用公共的生产资料进行劳动，并且自觉地把他们许多个人劳动力当做一个社会劳动力来使用"④。

　　3. 生产劳动蕴含和具备了经济基础和上层建筑之间的矛盾

　　冯定指出："劳动生产，也还蕴含了和具备了社会的基础和上层建筑之间的矛盾。"⑤ "人们在社会中，总不得不过物质生活，只是不同的社会样式就有不同的物质生活罢了。人类社会的这种物质生活，特别是物质生活中人们之间所发生的物质关系，就是社会的基础。至于上层建筑，如象礼教法宪，规章制度，社会组织，国家结

---

　　① 冯定：《工人阶级的历史任务》，上海人民出版社，1960 年版，第 7 页。
　　② 《马克思恩格斯文集》（第 5 卷），人民出版社，2009 年版，第 229～230 页。
　　③ 《马克思恩格斯文集》（第 5 卷），人民出版社，2009 年版，第 874 页。
　　④ 《马克思恩格斯文集》（第 5 卷），人民出版社，2009 年版，第 96 页。
　　⑤ 冯定：《工人阶级的历史任务》，上海人民出版社，1960 年版，第 8 页。

构，以及文学、艺术等等，都是通过人们思想对于基础的反映，而由人们规定和建立起来的。上层建筑不外是国家机器和意识形态两个方面。上层建筑是基础的反映，是由基础决定的，但反过来也会束缚或者推动和加速基础的改变。"① 冯定这里所说的"社会样式"，就是指经济社会形态；所谓"社会的基础"，就是指经济基础。

按照马克思主义的观点，"统治阶级的思想在每一时代都是占统治地位的思想。这就是说，一个阶级是社会上占统治地位的物质力量，同时也是社会上占统治地位的精神力量。支配着物质生产资料的阶级，同时也支配着精神生产资料，因此，那些没有精神生产资料的人的思想，一般地是隶属于这个阶级的。占统治地位的思想不过是占统治地位的物质关系在观念上的表现，不过是以思想的形式表现出来的占统治地位的物质关系；因而，这就是那些使某一个阶级成为统治阶级的关系在观念上的表现，因而这也就是这个阶级的统治的思想"②。因此，毫无疑问，资本主义的上层建筑也正是资产阶级作为一个阶级的整体利益的体现，维护的是资本主义私有制，体现的是资本家的利益，从根本上说，它是为资本的增殖服务的。于是，生产力和生产关系矛盾的尖锐，加之上层建筑变化的滞后性，使资本主义的经济基础和上层建筑之间的矛盾也变得尖锐，变得不可调和。巴黎公社的经验证明，无产阶级必须"用他们自己的政府机器去代替统治阶级的国家机器、政府机器"③。以暴力革命的方式打碎旧的国家机器，是实现无产阶级解放的基本前提。"共产主义对我们来说不是应当确立的状况，不是现实应当与之相适应的理想"④，因此，"对实践的唯物主义者即共产主义者来说，全部问题都在于使现存世界革命化，实际地反对并改变现存的事物"⑤。

总之，在冯定先生看来，社会和自然之间的矛盾，生产力和生

---

① 冯定：《工人阶级的历史任务》，上海人民出版社，1960 年版，第 8 页。
② 《马克思恩格斯文集》（第 1 卷），人民出版社，2009 年版，第 550～551 页。
③ 《马克思恩格斯文集》（第 3 卷），人民出版社，2009 年版，第 207 页。
④ 《马克思恩格斯文集》（第 1 卷），人民出版社，2009 年版，第 539 页。
⑤ 《马克思恩格斯文集》（第 1 卷），人民出版社，2009 年版，第 527 页。

产关系之间的矛盾，经济基础和上层建筑之间的矛盾，都是蕴含和具备在劳动生产的过程之中的；而社会的存在和发展，正是这三大矛盾交错相互作用的结果。"在这三大矛盾之中，社会和自然的矛盾，是外部的矛盾，而其余两个矛盾，是内部的矛盾。"① 这种人类社会的内部矛盾和外部矛盾的相互作用，促进了人类社会不断从低级到高级，从简单到复杂，从原始社会、奴隶社会、封建社会、资本主义而至共产主义这样的发展历程。这样看来，共产主义代替资本主义从而实现人类解放的历史必然性是根植于生产劳动实践基础上自然和社会、生产力和生产关系、经济基础和上层建筑这三大矛盾的交错运动之中的。正是在这个意义上，我们说，冯定先生是从生产实践及其流变中，科学揭示了人类解放的深层根据的。

二　人类解放的主体：工人阶级

揭示人类解放的根据，只是说明了人类解放这一宏伟目标的历史必然性，然而，如果没有人，任何宏伟的蓝图都是实现不了的。马克思指出，人类解放的历史重任"最后由这样一个阶级担任，这个阶级在实现社会自由时，已不再以在人之外的但仍然由人类社会造成的一定条件为前提，而是从社会自由这一前提出发，创造人类存在的一切条件"②。冯定先生指出，实现人类解放这一崇高的历史使命，"自不能指望于任何剥削阶级；也不能指望于工人阶级以外的任何阶级。总之，这一神圣的、光荣的历史任务，是工人阶级必须担负的，而且也是能够担负的。必须担负，因为除了工人阶级就没有其他阶级能够担负；能够担负，因为工人阶级首先是从事生产劳动的劳动人民，但又比历史上的劳动人民……有更多的优良品质，更易觉悟，当工人阶级已经建立起自己的真正的马克思列宁主义政

---

① 冯定：《工人阶级的历史任务》，上海人民出版社，1960年版，第10页。
② 《马克思恩格斯选集》（第1卷），人民出版社，2012年版，第15页。

党的时候，更是这样"①。因此，在冯定看来，工人阶级之所以成为人类解放的主体，承担人类解放的历史重任，既是由工人阶级本身的优点和特点所决定的，同时也是马克思主义理论的内在要求。

第一，无产阶级承担人类解放的历史重任，是由无产阶级本身的优点和特点所决定的。

冯定指出："阶级的性格应该从这个阶级或那个阶级有没有土地或资本来说明，是不是倚靠自己劳动在生活或不倚靠自己劳动在生活，并且还要看怎样在进行劳动来说明。"② 根据这一判断标准，对无产阶级性格的考察，既要看他们是否占有生产资料，也要看他们的生活资料来源——是来自自己的劳动呢，还是来自资本的利润，更要看他们的劳动方式——是孤立的分散的小生产呢，还是集体协作的社会化大生产。在冯定看来，"工人阶级的生产地位和社会地位，决定了工人阶级是最先进的阶级，而在中国来说，就是领导革命的阶级"③。

因为无产阶级是社会化大生产的产物，所以作为一个阶级整体来说，是具有大公无私、革命彻底等优点和特点的。马克思在《〈黑格尔法哲学批判〉导言》中论述德国无产阶级的特点的一段文字对于我们理解无产阶级为什么能够承担人类解放的历史重任是很有启发的，我们不妨摘录如下：

> 那么，德国解放的实际可能性到底在哪里呢？
>
> 答：就在于形成一个被戴上彻底的锁链的阶级，一个并非市民社会阶级的市民社会阶级，形成一个表明一切等级解体的等级，形成一个由于自己遭受普遍苦难而具有普遍性质的领域，这个领域不要求享有任何特殊的权利，因为威胁着这个领域的不是特殊的不公正，而是普遍的不公正，它不能再求助于历史

---

① 冯定：《工人阶级的历史任务》，上海人民出版社，1960年版，第11页。
② 冯定：《中国共产党怎样领导中国革命》，华东人民出版社，1952年版，第8页。
③ 冯定：《中国共产党怎样领导中国革命》，华东人民出版社，1952年版，第38页。

的权利，而只能求助于人的权利，它不是同德国国家制度的后果处于片面的对立，而是同这种制度的前提处于全面的对立，最后，在于形成一个若不从其他一切社会领域解放出来从而解放其他一切社会领域就不能解放自己的领域，总之，形成这样一个领域，它表明人的完全丧失，并因而只有通过人的完全回复才能回复自己本身。社会解体的这个结果，就是无产阶级这个特殊等级。①

在马克思看来，政治解放的局限性，在于它只是市民社会的一部分——资产者解放了自己，取得了统治地位，却"毫不触犯大厦支柱"② ——市民社会本身。就德国而言，德国集新旧制度之大成，它既有封建旧制度野蛮的缺陷，又有资本主义文明的缺陷。因此，只有通过全面的政治革命和社会革命，德国人才能得到解放。但是，德国的资产阶级难以承担这一任务，它刚刚开始同封建贵族进行斗争，就卷入了无产阶级反对它的斗争。因此，只有无产阶级才能担负起这一历史重任。无产阶级形成于市民社会，但由于没有财产，所以被剥夺了所谓市民社会成员的资格和权利。这种社会地位决定了无产阶级能够在正确理论的指导下，进行改变国家和市民社会的革命，实现人的解放。

第二，无产阶级承担人类解放的历史重任，是因为无产阶级具有坚强的领导核心——无产阶级政党。

冯定先生指出："工人阶级自己党的成立，不仅表示了这个阶级已经觉悟，而且也反过来使这个阶级的觉悟更加提高，更加加速；这在中国尤其如此。"③ 和其他政党相比，工人阶级政党（尤其是中国共产党）是一个思想上巩固、政治上巩固、组织上巩固的党。所谓思想上的巩固，"这就是说，党是工人阶级的党，而工人阶级是具

---

① 《马克思恩格斯选集》（第 1 卷），人民出版社，2012 年版，第 15 页。
② 《马克思恩格斯选集》（第 1 卷），人民出版社，2012 年版，第 12 页。
③ 冯定：《中国共产党怎样领导中国革命》，华东人民出版社，1952 年版，第 39 页。

有最优秀的、最卓越的革命性格的，因而党就应该将这种性格深刻地、明显地体现出来。体现在革命的理论上，体现在革命的行动上；用理论领导行动，用行动充实理论；整个党就这样一步一步提高，也就是在思想上一步一步巩固起来了"①。"思想上的巩固，就是不仅要和敌人的封建思想、法西斯思想等等进行不断的斗争，而且还要防止资产阶级的思想有意或无意地侵蚀工人阶级，特别是侵蚀党。"② 所谓政治上的巩固，就是理解党的政策的正确性，并且增强执行对党的政策的自觉性。所谓组织上的巩固，就是"共产党是指挥革命的指挥部和司令台，所以党自己就该组织得像军队一样，才能攻守咸宜，进退不紊，坚决、顽强而又灵活、敏捷地应付敌人，直至取得最后的胜利和成功"③。

无产阶级政党之所以能达到"三个巩固"，从根本上讲，是因为共产党人没有任何同整个无产阶级的利益不同的利益。"共产党人同其他无产阶级政党不同的地方只是：一方面，在无产者不同的民族的斗争中，共产党人强调和坚持整个无产阶级共同的不分民族的利益；另一方面，在无产阶级和资产阶级的斗争所经历的各个发展阶段上，共产党人始终代表整个运动的利益。"④ 因此，"在实践方面，共产党人是各国工人政党中最坚决的、始终起推动作用的部分；在理论方面，他们胜过其余无产阶级群众的地方在于他们了解无产阶级运动的条件、进程和一般结果"⑤。

冯定先生指出，工人阶级要进行革命，要获得革命的胜利和成功，就必须发挥主观能动作用；而建立起真正为工人阶级利益服务的政党，将工人阶级的阶级意志和积极力量集中起来，就正是为了使工人阶级能够发挥最大的主观能动作用。有了马克思主义，工人阶级要进行革命，就有了思想武器。"哲学把无产阶级当做自己的物

---

① 冯定：《中国共产党怎样领导中国革命》，华东人民出版社，1952 年版，第 40 页。

② 冯定：《中国共产党怎样领导中国革命》，华东人民出版社，1952 年版，第 42 页。

③ 冯定：《中国共产党怎样领导中国革命》，华东人民出版社，1952 年版，第 45 页。

④ 《马克思恩格斯选集》（第 1 卷），人民出版社，2012 年版，第 413 页。

⑤ 《马克思恩格斯选集》（第 1 卷），人民出版社，2012 年版，第 413 页。

质武器，同样，无产阶级也把哲学当做自己的精神武器。"① 由马克思主义理论武装起来的无产阶级政党，在领导工人阶级进行革命时，总是有很明确的目标和步骤、远大的战略、灵活的策略，因而无产阶级政党的胜利是不可阻挡的。

三　人类解放的方式：社会革命

冯定先生指出，"工人阶级，从其历史地位和社会地位来说，只有革命，才能解脱资本主义在其身上所缚紧了的镣铐"②，同时指出，"工人阶级所担负的历史任务，不仅要解放自己，而且为了要解放自己，就必须消灭所有的剥削阶级和所有的剥削制度，这样也就解放了全人类。革命，总是被统治、被压迫的人们在求得解放，所以不但总是值得工人阶级的同情，而且从社会发展的观点来说，也总是有进步意义的"③。"革命的主要目的，就是摧毁旧政权，建立新政权；这对工人阶级的社会主义革命来说，就是建立无产阶级专政。"④ 在冯定先生看来，"工人阶级的历史任务，就是为了实现最后一次阶级对阶级的革命而革命，为了实现最后一次阶级对阶级的专政而专政"⑤。实行社会主义革命不是目的，革命胜利后建立无产阶级专政也不是目的，"无产阶级的专政，正是为了最后消灭专政而专政"⑥，相对于人类解放的历史宏伟目标来说，革命及其胜利后建立的无产阶级专政，都只是实现人类解放的方式和手段。

承认阶级斗争，尤其是坚持无产阶级专政，是真正的马克思主义的重要标志。马克思在 1852 年致约·魏德迈的信中谈道："无论是发现现代社会中有阶级存在或发现各阶级间的斗争，都不是我的

---

① 《马克思恩格斯选集》（第 1 卷），人民出版社，2012 年版，第 16 页。
② 冯定：《工人阶级的历史任务》，上海人民出版社，1960 年版，第 12 页。
③ 冯定：《工人阶级的历史任务》，上海人民出版社，1960 年版，第 15 页。
④ 冯定：《工人阶级的历史任务》，上海人民出版社，1960 年版，第 17 页。
⑤ 冯定：《工人阶级的历史任务》，上海人民出版社，1960 年版，第 21～22 页。
⑥ 冯定：《工人阶级的历史任务》，上海人民出版社，1960 年版，第 21 页。

功劳。在我以前很久，资产阶级历史编纂学家就已经叙述过阶级斗争的历史发展，资产阶级经济学家也已经对各个阶级作过经济上的分析。我所加上的新内容就是证明了下列几点：（1）阶级的存在仅仅同生产发展的一定历史阶段相联系；（2）阶级斗争必然导致无产阶级专政；（3）这个专政不过是达到消灭一切阶级和进入无阶级社会的过渡……"① 这三条论述，第一条揭示了阶级存在的经济根源，强调阶级的存在仅仅同生产发展的一定历史阶段相联系，说明阶级并非从来就有，也不会永远存在下去，而是一定历史阶段、一定历史条件下的产物。第二条揭示了阶级斗争必然导致无产阶级专政，是对阶级斗争发展规律和无产阶级在未来的阶级斗争中所持主张的强调。第三条揭示了无产阶级专政的历史使命，即它是达到消灭一切阶级和进入无阶级社会的过渡，这就使无产阶级专政区别于其他阶级专政的根本特质得到确切说明。列宁在《国家与革命》中谈这一论述时明确指出："只有承认阶级斗争、同时也承认无产阶级专政的人，才是马克思主义者。马克思主义者同平庸的小资产者（以及大资产者）之间的最深刻的区别就在这里。"②

在冯定看来，革命是实现无产阶级和人类解放的必由之路，但社会革命的方式在不同的国家里是有其特殊性的。比如，中国工人阶级领导的革命是分两步走的，第一步是领导了资产阶级的民族民主革命，第二步是在第一步胜利和成功的基础上，向社会主义革命逐渐转变。再比如，一般来说，革命的发展，到最后解决政权问题，历来总是要通过暴力的。然而，中国社会主义革命的完成，是通过社会主义改造的和平方式实现的。但不管方式如何，社会主义革命胜利以后，必须建立无产阶级专政。无产阶级的专政，是为了最后消灭专政而专政，承担着以下历史任务。

第一，无产阶级专政的对象，是剥削阶级，特别是剥削阶级中不甘其阶级已被消灭或将被消灭的分子，是投靠帝国主义而和帝国

① 《马克思恩格斯选集》（第4卷），人民出版社，2012年版，第425~426页。
② 《列宁专题文集 论马克思主义》，人民出版社，2009年版，第206页。

主义里应外合的参与反革命分子，所以总是多数人对少数人的专政，是对少数人的最高限度的专政和对多数人的最大限度的民主的统一。

第二，无产阶级的专政，除了用权力对付少数人以外，还大规模地开展文化教育事业，使广大人民都能够获得丰富的知识，认识真理，使科学、技术和文学、艺术都获得繁荣发展，人类的精神生活越来越丰富灿烂。

第三，无产阶级的专政，还必须实现对经济的管理，这是无产阶级专政的重要职能。从马克思主义的基本立场出发，冯定断言，最后历史的发展进程是这样的：当无产阶级专政的职能随着专政的对象一天一天的消失而消失的时候，当开展文化事业和管理经济事业的职能一天一天增强起来的时候，当外部敌人的侵略危险已经不存在的时候，那么这就自然而然成为人民的组织，而不再是什么国家政权了。由此可见，无产阶级的专政，正是为了最后消灭专政而专政，也就成为人类社会最后的专政了。

总之，在冯定看来，人类解放的必然路径是，只有经由无产阶级革命——并不排斥和平的方式，经过无产阶级专政的过渡形式，才能最终实现人类解放的伟大历史任务。

四 人类解放的目标：全部人类解放

在《工人阶级的历史任务》中，冯定先生明确指出："工人阶级所担负的历史任务，不仅要解放自己，而且为了要解放自己，就必须消灭所有的剥削阶级和所有的剥削制度，这样也就解放了全人类。"① 由于工人阶级历史地位和社会地位的特点，就是工人阶级越是站在工人阶级的立场，越是为了工人阶级最远大的利益而奋斗，那么工人阶级越是要认识客观真理，而且越是和全世界、全人类的利益相符合了。因此，"工人阶级的历史任务，不仅是要在一个民

① 冯定：《工人阶级的历史任务》，上海人民出版社，1960 年版，第 15 页。

族、一个国家里，来解放这个阶级，于是也就解放了所有的劳动人民，而且也是要在整个人类世界里，来解放这个阶级，于是也就解放了所有的劳动人民。这样，整个的人类世界再也没有人民被剥削了，再也没有民族被压迫了；因而人类全都解放了，世界永远和平了"①。冯定先生在这里强调了人类解放的目标，认为它不是地域性的解放，也不是局部性的解放，而是全人类的解放。

第一，全人类的解放根源于资本的世界性联系。虽然马克思没有提出"全球化"这个概念，虽然冯定也没有预知到"全球化"20世纪末以来的迅猛发展，但冯定对资本世界性联系的阐述，是深得马克思主义的本真神韵的。马克思认为，资本不是一种个人力量，而是一种社会性力量。"资产阶级，由于开拓了世界市场，使一切国家的生产和消费都成为世界性的了。"② 资本流动导致的世界性联系，不仅存在于经济领域，甚至在文化领域也是如此，资本的全球扩张，使得"民族的片面性和局限性日益成为不可能，于是由许多种民族的和地方的文学形成了一种世界的文学"③。在冯定看来，资本的全球扩张，造成双重后果。一方面，"资本主义国家为了获得商品的市场，就越来越向外扩张，因而越来越使各民族、各国家都联系起来"④；另一方面，资本的全球扩张，其实是帝国主义对经济落后的国家在经济上实行剥削、政治上实行压迫、文化上进行愚弄的过程。于是，"工人阶级在这样联系起来的世界里，不管属于什么国家，不管属于什么民族，全都是利害与共，休戚相关的"⑤。这种世界无产阶级经济地位、政治地位、历史遭遇及现实境遇的一致性，为实现全人类解放提供了物质根基上的可能性。

第二，由于世界各国发展的不平衡性，一下子实现世界革命，至少目前来说，是不可能的。马克思恩格斯逝世以后，列宁在关于

---

① 冯定：《工人阶级的历史任务》，上海人民出版社，1960 年版，第 58 页。
② 《马克思恩格斯选集》（第 1 卷），人民出版社，2012 年版，第 404 页。
③ 《马克思恩格斯选集》（第 1 卷），人民出版社，2012 年版，第 404 页。
④ 冯定：《工人阶级的历史任务》，上海人民出版社，1960 年版，第 58 页。
⑤ 冯定：《工人阶级的历史任务》，上海人民出版社，1960 年版，第 59 页。

帝国主义和第一次世界大战的研究中，发现了帝国主义国家之间经济和政治发展不平衡的规律，做出了社会主义革命可能首先在一个国家，并且可能在经济文化相对落后国家发生的预测。列宁指出，由于"经济和政治发展的不平衡是资本主义的绝对规律"，因此，"社会主义可能首先在少数甚至在单独一个资本主义国家内获得胜利"①。在《无产阶级革命的军事纲领》中，列宁进一步指出："资本主义的发展在各个国家是极不平衡的。而且在商品生产下也只能是这样。由此得出一个必然的结论：社会主义不能在所有国家内同时获得胜利。它将首先在一个或者几个国家内获得胜利，而其余的国家在一段时间内将仍然是资产阶级的或资产阶级以前的国家。"②世界各国"一下子"实现革命的暂时不可能，是不是意味着无产阶级要放弃革命，放弃实现共产主义和人类解放的伟大目标呢？如果不是，那么无产阶级应该怎样做呢？冯定认为，在这种情况下，"世界各国工人阶级一方面仍须联合，相互支持和声援，一方面得首先在各自的国家内，进行革命，建立无产阶级专政"③，从而为全人类解放不断创造条件。

第三，社会主义在一国或数国的胜利，不是最后的胜利。冯定坚持马克思主义的基本观点，认为社会主义和共产主义是整个人类的事业，所以社会主义在一国或者几个少数国家取得的胜利，不是最后的胜利，只有国际帝国主义和资本主义世界的最后崩溃，社会主义和共产主义成为整个人类的制度，才是最后的胜利。

第四，社会主义在与资本主义和平共处中显示出其制度优越性，从而驱使人们最终选择社会主义。在和平与发展成为时代主题的条件下，资本主义和社会主义在全球的关系，正呈现为一种和平共处、和平竞赛、你中有我、我中有你的关系。但在 20 世纪 60 年代，冯定看到社会主义和资本主义之间的和平共处乃至比较胜出，是很有

---

① 《列宁专题文集 论社会主义》，人民出版社，2009 年版，第 4 页。
② 《列宁专题文集 论社会主义》，人民出版社，2009 年版，第 8 页。
③ 冯定：《工人阶级的历史任务》，上海人民出版社，1960 年版，第 60 页。

前瞻意义的。承认社会主义和资本主义的和平共处，并不是要放弃全世界实现共产主义，实现人类解放的伟大目标，而是在革命条件尚不具备的情况下，通过两种制度的相互比较，通过社会主义制度优越性的逐步显现，让人民做出符合历史发展规律的选择，从而不断趋向全部人类解放的伟大目标。

　　总之，"真理绝不是悬空的，也不是让人可以生吞活剥的东西，而是在实际中表现出来的，同时又倚靠实际在充实的"①。"无产阶级和人类解放"这一马克思主义一以贯之的理论主题，就是在一代又一代马克思主义者的努力奋斗中不断充实、丰富和完善起来的。在坚持这一主题的基础上，冯定从中国的工人阶级推及全世界的工人阶级，通过对工人阶级任务的分析，阐明了人类解放的根据、主体、方式和目标，丰富了马克思主义的人类解放学说，对我们深化马克思主义基本原理研究，提供了重要的理论启迪。

---

① 冯定：《中国共产党怎样领导中国革命》，华东人民出版社，1952 年版，第 52～53 页。

第二章

冯定的马克思主义哲学观

哲学观，从字面上说，就是"关于哲学本身的观念"或"对哲学本身的理解"，它是任何一个哲学家、任何一种哲学理论本身所必须回答的问题，设想存在一种没有哲学观的哲学家和哲学理论是不可能的。然而，一部哲学史，对"哲学是什么"这一问题却莫衷一是，众说纷纭。德国哲学家雅斯贝尔斯指出："哲学究竟是什么，以及它有多大价值，这是一个众说纷纭的问题，有些人可能指望它会产生奇异非凡的启示；有些人可能认为它是虚妄不实的幻想，而对之漠然不顾；有些人可能以敬畏的心情崇仰它，把它看作杰出人物的富有意义的劳作；有些人则蔑视它，把它看成梦幻者不必要的忧虑；有些人可能持这样的态度：哲学与一切人有关，因而在本质上它必定是简单而通俗易懂的；还有一些人认为哲学是令人绝望的玄奥。事实上，就哲学这一名称所包含的内容来说，确有许多范例证明上述所有彼此对立的意见都有其存在的理由。"① 日本学者竹尾治一郎指出："对于哲学来说最糟糕的，因而也是刁难哲学家的最好方法，恐怕就是提出'什么是哲学'这一问题。哲学家们从事着各不相关的种种活动，恐怕是很多场合连哲学家本人也不太清楚同行在

---

① 〔德〕卡尔·雅斯贝尔斯：《智慧之路》，柯锦华、范进译，中国国际广播出版社，1988 年版，第 1 页。

做些什么。"① 然而，对哲学含义理解的多样性并不排斥每一个哲学家都对哲学做出自己的理解。

"哲学是对时代问题的形上解答"②，任何一种真正的哲学，都是通过哲学家思维着的头脑所建构的、规范人们怎样理解和变革人与世界相互关系的理论形态的思维方式。它凝聚着哲学家所捕捉到的该时代人类对人与世界相互关系的自我意识，它贯穿着哲学家用以说明人与世界相互关系的独特的解释原则和概念框架，它熔铸着哲学家用以观照人与世界相互关系的独到的理论旨趣和价值标准。③任何一种哲学观，都形成于哲学家以时代性的内容、民族性的形式和个体性的风格去求索人类性问题的"聚焦点"上。

作为中国现代哲学史上的著名马克思主义哲学家，冯定先生以中国革命、建设和改革的实践为中心，着眼于马克思主义理论的实际运用，着眼于对实际问题的理论思考，着眼于新的实践和新的发展，形成了以哲学含义观为核心的涵盖哲学应用观、哲学学科建设观、哲学体系建构观的相互衔接、相互贯通的新哲学观，展现出冯定先生独特的哲学理念和哲学视域。

一　冯定的哲学含义观

冯定先生对哲学含义的阐述，不是从最普遍的或者宽泛的意义上讨论"哲学是什么"，而是特指"马克思主义哲学是什么"。在谈论马克思主义哲学时，也常以"新哲学"来指称它。所以，在冯定那里，所谓哲学是什么，其实就是马克思主义哲学是什么，或者新哲学是什么，这三者其实是同一个问题。

对马克思主义哲学做出阐述时，冯定不是从哲学史演进的角度

① 〔日〕竹尾治一郎：《日本有哲学吗？》，张萍译，《东方哲学研究》1980 年第 1 期。
② 孙熙国：《中国文化发展的基本路径》，《北京大学学报》（哲学社会科学版）2011 年第 6 期。
③ 孙正聿：《哲学观研究》，吉林人民出版社，2007 年版，第 5 页。

考察马克思主义哲学的含义，也不是拘泥于马克思主义哲学的文本抽象地界定哲学的内涵，而是从生活实践出发，本着理论联系实际的原则，着重强调哲学的应用，从而构建出了具有自身理论特质的哲学含义观。

（一）作为智慧之学，哲学是对真理的认识和遵从

"哲学"一词源于西方，英语中的 philosophy，是从古希腊文的 philein 与 sophia 演化而来的。philein 是"爱、追求"的意思，sophia 是"智慧"的意思。合起来，哲学就是爱智慧、追求智慧的学问。哲学的词源学含义表明，要了解哲学是什么，在很大程度上取决于如何理解哲学与智慧的关系。事实上，哲学是源于对智慧的追求，哲学所追求的是大智慧；哲学也体现为一种追求智慧的激情，更表现为一种智慧的生存境界。总之，正如马克思所指出的，哲学不是世界之外的遐想，而是现世的智慧。

冯定先生肯认了哲学的词源学含义，也认为哲学是智慧之学，并进一步指出："智慧就是对真理的认识和遵从。"[1] 正是基于这种理解，他用"真理和智慧"作为其代表作《平凡的真理》一书第一篇的篇名，并且其余三篇的篇名以至全书的书名中均冠有"真理"二字。他又指出，人的智慧，总是在不断地改善和提高自己的生活中真正表现出来的。"真正的智慧，正是从其对于改造世界有什么贡献和有什么效果来衡量的。"[2] 因此，认识真理和遵从真理为的就是认识世界和改造世界。

第一，智慧就是对真理的认识和遵从，"必须对认识真理和改造世界的事业直接间接有所贡献"[3]。在冯定看来，人是在自然环境中生活的，人为了获得足够乃至美好的生活，就必须改造自然环境，使对人有害的东西变成无害的东西，无益的东西变成有益的东西。此外，人过的还是社会生活，所以社会组织的合理与否，是会影响

---

① 《冯定文集》（第 1 卷），人民出版社，1987 年版，第 175 页。
② 《冯定文集》（第 1 卷），人民出版社，1987 年版，第 176 页。
③ 《冯定文集》（第 1 卷），人民出版社，1987 年版，第 178 页。

我们改造自然环境工作的进行的。人为了改善和提高生活，不仅要改造自然环境，还要改造社会环境；不过后者归根到底还是为了前者能够进行得更为顺利和成功而已。总而言之，冯定认为，人为了改善和提高生活，就必须改造世界，包括自然环境和社会环境在内。真正的智慧，就是对真理的认识和遵从；真正的智慧，是以其对于改造世界有什么贡献和什么效果来衡量的。

第二，作为对真理认识和遵从的智慧与资产阶级反动学者所提倡的实用主义智慧是完全不同的。冯定指出："实用主义不承认有客观真理的存在，自更不必说认识为的正是要去改造世界了。实用主义是说人只要能够选择已有的经验或者知识，用来对付当前的事物，因而产生效果，满足了那怕就是极为短暂的自私自利的目的，根本没有什么长远打算，这也就是智慧了；至于经验或者知识究竟是符合多数人利益的还是仅只符合少数人利益的，是不是符合真理，好象是毫无意义的。其实实用主义说的智慧，只是独占资本家追求最大限度利润的手段和帝国主义阴谋诡计的伎俩罢了；根本是说不上智慧的。"①

第三，智慧和小聪明不相干。在冯定看来："小聪明只是表现为占小便宜，将私人生活看做至高无上，或者炫强逞能，标新立异，卖弄自己，嘲弄别人，对真理的认识和遵从反而没有兴趣，其实是再浅薄和庸俗也没有了。"② 因此，冯定所说的智慧，是一种"大智"，类似于古人所说的"大智若愚"。冯定指出，真正"大智"的人"既将全部或者至少大部精力用在真理的追求和探索上，大公无私，一心一意为人类社会现在和将来的远大利益服务，因而对于私人生活，对于某些小事和外表，对于没有什么意义的非原则性的问题，自必绝少计较而变成'若愚'了"③。因此，智慧的真正表现，不仅是对个人有利的，更是对社会有利的，而智慧越大，不仅是暂

①　《冯定文集》（第1卷），人民出版社，1987年版，第178页。
②　《冯定文集》（第1卷），人民出版社，1987年版，第178页。
③　《冯定文集》（第1卷），人民出版社，1987年版，第178页。

时对社会有利的，而且往往在今后的较长时间对社会还是有利的。

第四，广大劳动人民的智慧"正是人能够认识真理和遵从真理的根本和基础"。冯定指出，"科学家和革命家的伟大，正是因为他们在改造世界中表现出来了杰出的智慧。但是从整个社会和全部历史来说，我们首先就不能不赞叹和尊崇广大劳动人民的智慧，因为正是他们，在积年累月、积世累代的社会生产中，在轰轰烈烈的社会改革中，是最伟大的力量和具有决定性的意义的。在历史上，广大劳动人民的认识真理和遵从真理，可能是很少自觉的，甚至是完全不自觉的，然而他们的活动，他们的一点一滴的经验，正是人能够认识真理和遵从真理的根本和基础"。

（二）作为对真理的认识，哲学是平凡的、为人民服务的学问

《平凡的真理》一开篇，冯定开宗明义："真理，并非象有些人所认为的，好象是玄虚的，神秘的，不可捉摸的，没有凭准的；都不是的，真理是实实在在的，或者说是平凡的。"① 在冯定看来，平凡不是平庸，不是浅薄和庸俗的意思，"而是说：真理是客观在主观中的反映，所以是客观存在的，是跟平凡的事物和平凡的群众分不开的"②。

古往今来的伟大人物之所以伟大，是因为他们没有离开平凡的事物和平凡的群众。冯定指出，科学家和革命家的伟大，不仅因为他们的科学成就或者革命业绩是经历久远而不可磨灭的；而且正是因为他们的成就或者业绩，对于真理的显露和展示来说，都是直接间接有所贡献的，但这一切，都离不开平凡的事物和平凡的群众。首先，科学的发现和发明，离不开平凡的物质现象，也离不开平凡的群众，因为如果没有广大劳动人民进行生产，社会就不能存在，任何科学工作也就无从谈起。其次，革命、改革制度、发展生产力，归根到底，为的正是解决大家衣食教养等平凡的问题。最后，哲学

---

① 《冯定文集》（第 1 卷），人民出版社，1987 年版，第 173 页。
② 《冯定文集》（第 1 卷），人民出版社，1987 年版，第 173 页。

家或者思想家的伟大，是跟已有的或者现存的科学成就和社会改革分不开的，也就是跟平凡的事物和平凡的群众分不开的；否则其思想不是错漏百出，便是荒谬绝伦，根本说不上伟大不伟大了。

马克思主义的伟大之处，在于马克思不但总结并接受了人类自古以来的科学知识和历史知识，而且正是从最平凡的商品中，从最平凡的广大劳动人民也就是工人阶级的斗争中，发现了资本主义社会的结构和人剥削人的关系，论证了整个人类社会历史的发展规律，确立了当今最正确的和最完整的世界观。

冯定关于"哲学是平凡的"这一判断，和马克思对自己"新哲学"的认识是一脉相承的。马克思指出："任何真正的哲学都是自己时代的精神上的精华。"① 然而，德国古典哲学"爱好宁静孤寂，追求体系的完满，喜欢冷静的自我审视"，这种哲学，"从其体系的发展来看，不是通俗易懂的；它在自身内部进行的隐秘活动在普通人看来是一种超出常规的、不切实际的行为；就像一个巫师，煞有介事地念着咒语，谁也不懂得他在念叨什么"②。和这种脱离人民群众实际的哲学相反，马克思认为真正的哲学是"自己的时代、自己的人民的产物，人民的最美好、最珍贵、最隐蔽的精髓都汇集在哲学思想里"③。在马克思看来，人民群众只有用自己观念的触角才能够触及哲学的观念领域，而人民群众的触角和物质需要的体系是分不开的。"在思辨终止的地方，在现实生活面前，正是描述人们实践活动和实际发展过程的真正的实证科学开始的地方。"④ 因此，新哲学对现实的个人及其生活的关注等，构成当代真正的哲学"证明哲学真理性的证据"⑤。

总之，新哲学是为人民服务的学问，是跟平凡的事物和平凡的群众分不开的，自命不凡的人，是不易甚至是不能认识真理或者接

---

① 《马克思恩格斯全集》（第1卷），人民出版社，1995年版，第220页。

② 《马克思恩格斯全集》（第1卷），人民出版社，1995年版，第219页。

③ 《马克思恩格斯全集》（第1卷），人民出版社，1995年版，第219～220页。

④ 《马克思恩格斯文集》（第1卷），人民出版社，2009年版，第526页。

⑤ 《马克思恩格斯全集》（第1卷），人民出版社，1995年版，第221页。

受真理的；而真正伟大的人，总是绝不轻视或者蔑视平凡的事物和平凡的群众的。尊重平凡的事物和平凡的群众成为冯定先生一生的执着追求，这使得他追求真理、进击人生有了坚实的基础。

（三）作为人类智慧的大发展，哲学是"最接近客观真理的真理"

冯定指出："新哲学是人类社会以来论宇宙、论社会、论思想的一种最接近客观真理的真理，所以新哲学首先使我们对于宇宙、对于社会、对于人的脑子和外界的关系，有了一种最清楚、最正确、最完备的了解。"①

马克思、恩格斯曾对马克思主义的科学性有过明确说明，在《共产党宣言》1872年德文版序言中，马克思和恩格斯说："不管最近25年来的情况发生了多大的变化，这个《宣言》中所阐述的一般原理整个说来直到现在还是完全正确的。某些地方本来可以作一些修改。这些原理的实际运用，正如《宣言》中所说的，随时随地都要以当时的历史条件为转移。"② 马克思主义创始人一方面强调马克思主义基本原理的正确性，同时还不时告诫人们，"我们的理论是发展着的理论，而不是必须背得烂熟并机械地加以重复的教条"③。正是基于这一点，在马克思、恩格斯逝世之后，列宁强调："马克思主义的全部精神，它的整个体系，要求人们对每一个原理都要（α）历史地，（β）都要同其他原理联系起来，（γ）都要同具体的历史经验联系起来加以考察。"④

结合马克思主义的科学体系和中国革命新的实践，冯定对马克思主义的科学性进行了论述和说明。冯定认为："马克思主义是人类现有的最正确的思想。"⑤ 这是因为，第一，客观的充足条件为马克

---

① 《冯定文集》（第1卷），人民出版社，1987年版，第111页。
② 《马克思恩格斯选集》（第1卷），人民出版社，2012年版，第376页。
③ 《马克思恩格斯选集》（第4卷），人民出版社，2012年版，第588页。
④ 《列宁选集》（第2卷），人民出版社，2012年版，第785页。
⑤ 《冯定文集》（第1卷），人民出版社，1987年版，第284页。

思主义的正确性提供了必要前提。冯定指出："无产阶级的历史地位和社会地位，是为了解放自己，为了废除私有财产制度和剥削制度，为了建立更合理的更高级的社会，为了完成人类历史空前未有的伟大任务，就非追求客观真理不可；这就造成了出现辩证唯物主义和历史唯物主义这样正确思想的充足条件。"① 第二，马克思和恩格斯的革命实践及其与工人运动的结合为马克思主义的正确性提供了实践基础。冯定指出，马克思和恩格斯不仅学问渊博，经验丰富，而且对于群众的革命斗争又满腔热情，并将其作为自己的终身事业。所以"当这种正确的思想集中在马克思和恩格斯这样伟大人物的脑子里当做理论而反映出来以后，经过无产阶级先进分子组织起来的政党将这种理论传播并和工人运动结合起来"②，马克思主义就这样推动并促进了全世界各国的工人运动和社会主义革命运动，并在全世界各国工人运动和社会主义革命运动中充实和发展起来了。

（四）作为对一切现象规则的研究，哲学是自然哲学和历史哲学的统一

在中国早期的马克思主义传播过程中，在马克思主义与中国实际相结合救亡图存的过程中，中国的马克思主义者基本侧重于对唯物史观和唯物辩证法的介绍和阐释，比如李大钊的《我的马克思主义观》和《唯物史观在现代史学上的价值》，瞿秋白的《社会哲学概论》和《现代社会学》，李达的《马克思还原》、《马克思派社会主义》、《马克思学说与中国》和《社会学大纲》，艾思奇的《大众哲学》，毛泽东著名的《矛盾论》和《实践论》，等等。由于对唯物史观的原理介绍阐述较多，针对"许多人认为新哲学的法则，只可以说明社会的现象，不能说明自然的现象"③ 的认识，冯定认为，新哲学是近代以来各种科学发展的汇集，同时也反过来成为各种科学发展的动力，新哲学不但不排斥自然现象，恰恰相反，"新哲学的

---

① 《冯定文集》（第1卷），人民出版社，1987年版，第285页。
② 《冯定文集》（第1卷），人民出版社，1987年版，第285页。
③ 《冯定文集》（第1卷），人民出版社，1987年版，第128页。

法则……正是有法则的自然现象在脑子中的反映，这是因自然科学的逐渐进步而愈益在证明着的"①。于是，随着自然科学的继续向前发展，新哲学的法则也随之获得了证明和发展。新哲学不但不排斥自然现象，恰恰相反，新哲学的发展是和自然现象及其法则须臾不可分离的。

　　冯定先生认为，新哲学是自然哲学和历史哲学的统一。"用新哲学的观点来解释自然现象，同时也就作为认识自然的工具，这便是自然哲学，而用新哲学的观点来解释历史现象，同时就作为历史创造的工具，这便是历史哲学。自然哲学和历史哲学，都要求我们的实践；只有实践，才能更清楚地来认识宇宙，更进取地来创造历史。但二者的相同还不单在这儿。自然哲学和历史哲学，都是说明发展的现象。只有发展，才是自然方面和社会方面的共同桥梁。"② 因此，在冯定看来，哲学是"研究各种现象的发展法则的"③，但不论自然现象还是社会现象，二者是有共同性的。这种共同性表现在：第一，对二者的认识都需要依赖于人类的实践，离开人类的实践，任何自然和社会现象对人来说都是无意义的，都是不可捉摸的"自在之物"；第二，自然和社会都处在永恒的变动和发展之中，但不管是自然现象还是社会现象，它们的变动和发展都是有规律的；第三，自然和社会是相统一的，"人类社会正是自然的一部分，人类的历史正好也是在发展着的自然环境中继续发展，所以一般的来说，自然法则和历史法则的中间，并不能掘一条绝对不可逾越的鸿沟，不过历史终究是由能思想的人类制造出来的，而自然现象的千变万化，只是物质的本性罢了"④。

　　当然，承认自然现象和社会现象的共同点，并不排斥二者的差异。冯定指出，自然现象是常有重复和循环的，但是社会现象并不

---

① 《冯定文集》（第 1 卷），人民出版社，1987 年版，第 128 页。
② 《冯定文集》（第 1 卷），人民出版社，1987 年版，第 130 页。
③ 《冯定文集》（第 1 卷），人民出版社，1987 年版，第 128 页。
④ 《冯定文集》（第 1 卷），人民出版社，1987 年版，第 131 页。

是这样，"在历史上也有个别的民族的衰退或消灭现象，然而整个的人类历史，总是在进步，螺旋式的在发展"①。而二者的最大差异，"便是历史是由整个社会上有意识的人，合作而创造起来的"②。

冯定认为，新哲学之所以能够把自然法则和社会法则统一起来，是因为新哲学坚持了科学的实践观。他说："实践是新哲学的要素，只有实践才能认识宇宙、改造社会。总结起来说，历史的生活是受着三种因子的影响：这便是自然、人和传统。人类的活动不能脱离自然，今日的历史不能脱离昨日的传统，而人的努力，便是这三方面的综合。"③ 这样，科学的实践观不仅是能够把自然法则和社会法则统一起来的基础，同时也构成新旧哲学的分水岭。

冯定先生的这一论断是完全契合马克思主义哲学的本真精神的。早在《1844 年经济学哲学手稿》中，马克思就明确阐述了"实践"的重要意义。马克思指出："在实践上，人的普遍性正是表现为这样的普遍性，它把整个自然界——首先作为人的直接的生活资料，其次作为人的生命活动的对象（材料）和工具——变成人的无机的身体。自然界，就它自身不是人的身体而言，是人的无机的身体。人靠自然界生活。这就是说，自然界是人为了不致死亡而必须与之处于持续不断的交互作用过程的、人的身体。"④ 很显然，正是因为"实践"，人的普遍性、主体性才得以确立，人和自然才得以统一。然而，旧唯物主义和唯心主义，看似大相径庭，实则殊途同归，二者都不能理解"革命的""实践批判的"活动的意义。马克思指出："从前的一切唯物主义（包括费尔巴哈的唯物主义）的主要缺点是：对对象、现实、感性，只是从客体的或者直观的形式去理解，而不是把它们当做感性的人的活动，当做实践去理解，不是从主体方面去理解。因此，和唯物主义相反，唯心主义却把能动的方面抽象地

① 《冯定文集》（第 1 卷），人民出版社，1987 年版，第 132 页。
② 《冯定文集》（第 1 卷），人民出版社，1987 年版，第 132 页。
③ 《冯定文集》（第 1 卷），人民出版社，1987 年版，第 132 页。
④ 《马克思恩格斯文集》（第 1 卷），人民出版社，2009 年版，第 161 页。

发展了，当然，唯心主义是不知道现实的、感性的活动本身的。"①

　　不论是旧唯物主义还是唯心主义，都不懂得"革命的""实践批判的"活动的意义，只有从人的实践活动及其历史发展出发，"研究自然现象的一般法则"的自然哲学和"研究历史现象的一般法则"的历史哲学才有统一起来的基础。"环境的改变和人的活动或自我改变的一致，只能被看做是并合理地理解为革命的实践。"② 这样，实践就构成了"新哲学"的"核心要素"，只有在实践的基础上，自然现象和社会现象，自然法则和社会法则，人、自然和传统才能统一起来；正是在科学的实践观的基础上，新哲学把自然哲学和历史哲学统一了起来。

二　冯定的哲学应用观

　　强调哲学思维的价值和哲学应用的重要性，构成冯定先生一贯的理论主张。早在 1937 年，他就写下了《哲学的应用》一文，强调"我们研究哲学，不但在明白几条宇宙发展和社会发展的规律，而还应该将这些规律来分析活生生的现实，在活生生的现实上活生生地去应用"③。历经十年"文化大革命"的磨难后，冯定先生再次坚定了哲学思维的重要性和哲学的应用价值。在 1980 年 7 月出版的《外国哲学》创刊号上，冯定先生发表了《吸取人类思想文化中的一切有价值的东西——兼谈研究外国哲学的态度和方法》的重要论文，再次强调哲学研究和哲学应用的重要性。他指出："哲学这个东西，如同马克思说过的，无论在哪一个民族，或哪一个时期，都是时代精神的精华。历史上各个国家的哲学家以及他们的哲学思想，象灿烂的群星布满了人类思想界的太空，不停地闪耀着智慧之光。又象用珍珠连接起来的彩带，架起了一道精神彩虹，使人振奋，使人探

①　《马克思恩格斯文集》（第 1 卷），人民出版社，2009 年版，第 499 页。
②　《马克思恩格斯文集》（第 1 卷），人民出版社，2009 年版，第 500 页。
③　《冯定文集》（第 1 卷），人民出版社，1987 年版，第 112 页。

索。缺少思想交流、尤其是缺少哲学思想交流的民族，是不会有强大的生命力的。"①

（一）新旧哲学的显著区别：哲学的应用性

冯定先生所说的新哲学，是指马克思主义哲学；旧哲学，是指马克思主义以前的一切传统哲学。在《哲学的应用》一文中，冯定先生明确指出，新哲学和旧哲学是根本不同的，"从前的旧哲学，好像鹫，只在人迹罕至的绝顶上回旋着，可不知道人间究竟是什么东西。所以旧的哲学，也就变成了好像是高深的、秘奥的、不可捉摸的，只配少数特别聪明的人去玩弄的一种学问，一般的人甚至不敢问津，压根儿也就谈不到什么应用不应用了"②，而"新哲学是人类社会以来论宇宙、论社会、论思想的一种最接近客观真理的真理，所以新哲学首先使我们对于宇宙、对于社会、对于人的脑子和外界的关系，有了一种最清楚、最正确、最完备的了解"③。"新哲学一方面在告诉我们宇宙是什么东西，社会是什么东西，一方面也就在传授我们怎样去认识宇宙和社会，并且怎样去改造宇宙和社会的那些方法了"④，"方法不是死的，而且应该应用的。"⑤

冯定强调指出，马克思主义哲学的"精髓，便在理论脱不了实际，实践离不了理论"⑥。正因为这样，新哲学即马克思主义哲学不但在我们的生活领域里、经济领域里、政治领域里、社会领域里活动，就是在自然科学里也积极活动。冯定比喻新哲学不是珠宝箱里的珠宝，而是流通的货币，不但可以应用，而且可以应用得极其广泛。在冯定看来，研究新哲学的意义，就在我们不但要认识马克思主义的科学方法论，而且还要应用这些科学方法论。他指出："我们研究哲学，不但在明白几条宇宙发展和社会发展的规律，而还应该将这些

---

① 《冯定文集》（第 2 卷），人民出版社，1989 年版，第 351 页。
② 《冯定文集》（第 1 卷），人民出版社，1987 年版，第 111 页。
③ 《冯定文集》（第 1 卷），人民出版社，1987 年版，第 111 页。
④ 《冯定文集》（第 1 卷），人民出版社，1987 年版，第 112 页。
⑤ 《冯定文集》（第 1 卷），人民出版社，1987 年版，第 112 页。
⑥ 《冯定文集》（第 1 卷），人民出版社，1987 年版，第 112 页。

规律来分析活生生的现实，在活生生的现实上活生生地去应用。"①

在冯定先生看来，学习哲学，总是为了解答现实生活中的某些问题，求得一些规律性的认识，尤其是当人们处于逆境时，这种要求和愿望会更加强烈。时代在前进，社会在发展，虽然我们今天碰到的问题和冯定先生的不同，但是，这丝毫不影响学习、应用哲学的重要性。

首先，学习并且应用哲学是个人生活的需要。就个人来说，"每个人只要在世界上生活一天，都必须解决一个主客观关系问题。从宏观世界到微观世界，从自然界、社会乃至人的思维，都需要求得一个符合客观实际的正确认识，然后才可能有一个正确的态度和正确的方法。这就是我们常说的立场、观点和方法。这是每个人都不能逃脱的，因此每个人也就应当或多或少地学点哲学"②。

其次，学习并且应用哲学是整个社会的期盼和要求。冯定先生在 1981 年的《怎样学哲学》一文中指出："对我们这个背着沉重的封建主义精神枷锁的包袱的民族，在拥有汪洋大海般的小生产者的社会里，我们多么需要有更多的人来掌握哲学这样的精神武器来解放我们的精神境界哪！在用四个现代化来医治我们的经济创伤时，一切小资产阶级的狂热性、一切崇洋的民族自卑感，一切无政府主义的空谈，一切狂妄自大、目空一切的偏激无知的调调，都不能对于振兴中华有所补益。"③

解决所有现实问题，无不需要马克思主义哲学这一科学的世界观和方法论。因此，哲学的应用，不仅是个人修养的必需，也是社会进步的必然要求。

（二）哲学的应用须处理好哲学与生活、哲学与政治的关系

哲学是人类把握世界的一种基本方式。在人类创造自己的生活世界并实现人类的自我发展的各种基本方式中，哲学的不可或缺和

---

① 《冯定文集》（第 1 卷），人民出版社，1987 年版，第 112 页。
② 《冯定文集》（第 2 卷），人民出版社，1989 年版，第 383 页。
③ 《冯定文集》（第 2 卷），人民出版社，1989 年版，第 387 页。

不可替代的特殊作用以及独特价值，直接地表现在它是人类思想中的一种特殊的维度，即反思的维度。那么，哲学反思的生活基础是什么？哲学反思的生活意义又是什么？只有从哲学的生活基础出发去理解反思的哲学思维及其生活意义，才能在更深刻的层次上实现哲学的自我理解。为此，冯定专门讨论了哲学与生活以及哲学与政治的关系。

1. 哲学与生活

第一，哲学起源于生活的需要，和生活须臾不可分离。

冯定先生指出："人们在生活的道路上，总是自觉和不自觉地寻求着解释各种现象和事物的道理，以求得对客观世界加深认识，给自己的精神世界增添希望的力量，解除他们遭遇的困惑和痛苦。"① 因此，"哲学起源于生活的需要，从它出现开始，就成为人们生活中的密友和智慧的力量"②。哲学之所以和生活密不可分，从根本上来讲，是根植于人的生存状态的矛盾性。人既是自然的存在，又是超自然的存在，即社会的存在。人类作为物质世界链条上的特定环节，是"自在的"或"自然的"存在，即同世界上其他一切存在物一样的自然而然的存在；人类作为认识世界和改造世界的主体，则是"自为的"或"自觉的"存在，即区别于世界上其他所有存在物的"超越自然"的存在。因此，人类作为"自在"存在与"自为"存在、"自然"存在与"自觉"存在的对立统一，是既"自在"又"自为"、既"自然"又"自觉"的存在，即作为物质世界中达到自我认识和自我改造的能动性主体而存在。这样，人类存在的矛盾性，在于现实的人总是不满足于人的现实，总是要使现实变成对人来说更为理想的现实。哲学，就是根源于人类生活的矛盾性，根源于人类对自身存在的矛盾性自觉。由此看来，哲学起源于生活的需要，就是对生活中遇到的问题进行反思的结果和升华。

第二，哲学思维不同于日常思维，和人们的日常生活离得较远。

---

① 《冯定文集》（第 2 卷），人民出版社，1989 年版，第 528 页。

② 《冯定文集》（第 2 卷），人民出版社，1989 年版，第 528 页。

冯定先生指出，哲学虽然和生活的关系非常密切，是人们所喜爱运用且思索探求的理论，但是，它毕竟又是需要有高度抽象思维能力的严密科学。它越是需要反映事物的本质，准确地认识其固有的特征和规律，就越需要远离其实体，进行高度的抽象，以便全面深刻地揭示它的内在特征。要进行这样的抽象，又必须经过一定的学习和训练，掌握较广泛的人文知识和自然科学的基本知识才能完成。因此，正如冯定先生指出的："哲学就又显得和人们日常的关系离的较远，不象人们在日常生活中经常使用的直观方法那样方便和普遍。又由于它需要使用抽象的思维去分析问题，以至往往使人感到枯燥和深奥。这就是为什么人们一方面感到运用哲学的重要性和必要性，一方面又不容易在生活中经常自觉的运用它去观察和解决问题的原因。"①

第三，通过哲学的普及使哲学和生活有机融合。

冯定认为，要实现哲学和生活的有机融合，就十分需要哲学的普及工作。马克思指出："批判的武器当然不能代替武器的批判，物质力量只能用物质力量来摧毁；但是理论一经掌握群众，也会变成物质力量。理论只要说服人，就能掌握群众；而理论只要彻底，就能说服人。"② 然而，从事哲学的普及工作，并不是一件轻而易举的事情。冯定先生在他晚年所写的《把马克思主义哲学送到人民手中——论哲学的普及》一文中深刻地指出，哲学的普及工作"需要有深厚的马克思主义理论基础，需要有丰富的生活实践，还需要有对共产主义事业的极大热忱"③。冯定认为，哲学的普及是一项极其严肃的工作，哲学的普及和通俗化绝不等于庸俗化。"我们所说的通俗，并不是意味着降低质量，也不是流于庸俗，而是把哲学的科学原理，用准确、精练、好懂的语言文字阐述清楚。并且善于联系我们党的当前政策和任务，联系群众的思想动态，把基本原理赋予和时代相

---

① 《冯定文集》（第 2 卷），人民出版社，1989 年版，第 529 页。

② 《马克思恩格斯选集》（第 1 卷），人民出版社，2012 年版，第 9~10 页。

③ 《冯定文集》（第 2 卷），人民出版社，1989 年版，第 530 页。

关的生命力，使得群众乐于接受，有所共鸣，得到启迪。"①

　　基于此，我们完全可以这样认为，在冯定先生看来，哲学普及需要具备"三个基本前提"，完成"四项基本任务"。这"三个基本前提"即深厚的马克思主义理论基础是做好哲学普及工作的首要前提，丰富的生活实践是做好哲学普及工作的现实基础，对共产主义事业的极大热忱是做好哲学普及工作的重要条件。要想做好哲学普及工作，仅有这"三个基本前提"是远远不够的，还必须对马克思主义哲学实现创造性转化，完成"四项基本任务"：第一，把马克思主义哲学原理用准确简洁、精练好懂的语言表述出来；第二，把马克思主义哲学原理同党的当前政策和中心任务联系起来，赋予马克思主义哲学以灵活的致用倾向；第三，把马克思主义哲学原理同群众的思想动态联系起来，赋予马克思主义哲学以鲜活的群众特色；第四，把马克思主义哲学原理和时代问题结合起来，赋予马克思主义哲学原理以鲜活的时代气息，使群众乐于接受。这是一位久经考验、经过深刻省思的马克思主义哲学家留给我们的珍贵财富。

　　2. 哲学与政治

　　第一，作为一种宇宙观和方法论，哲学同社会上各个阶级的命运、同政治斗争有密切联系。

　　冯定先生指出，"哲学，作为时代精神的体现，作为一种观察国家和民族命运的工具，作为一种宇宙观和方法论，当然同社会上各个阶级的命运、同政治斗争有密切联系"②。作为时代精神的体现，哲学反映这个时代的政治状况及其政治诉求；作为观察国家和民族命运的工具，一个民族秉持怎样的哲学理念，选择和坚持怎样的哲学理论，和这个民族的前途命运息息相关；作为一种宇宙观和方法论，由于阶级利益和阶级立场的不同，不同阶级的人观察、看待、处理问题的世界观和方法论是不一样的。这样看来，哲学和

---

　　① 《冯定文集》（第2卷），人民出版社，1989年版，第530页。
　　② 《冯定文集》（第2卷），人民出版社，1989年版，第512页。

政治有着内在的关联，哲学中熔铸着政治问题，政治中必然体现哲学思维。

哲学同政治的内在关联是贯穿于马克思主义形成和发展的全过程的。毫无疑问，没有马克思主义，就不会有自觉的工人运动；没有列宁主义，就不会有俄国十月社会主义革命的伟大胜利；没有毛泽东思想，就不会有中国革命的巨大成功；没有中国特色社会主义理论体系，就不会有中国改革开放的瞩目成就。如果我们的目光触及马克思主义形成伊始，便会发现，哲学与政治的内在关联在马克思一经走上理论创造舞台时便如同孪生兄弟一般结合在一起了。马克思 1842～1843 年在《莱茵报》工作期间，在他的第一篇政论文章《评普鲁士最近的书报检查令》中，揭露了 1841 年 12 月 24 日弗里德里希－威廉四世所颁布的书报检查令的伪善本质，论述了实行新闻自由的必要性；在《关于新闻出版自由和公布省等级会议辩论情况的辩论》中，马克思从具体的政治观点出发来看待新闻自由，把新闻自由的问题同各个社会等级对这个问题的态度联系了起来；在《〈科隆日报〉第 179 号的社论》一文中，马克思揭露了该报呼吁政府禁止在报刊上讨论宗教和哲学问题的反动主张，维护了哲学干预现实生活和探讨宗教问题的权利；在《历史法学派的哲学宣言》中，马克思谴责了历史法学派和反动的浪漫主义的代表借口维护历史传统来为封建专制制度辩护的企图，指出人们有理由把康德的哲学看作法国革命的德国理论，而自称是康德学生的历史法学派创始人胡果的自然法却是法国旧制度的德国理论；在《关于林木盗窃法的辩论》和《摩泽尔记者的辩护》中，马克思关注下层贫苦农民的生活状况，加深了对社会生活和国家问题的理解。可以看出，从哲学角度阐发政治问题，反思政治现象中的哲学问题，是马克思主义的内在禀赋，二者不可分割地熔铸在马克思主义哲学的形成和发展过程之中。冯定援引恩格斯在《关于工人阶级的政治行动》中的观点对政治和哲学的内在关联做了注解。恩格斯指出："绝对放弃政治是不可能的；主张放弃政治的一切报纸也在从事政治。问题只在于怎样从事政治和从事什么样的政治。"①

第二，与政治、法律道德等意识形态相比，哲学是距离经济基础最远的。

冯定指出，"哲学作为一种意识形态，在研究它与政治的关系时又必须注意其特殊性"②，这就是说和政治、法律道德等社会意识形态相比较，哲学是距离经济基础最远的，它并不直接反映一定社会的经济基础。这是因为，"哲学作为人类思维的最高形式，其抽象程度远为其他社会科学所不及。作为一种世界观的哲学，除了有政治上的成因之外还有认识上的原因。一种哲学体系的产生，固然是和社会上阶级的、政治的分野有关联，更和体力劳动与脑力劳动分家、知识分子作为社会上一个独立的阶层出现有关联。即使是在马克思主义哲学产生之后，这种情况也没有完全改变"③。因此，从根本上说，哲学的产生，是人类生产力发展到一定阶段的产物。哲学思维的抽象性，决定了哲学并不总是直接反映政治的，在政治要求和哲学观点之间，是经过了许多中间环节的——在人们形成哲学观点之前，又经过哲学家或思想家们精细的加工，这种加工会受到科学技术水平、伦理道德、传统与习惯等因素的影响。这样，哲学"除了有联系政治这一面外，又有超脱政治的这一面"④。

既然任何哲学和政治都既有内在关联的一面，又有超越性的一面，那么，在哲学研究乃至一切学术研究领域，决不能用政治标准代替理论标准，更不能用理论标准取代实践标准。冯定在1982年写的《探索探索者的道路 开辟未来》一文中关于马克思主义研究中如何正确认识政治与哲学关系的论述始终值得马克思主义研究者铭记。冯定这样写道：

---

① 转引自《冯定文集》（第2卷），人民出版社，1989年版，第513页。
② 《冯定文集》（第2卷），人民出版社，1989年版，第512页。
③ 《冯定文集》（第2卷），人民出版社，1989年版，第512～513页。
④ 《冯定文集》（第2卷），人民出版社，1989年版，第513页。

马克思主义哲学作为一种观点体系，作为一种有内在逻辑联系的学说，也必然还有认识史的这一面。马克思不是神，一切后来的马克思主义者也都不是神。他们对待世间一切事物的认识也都是从不知到知、从不完全知到比较完全地知。列宁有一句名言："人们并不会因为革命开始而变成圣人。"难道哲学一发展到马克思主义的阶段就变成了"圣经"，就变成完全的、绝对的真理了吗？多年以来有一种很不好的倾向，就是在对于哲学的研究以至于在一切学术领域里，完全用政治标准代替了理论标准，又由理论标准取代了实践标准。常常是把马克思的或其他几位革命导师的某一句话或某几句话当作天经地义、不可动摇的公式，去非难或否定他们讲过的另外一些话；或者是为了适合于所谓"当前政治"的需要，硬是对某一句话做出这样或那样随心所欲的解释。其实这种解释完全是从外面加上去的，是在经典作家那里根本没有的。或者是你捉住这几句话，他捉住另外几句话，而又常常各执一端，争执不下，完全作表面的、字句上的争论。大家都求救于"本本"，以为这样便可以立于不败之地。其实这样来研究马克思主义是非常之有害的。这种做法就排斥了历史地、科学地去探讨问题，对于解决实际问题也无任何补益。①

冯定先生认为，毫无疑问，马克思主义是关于无产阶级和人类解放的科学，是科学性和革命性的统一，但决不能把马克思主义看成一成不变的、僵死的、凝固的东西，各执一端，以革命性否定科学性，或者以科学性否定革命性。在承认马克思主义的阶级性和革命性的前提基础上，在合理把握哲学与政治内在关联的前提基础上，更需要关注哲学对于政治的超越性的一面，"为了能够完整、准确地理解马克思主义哲学观点，为了能够对其中某个观点做出合乎实际

---

① 《冯定文集》（第 2 卷），人民出版社，1989 年版，第 513～514 页。

的、真正科学的分析，为了在马克思主义研究中反对公式化、教条化、简单化的倾向，就必须特别强调把马克思主义哲学发展史当作一部认识史来研究，恢复它们的本来面目"①。

三　冯定的哲学学科建设观

冯定先生生命的最后二十七个春秋是在北京大学度过的。冯定先生曾对夫人袁方说，"现在有许多人死后都要把骨灰撒到家乡，我看北大就是我的第二故乡，我就把骨灰撒在校园里，作为一个园丁所加的最后一把肥料吧"②。1983 年冯定先生逝世后，他的一部分骨灰撒在了北大校园里。

作为我国著名的马克思主义哲学家、思想家和教育家，冯定先生为哲学教育呕心沥血，从 1957 年调入北京大学哲学系工作直至逝世，冯定先生的工作和思想是和北京大学的哲学教育事业分不开的，他先后担任了北京大学校党委委员、北京大学党委副书记、北京大学副校长、北京大学哲学系主任、北京大学校务委员会顾问等职。在长期的教学研究和高校管理实践中，冯定先生探索出了一整套符合时代要求和人才培养要求的哲学学科建设观。冯定哲学学科建设观内涵丰富，其突出的贡献，表现在他提出了"一体两翼"的哲学教育方针、革新了哲学教材内容体系和培养了一批马克思主义哲学研究人才等方面。

（一）冯定提出了"一体两翼"的哲学教育方针

1952 年暑假，高教部决定对全国的高等院校进行一次大调整，目的是建设以马克思主义为指导的高等学校。在这次调整中，除北京大学外，其他大学的哲学系都停办，北京的清华、燕京、辅仁等大学和南方的武汉大学、南京中央大学、广州中山大学的哲学系师

---

① 《冯定文集》（第 2 卷），人民出版社，1989 年版，第 514 页。
② 袁方：《永恒的追求——悼念冯定同志》，载于谢龙主编《平凡的真理 非凡的求索——纪念冯定百年诞辰研究文集》，北京大学出版社，2002 年版，第 153 页。

生都集中到北大。据《北京大学哲学系史稿（1912—2012）》记载①，调整后的北大哲学系共有 46 位老师，西方哲学史专业 16 人，中国哲学史专业 13 人，逻辑学专业 10 人，美学 3 人，社会学 1 人，伦理学 1 人，东方哲学 1 人，马克思主义哲学 1 人，其中有 20 多位教授，但没有一位马克思主义哲学教授，而且马克思主义哲学专业仅有黄楠森一位老师。以后陆续调进的兄弟院校毕业生和留校的本系毕业生又将主要力量用于更为急迫的全校公共理论课的教学。因此，直到 1957 年，哲学系的马克思主义哲学专业基础课仍主要聘请校外专家讲授，本校教师只开出一部分课程。由此可以看出，当时北大哲学系的马克思主义哲学学科建设的任务是很繁重、很紧迫的。

正是在这种情况下，1957 年 1 月毛泽东提名调冯定到北京大学担任哲学系教授②，冯定成为院系调整后北大的第一位马克思主义哲学教授，直到"文革"前他仍是唯一的一位。面对专业基础课师资力量严重不足的情况，冯定进一步体会到毛泽东提名调他来北大任马克思主义哲学教授的重任。当时中宣部部长陆定一对此曾在和冯定的谈话中表示，党员为什么一定要担任行政工作呢？还是专当教授好。这就明确地把在第一线抓学科建设的重任交给了冯定。这正和冯定本人专心致志从事哲学理论研究工作的愿望相符合。

冯定主张并参与制定了北大哲学系"一体"（马克思主义哲学）、"两翼"（中外哲学史和自然辩证法）的办系方针，并且不顾年近六旬曾患过肺病和做过胃切除手术的身体状况，亲临教学科研第一线，带头落实这个方针。1958 年他为学生讲授马列原著课和专题课，如《哥达纲领批判》《法兰西内战》等；1959 年下半年起，他为入学新生讲授辩证唯物主义和历史唯物主义原理课；1960 年，在他的主持下，哲学系第一次由本系教师系统地开出了马克思主义

---

① 赵敦华、李中华、杨立华主编《北京大学哲学系史稿（1912—2012）》，北京大学哲学系 2012 年内部出版，第 29～30 页。

② 冯贝叶、冯南南：《对〈毛泽东对冯定的三次表态〉的两点补充》，《百年潮》2000 年第 10 期。

哲学原理这门课——此前这门课都是请外校专家艾思奇等和苏联专家讲授的；冯定还为 1960 届和 1961 届两届本科学生系统地讲授过马克思主义哲学原理课；1961 年下半年，在冯定主持下还开设了"毛泽东著作选读"这门专业基础课。可以看出，在课程设置上，冯定先生注重马克思主义基本原理课的学习，同时注意紧密结合马克思主义中国化的最新理论成果，开设毛泽东著作选读课，积极探索不同于苏联的课程设置体系。冯定先生提出的"一体两翼"的哲学教育方针和学科设置思路一直延续至今，为北大马克思主义哲学学科的发展奠定了重要基础。

（二）冯定主编了北大哲学系第一本马克思主义哲学原理教材

1952 年暑假的全国院系大调整，是为了建设以马克思主义为指导的高等学校。当时认为，要达到此目的，就要向苏联学习，苏联为建设社会主义奋斗三十多年了，在教学上建立了不同于西方的一套教学模式。因此，当时不少人认为，只要认真学习苏联的经验便能达到上述目的。所以教学组织、课程设置等都效仿苏联。

20 世纪 50 年代中期以来，在向苏联学习的同时，我国也在努力探索独立发展的道路。毛泽东在《论十大关系》中说：对苏联和其他社会主义国家的经验要"有分析有批判地学，不能盲目地学，不能一切照抄，机械搬用"[1]，"对外国的科学、技术和文化，不加分析地一概排斥，和前面所说的对外国东西不加分析地一概照搬，都不是马克思主义的态度，都对我们的事业不利"[2]。在《同音乐工作者的谈话》中，他又说，"中国人还是要以自己的东西为主"[3]，"我们接受外国的长处，会使我们自己的东西有一个跃进。中国的和外国的要有机地结合，而不是套用外国的东西……外国有用的东西，都要学到，用来改进和发扬中国的东西，创造中国独特的新东

---

① 《毛泽东文集》（第 7 卷），人民出版社，1999 年版，第 41 页。
② 《毛泽东文集》（第 7 卷），人民出版社，1999 年版，第 43 页。
③ 《毛泽东文集》（第 7 卷），人民出版社，1999 年版，第 77 页。

西"。① 根据这一思想，当时在教育领域也开始探索自己独立发展的道路，这种独立探索的一个重要方面就是编写教材。

1959 年底，中央有关部门部署全国编写 6 部马克思主义哲学原理教材，北大哲学系承担的那部教材由冯定主编。1959 年底到 1960 年初，冯定主持了北大哲学系第一本马克思主义哲学原理教科书的编写工作，这是冯定在教材建设上给我们留下的珍贵遗产。据谢龙教授②回忆，1957 年初到北大哲学系时，冯定先生探讨的话题之一是如何改变把辩证唯物主义和历史唯物主义分为"两块"的通行体系，建立由二者统一的"一整块钢铁"铸成的体系。当时冯定认为，通行的辩证唯物主义和历史唯物主义两大块的体系，妨碍人们对马克思主义哲学原理精神实质的完整掌握和正确应用，又没有专门的辩证唯物主义自然观部分，也妨碍对现代科学成果的吸取。由此他提出了一种设想：马克思主义哲学，要把基本理论的阐述与吸收现代科学成果、引导理论的正确应用等统一起来。基于这种设想，冯定提出了一个编写教材的方案，提出教材由总论和几个分论组成，总论包括唯物论和辩证法，而将有关的历史唯物主义的基本观点融入进来；然后按辩证唯物主义自然观、辩证唯物主义历史观、辩证唯物主义认识论依次展开。这个体系对纠正简单化、庸俗化有其独特性，对于探索不同于苏联模式的教科书体系具有启发意义。

但遗憾的是，当铅印书稿送交全国哲学教材编审会后，由于"左"倾错误指导思想的干扰，这部教材中途夭折，此后在连续不断的"批判"浪潮下，根本不可能修改书稿，"文革"期间书稿全部散失，连对它的研究思考也被迫中断。1984 年，当时参加教材编写工作的北大哲学系教师高宝钧和谢龙等出版了《马克思主义哲学原理》一书。该教材的出版也征求了冯定先生的意见，可惜先生当时已经重病在身，很难再进行理论创作了。所以，这本教材虽说不能

---

① 《毛泽东文集》（第 7 卷），人民出版社，1999 年版，第 82 页。
② 为发挥老教授作用，加强对青年教师的培养，1961 年北京大学决定安排青年教师向老教授学习，谢龙作为哲学系青年教师跟随冯定先生学习。

完全体现冯定先生的教材建设设想，但也凝结了冯定先生的思考。

（三）冯定为北大马克思主义哲学研究生的正规培养奠定了基础

新中国成立后，要建设马克思主义的哲学系，当时最紧迫的任务是建设一支马克思主义的师资队伍。为了在短时期内培养和建设一支马克思主义哲学教学的师资队伍，国家在往苏联派遣留学生的同时，还从苏联请了一批专家，为我们培养青年教师。在苏联专家的帮助下，北大哲学系曾先后开设了 1953 级辩证唯物论研究生班、1953 级马列主义研究生班、1954 级辩证唯物论研究生班、1954 级马克思主义研究生班，先后培养研究生班学员 65 人。[①]

如何利用和发挥我国马克思主义研究工作者的力量，自己独立培养研究生，是冯定一直思考的问题。冯定初来北大，就给中央主管文教工作的陆定一和周扬提出书面意见，建议哲学系多招收研究生，请众多有造诣的教授指导，以发挥他们的专长。在培养急需的哲学专门人才方面，冯定很重视哲学与自然科学的结合，他建议哲学系从理科系毕业生中选拔研究生，培养自然辩证法的专门人才。这个设想在 1957 年当年即予落实，从物理、生物等系毕业生中招收了自然辩证法的研究生，当时因哲学系无指导力量，曾邀请校外专家于光远担任导师。马克思主义哲学和中外哲学史的研究生招收工作也同时开始，并于 1960 年、1961 年陆续扩大招生名额。

1961 年和 1962 年，冯定连续培养过两届历史唯物主义研究生共 7 人，他担任导师，为研究生开设专题课，和青年教师共同备课，亲自讲课，以小型座谈方式组织专题研讨，关心研究生的思想与生活，在课余同他们谈心，等等。冯定对指导研究生并同时培养青年教师做了成功的尝试，积累了宝贵的经验。北大哲学系正是由此起步在冯定等老教授带动下进入对研究生的正规培养的。

---

① 赵敦华、李中华、杨立华主编《北京大学哲学系史稿（1912—2012）》，北京大学哲学系 2012 年内部出版，第 428 页。

四　冯定的哲学体系建构观

在 1959 年出版的《平凡的真理》重印附言中，冯定第一次明确表达了自己对于马克思主义哲学体系建构的观点："我考虑今后如有可能，是否可以这样安排：全书应以认识和实践做线索；第一篇先讲思维器官的脑子，从生理的讲到心理的为止，然后说到认识过程，说到感性知识、理性知识和实践的关系；第二篇讲物质和精神、客观和主观等等的哲学基本问题，也讲迷信和主观主义等问题；第三篇讲规律问题；第四篇讲人类认识的发展和历史唯物主义；第五篇讲自觉的实践，并和世界观、方法论相互联系来谈共产主义人生观。"① 后来虽然由于条件所限，冯定先生没有实现自己的这一设想，但我们还是可以通过《平凡的真理》、《共产主义人生观》、《辩证唯物主义讲稿》及《人生漫谈》等论著的理论逻辑，勾画出冯定对于马克思主义哲学体系建构的重要观点。

（一）以认识和实践为主线，把马克思主义哲学当作认识史来研究

《平凡的真理》是冯定先生的代表作。冯定 1947 年在大连做完胃切除手术后，写了一系列哲学短文连载于当时的《大连日报》上，受到了青年的普遍喜爱，每篇短文都冠以"平凡的真理"之一、之二……这批短文 1948 年由光华书店以《平凡的真理》为书名汇集出版。冯定在 1955 年进行了重写，由中国青年出版社出版，1959 年出了第二版，1980 年出了第三版。重写后的《平凡的真理》全书分四篇：第一篇"真理和智慧"，讲认识论问题；第二篇"真理和谬误"，讲两种世界观的对立；第三篇"真理和规律"，从世界观和方法论一致的角度讲客观规律问题；第四篇"真理和实践"，讲了实践、学习、工作、斗争、领导、修养等问题，论述哲学在个人生活

---

① 冯定：《平凡的真理》，中国青年出版社，1959 年版，"重印附言"第 5 页。

方面的应用。

在《平凡的真理》1959年版"重印附言"中，冯定先生说，他在1947年写作时只是想根据自己知道的，将有关辩证唯物主义和历史唯物主义的某些问题一条一条写出来，经大修改后的1955年版，从内容和写法来说，都渐具有了"通俗哲学"的规模，但又不得不袭用原来的书名，因此书名和内容不大融洽，并指出今后如有机会再修改时，"似乎可采用'人的认识'这样一类书名"，"全书应以认识和实践做线索"①。

《平凡的真理》没有就哲学对象这样学术性很强的问题进行专门的论述。但从其书名到篇名再到全书内容，认识真理和遵从真理，亦即认识世界和改造世界，是全书的宗旨，也是贯穿全书的中心线索。《平凡的真理》实际上把认识论作为哲学研究的对象。

将认识论作为哲学研究的对象和主线，不仅是《平凡的真理》的突出特点，也是冯定先生的一贯主张。在写于1981年的《怎样学哲学》一文中，冯定先生指出："哲学作为人类一种高级思维形式，在人类进入文明社会以后就产生了，并且不断地把整个世界和人类的整个思维作为自己探索和研究的对象。"② 他反复引用列宁的重要论述，认为全部哲学史就是一部人类认识史，所以他特别强调从认识史的角度出发去研究问题。"从认识史的角度研究问题，就不会有对历史上所有哲学家作要么唯物、要么唯心那样简单的划分，也就不会在分析唯心唯物两条认识路线的斗争时，象切西瓜那样一劈两半；而是能够在承认两条阵线相互斗争的前提下，对具体人物和具体的观点，依据情况做具体分析。"③ 冯定先生的这一重要论述和马克思主义经典作家的论述在精神实质上是高度一致的。

第一，马克思明确表达过自己想写辩证法专著的愿望。

马克思想要写的辩证法专著，其实就是人类认识的辩证规律。

---

① 冯定：《平凡的真理》，中国青年出版社，1959年版，"重印附言"第5页。
② 《冯定文集》（第2卷），人民出版社，1989年版，第382页。
③ 《冯定文集》（第2卷），人民出版社，1989年版，第357页。

1858 年 1 月 14 日，马克思在给恩格斯的信中表达了他想要写关于辩证法专著的意愿，他说："完全由于偶然的机会——弗莱里格拉特发现了几卷原为巴枯宁所有的黑格尔著作，并把它们当做礼物送给了我，——我又把黑格尔的《逻辑学》浏览了一遍，这在材料加工的方法上帮了我很大的忙。如果以后再有功夫做这类工作的话，我很愿意用两三个印张把黑格尔所发现、但同时又加以神秘化的方法中所存在的合理的东西阐述一番，使一般人都能够理解。"① 10 年之后，即 1868 年 5 月 9 日，马克思在写给狄慈根的信中，再次表达了他要写辩证法专著的愿望，他说："一旦我卸下经济负担，我就要写《辩证法》。辩证法的真正规律在黑格尔那里已经有了，自然是具有神秘的形式。必须把它们从这种形式中解放出来……"②

由于马克思的"经济重担"——写作《资本论》——始终没有能够卸下，他写作《辩证法》的愿望最终没有能够实现。但这个愿望本身已经表明他对辩证法的重视。虽然他没能实现写作《辩证法》的愿望，但是，在他的全部科学研究中，却始终贯彻了自觉的辩证法。

在 1872 年《资本论》第一卷第二版跋中，马克思摘引了《欧洲通报》上专谈《资本论》方法的一文中的相关内容，并对其大加赞赏："这位作者先生把他称为我的实际方法的东西描述得这样恰当，并且在谈到我个人对这种方法的运用时又抱着这样的好感，那他所描述的不正是辩证方法吗？"③ 然而，马克思的辩证法和黑格尔的辩证法有根本的不同，马克思指出："我的辩证方法，从根本上来说，不仅和黑格尔的辩证方法不同，而且和它截然相反。在黑格尔看来，思维过程，即甚至被他在观念这一名称下转化为独立主体的思维过程，是现实事物的创造主，而现实事物只是思维过程的外部表现。我的看法则相反，观念的东西不外是移入人的头脑并在人的头脑中

---

① 《马克思恩格斯全集》（第 29 卷），人民出版社，1972 年版，第 250 页。
② 《马克思恩格斯全集》（第 32 卷），人民出版社，1974 年版，第 535 页。
③ 《马克思恩格斯选集》（第 2 卷），人民出版社，2012 年版，第 93 页。

改造过的物质的东西而已。"① 虽然黑格尔"第一个全面地有意识地叙述了辩证法的一般运动形式"，② 但是"在他那里，辩证法是倒立着的。必须把它倒过来，以便发现神秘外壳中的合理内核"③。马克思还指出了辩证法的批判的革命的本质，"辩证法，在其神秘形式上，成了德国的时髦东西，因为它似乎使现存事物显得光彩。辩证法，在其合理形态上，引起资产阶级及其空论主义的代言人的恼怒和恐怖，因为辩证法在对现存事物的肯定的理解中同时包含对现存事物的否定的理解，即对现存事物的必然灭亡的理解；辩证法对每一种既成的形式都是从不断的运动中，因而也是从它的暂时性方面去理解；辩证法不崇拜任何东西，按其本质来说，它是批判的和革命的"④。

坚持逻辑与历史相一致的原则，把"历史的逻辑"提炼加工为"逻辑的历史"，就是人类认识的辩证发展史，就是理论和实践的一致，就是活生生的现实在理论逻辑上的再现。

第二，在《路德维希·费尔巴哈和德国古典哲学的终结》一文中，恩格斯认为哲学的研究问题域应集中于思维及其规律的学说——形式逻辑和辩证法。

恩格斯指出："全部哲学，特别是近代哲学的重大的基本问题，是思维和存在的关系问题。"⑤ 在简要阐述了哲学基本问题第一个方面即精神和自然界谁是世界的本原之后，恩格斯花了较多笔墨论述了哲学基本问题的第二个方面："我们关于我们周围世界的思想对这个世界本身的关系是怎样的？我们的思维能不能认识现实世界？我们能不能在我们关于现实世界的表象和概念中正确地反映现实？用哲学的语言来说，这个问题叫做思维和存在的同一性问题。"⑥

① 《马克思恩格斯选集》（第2卷），人民出版社，2012年版，第93页。
② 《马克思恩格斯选集》（第2卷），人民出版社，2012年版，第94页。
③ 《马克思恩格斯选集》（第2卷），人民出版社，2012年版，第94页。
④ 《马克思恩格斯选集》（第2卷），人民出版社，2012年版，第94页。
⑤ 《马克思恩格斯选集》（第4卷），人民出版社，2012年版，第229页。
⑥ 《马克思恩格斯选集》（第4卷），人民出版社，2012年版，第231页。

　　流行的见解认为，恩格斯对哲学基本问题的看法就在于上面两个方面，这其实是极大的误解。恩格斯写《路德维希·费尔巴哈和德国古典哲学的终结》的全部目的，在于阐明这些问题是如何解决的，费尔巴哈所起的作用又是什么。恩格斯的这个写作意图，在《路德维希·费尔巴哈和德国古典哲学的终结》这个书名上就已经表现出来了。为此，我们有必要全面分析一下这个著作四个部分的关联。第一部分从黑格尔哲学谈起，提出旧哲学的终结问题。不过这不是自动实现的，必须通过扬弃黑格尔哲学才能做到，而费尔巴哈未能完成这一任务。第二、三两部分说明费尔巴哈何以未能完成这一任务，其表现如何。第四部分说明这一任务是怎样完成的。问题是从黑格尔哲学提出来的。黑格尔哲学破产的直接原因是他的体系与方法的矛盾。不过恩格斯认为这不单纯是黑格尔哲学的问题，它也是整个旧哲学的问题。黑格尔哲学的内在矛盾乃是旧哲学特别是近代哲学从两个方面研究思维与存在关系的必然结果。旧哲学对精神与自然界的关系的研究要求对自然和历史的总联系做出说明，在当时实证科学发展有限的情况下，不论是唯心主义者还是唯物主义者，都只能通过哲学家的头脑去构造体系。当时是不能不如此的，而黑格尔的体系就是这类体系的集大成者。可是旧哲学对思维与存在的关系的另一方面即思维过程本身的规律的研究却必然要得出辩证法的结论。这两者恰恰是相互矛盾的。因此，黑格尔未能克服他的体系和方法的矛盾，这也就意味着旧哲学研究思维与存在的关系的那一套方法走到了尽头，有必要加以改变。恩格斯的看法是，要想不人为地构造体系，就必须把对自然和历史的总联系的认识建立在实证科学的基础之上。而且他认为实证科学已经发展到能够用它所发现的事实以近乎系统的形式描绘出自然和历史的总联系了。在这种情况下，对精神与自然界的关系的研究就不应该停留在哲学的范围内，而应该成为实证科学的课题。这样一来，留给哲学的就只有关于思维过程本身的规律即认识规律的研究。

　　在恩格斯看来，德国古典哲学的发展过程是一个深入研究思维形式的过程。问题是以不可知论的形式提出来的，问题的解决也始终围绕着批判不可知论。德国古典哲学特别是黑格尔哲学系统地研究了思维形式，又通过思维形式构筑起关于思维内容亦即关于自然和历史的知识的庞大体系，它的最后结论——思维与存在的统一——尽管采取了唯心主义的颠倒形式，却包含着对自然、历史和人类思维的辩证发展的合理理解，成为新世界观的出发点。作为旧哲学的集大成者，黑格尔哲学最终也还是流产了。从此以后应该如何研究思维和存在的关系问题呢？哲学面临一个向何处去的问题。费尔巴哈否定对思维形式的研究，要求重新从内容方面认识思维与存在的关系，实际是回到了不可知论以前的旧唯物主义。这种主张是恩格斯所不能同意的。恩格斯的主张毋宁说正好相反，他认为从思维内容方面的研究诚然十分重要，然而已经不再属于哲学的任务。哲学所应从事的是研究逻辑和辩证法。

恩格斯指出，唯物史观"结束了历史领域内的哲学，正如辩证的自然观使一切自然哲学都成为不必要的和不可能的一样。现在无论在哪一个领域，都不再是从头脑中想出联系，而是从事实中发现联系了。这样，对于已经从自然界和历史中被驱逐出去的哲学来说，要是还留下什么的话，那就只留下一个纯粹思想的领域：关于思维过程本身的规律的学说，即逻辑和辩证法"①。

第三，列宁也表达了辩证法、认识论和逻辑学相统一的思想。

在《谈谈辩证法问题》中，列宁这样写道："在任何一个命题中，很像在一个'单位'（'细胞'）中一样，都可以（而且应当）发现辩证法一切要素的胚芽，这就表明辩证法本来是人类的全部认识所固有的（着重号为笔者所加）……辩证法也就是（黑格尔和）马克思主义的认识论。"② 在列宁看来，逻辑学不仅要研究思维形式的结构、联系和转化，而且还要研究他们在多大程度上与客观真理相符合，其实质是研究客观世界以及人类认识运动一般规律的科学，

---

① 《马克思恩格斯选集》（第 4 卷），人民出版社，2012 年版，第 264 页。
② 《列宁选集》（第 2 卷），人民出版社，2012 年版，第 558～559 页。

因此，列宁认为，逻辑学、辩证法与认识论是一致的。

（二）辩证唯物论和历史唯物论是一块整钢，应融为一体

纵观马克思主义哲学形成史，我们发现，辩证唯物主义和历史唯物主义无论从其产生过程、理论内容或社会作用来说，都是统一不可分割的。辩证唯物主义和历史唯物主义，是马克思、恩格斯以人类全部优秀思想成果为原料，在无产阶级解放运动的革命实践中铸就的一整块钢铁。没有辩证唯物主义，历史唯物主义就不能成立；而如果离开了科学的历史观，辩证唯物主义就会变得残缺不全，而且根本不会产生。

然而，不可否认的是，不论是马克思还是恩格斯确实都未能像黑格尔那样给自己的哲学构造一个逻辑范畴体系。列宁发展了马克思、恩格斯的哲学思想，提出马克思主义哲学是由辩证唯物论和历史唯物论铸成的一块整钢，但同样，列宁也没有构建一个逻辑范畴体系。20世纪20年代，对马克思主义哲学体系的理解和构建是多种多样的。布哈林的《历史唯物论》一书把历史唯物论看作马克思主义社会学，把辩证唯物论放在书的第三章作为历史唯物论的方法论加以论述。阿多拉茨基认为，马克思主义辩证法的规律有五个：社会存在决定社会意识，社会实际是怎样就怎样；在实际的全部生活中研究实际；在运动中研究事物的发生、发展和消亡；理论与实际的统一；没有抽象的真理，真理是具体的。[①] 到了30年代初，苏联哲学工作者集体编撰哲学教科书，形成了较为稳定的、统一的体系，其中以米丁等人编著的《辩证唯物论和历史唯物论》为代表。这一体系开始把马克思主义哲学分为辩证唯物论和历史唯物论两大部分。1938年，斯大林发表了《论辩证唯物主义和历史唯物主义》，进一步强化了这种体系。在此以后，这种体系定于一尊，国内外的马克思主义哲学教科书、通俗读物都照搬此体系。

---

① 阿多拉茨基：《马克思主义辩证法的几个规律》，《新青年》（季刊）第3期，1924年8月1日。

在《论辩证唯物主义和历史唯物主义》一开始，斯大林这样写道：

> 辩证唯物主义是马克思列宁主义党的世界观。它所以叫作辩证唯物主义，是因为它对自然界现象的看法、它研究自然界现象的方法、它认识这些现象的方法是辩证的，而它对自然界现象的解释、它对自然界现象的了解、它的理论是唯物主义的。
>
> 历史唯物主义就是把辩证唯物主义的原理推广去研究社会生活，把辩证唯物主义的原理应用于社会生活现象，应用于研究社会，应用于研究社会历史。[①]

自此，斯大林这一"推广应用论"的框架，就成了马克思主义哲学教科书的基本构架。诚然，这一教科书体系在马克思哲学的传播史上起过重要的作用，然而，随着实际生活的发展和大量马克思手稿的出版，这一体系的弱点也日益严重地暴露出来。它所蕴含的"推广应用论"是难以自圆其说的。"推广应用论"要成立必须有两个前提。第一个前提是必须假定马克思先研究自然，创立辩证唯物主义，然后再研究社会，创立历史唯物主义。然而，这一假定是不符合马克思哲学形成的实际进程的。从一开始，马克思哲学的重心就始终落在社会历史的领域内。第二个前提是必须假定只要把一般唯物主义和辩证法结合起来去研究社会历史，就一定能引申出历史唯物主义的结论。可是，这一假定同样是站不住脚的。比如，费尔巴哈具有一般唯物主义的立场，他对黑格尔辩证法也有批判性的研究，但他的社会历史观却是唯心主义的，正如马克思所批评的："当费尔巴哈是一个唯物主义者的时候，历史在他的视野之外；当他去探讨历史的时候，他不是一个唯物主义者。在他那里，唯物主义和历史是彼此完全脱离的。"[②] 在这里，马克思一方面强调，彻底的唯

---

① 《斯大林选集》（下卷），人民出版社，1979年版，第424页。

② 《马克思恩格斯文集》（第1卷），人民出版社，2009年版，第530页。

物主义是不应该脱离历史的（而辩证唯物主义却是脱离开社会历史来探讨一切问题的）；另一方面又强调，并不存在从一般唯物主义通向历史唯物主义去的桥梁。事实也正是这样。在辩证唯物主义部分，如果仅仅把自然界或物质世界理解为辩证法的承担者，不管人们对这方面的辩证运动论述得如何全面、深刻，但其承担者却始终是脱离人和社会的抽象的东西，而在社会历史领域中，一切都关系到人的社会实践活动，关系到人的目的性。试问，从对抽象的、与人相分离的自然界或物质世界的认识出发难道能推论出对具体的、以人的有目的的活动为基础的社会历史的认识吗？答案显然是否定的。重要的不是辩证法，而是辩证法的载体或承担者究竟是什么。如果把马克思的以劳动为承担者的辩证法误解为以物质为载体的辩证法（就像辩证唯物主义部分所论述的那样），那么不管人们用什么方法去"推广"，它们和马克思的历史唯物主义之间始终隔着一条鸿沟。

在哲学体系的构建上，冯定没有采用将马克思主义哲学分为辩证唯物论和历史唯物论两部分的体系，而是在讲认识发生、发展的基础时就讲了历史唯物论的有关原理：生产劳动是存在的基础，也是认识发生、发展的基础，生产力是人类社会发展的最后动力和唯一尺度；生产力的发展，产生了私有制、阶级；生产力和生产关系、经济基础和上层建筑之间的矛盾运动，人类改造自然和改造社会的斗争；人类智慧的不断增多和增大，等等。作者在 1959 年版《平凡的真理》"重印附言"中说："我觉得从具体的思维器官开始，从生理现象至心理现象再至社会现象，就使读者对辩证唯物主义的认识论的接受，有了坚实的基础。这种基础，既便于作者的继续叙述，也便于读者的继续领会。历史唯物主义和具体实践问题的参入，我认为是必要的；只是怎样参入，我也觉得还是一个问题。"①

（三）马克思主义哲学应是世界观、认识论、方法论和人生观的统一

中国哲学具有人生哲学的特点，注重人生问题是中国哲学的传

---

① 冯定：《平凡的真理》，中国青年出版社，1959 年版，"重印附言"第 5 页。

统。马克思、恩格斯、列宁在伦理学方面也有很多论述。毛泽东、刘少奇、周恩来等老一辈无产阶级革命家都注重道德品质修养，身体力行，且有大量相关方面的论著。然而，长期以来，我国的哲学教科书却缺少这方面的内容。这一缺点与斯大林《论辩证唯物主义和历史唯物主义》教科书体系的流行有关——这一体系只讲世界观、方法论，不讲人生观。

冯定则不同，他继承了中国哲学注重人生修养的传统，把世界观与人生观有机地结合在一起，认为人生观就是世界观。他的这一重要思想贯穿于1937年的《青年应当怎样修养》、1955年的《平凡的真理》、1956年的《共产主义人生观》及1964年的《人生漫谈》等重要著作中。在《青年应当怎样修养》中，他从时代问题入手，在深入剖析人与自然、人与社会的关系的基础上，提出人生修养的各个方面。《平凡的真理》论述了马克思主义的世界观、历史观、认识论、方法论，但最后落脚点还是人生修养问题。在《共产主义人生观》一书中，冯定明确指出，该书是遵循着"人生观—世界观和历史观—人生观"这样的思路来写的，即"上章先讲人生观，是讲总的"，"中章讲世界观和历史观，是联系人生观讲的"，"下章再讲人生观，是讲比较具体的"①。在冯定晚年为正式出版的《人生漫谈》写的小序中，他重申了把世界观、历史观和人生观统一起来的真知灼见。冯定先生这样写道：

> 我在写《共产主义人生观》的时候，是注意了不要落入个人主义的罗网或圈套的。所以，当时我就不从人生而谈人生，而是在讲了资产阶级人生观和无产阶级人生观完全对立以后，就讲辩证唯物的世界观和辩证唯物的历史观，最后才将有关人生的几个具体问题讲了一讲。有了正确而明确的世界观和历史观，许许多多抽象的或者具体的有关人生的问题，也就容易解

---

① 《冯定文集》（第2卷），人民出版社，1989年版，第146页。

决了；离开世界观和历史观来谈人生问题，怎么也是谈不清楚的。这回重写，也还是遵循上述的原则，以世界观、历史观为经，以有关人生的具体问题为纬，进行分析和阐述；末了，再归总谈谈人生观。①

冯定之所以把世界观和人生观统一起来，是跟他对马克思主义哲学的理解分不开的。在《人生漫谈》的前言中，冯定先生指出："人生的意义这个问题，从马克思主义学说创立以来，开拓了一个新境界。马克思主义认为人生观就是世界观，就是人们对于世界如何认识，而又根据这种认识而产生的对生活道路的选择，以及思想、情操、道德品质等一系列的精神气质。"② 正因为人生观就是世界观，所以"有了正确而明确的世界观和历史观，许许多多抽象的或者具体的有关人生的问题，也就容易解决了；离开世界观和历史观来谈人生问题，怎么也是谈不清楚的"③，因为"谈人生问题，很不容易，谈的不好，往往落入'个人'的罗网或圈套"④。

正是因为秉持了这样的哲学理念，所以从《青年应当怎样修养》到《平凡的真理》，从《共产主义人生观》到《人生漫谈》，冯定论述人生观问题，都是联系世界观和历史观的，用冯定先生自己的话说就是"以世界观、历史观为经，以有关人生的具体问题为纬"⑤，最后落脚到人生修养的方法论上；同样，冯定论述世界观和历史观，都离不开对人生观的考察。这样看来，在冯定先生的视野中，马克思主义哲学作为一个完整的体系，至少应该包括关联的五个方面，即世界观、历史观、认识论、方法论和人生观，马克思主义哲学是这五个方面的内在有机统一，这一构想即使在今天，也独树一帜，富有新意。

---

① 《冯定文集》（第 2 卷），人民出版社，1989 年版，第 399 页。
② 《冯定文集》（第 2 卷），人民出版社，1989 年版，第 396～397 页。
③ 《冯定文集》（第 2 卷），人民出版社，1989 年版，第 399 页。
④ 《冯定文集》（第 2 卷），人民出版社，1989 年版，第 398 页。
⑤ 《冯定文集》（第 2 卷），人民出版社，1989 年版，第 399 页。

　　总之，在冯定先生看来，作为智慧之学，新哲学是对真理的认识和遵从；作为对真理的认识，新哲学是平凡的、为人民服务的学问；作为人类智慧的大发展，新哲学是"最接近客观真理的真理"；作为对一切现象规则的研究，新哲学是自然哲学和历史哲学的统一。新哲学和一切旧哲学最大的区别，在于哲学的应用性。新哲学不是纯粹书斋里的学问，而是和日常的生活紧密联系在一起的。实现哲学的应用和普及，需要培养一批既深入生活，又懂马克思主义哲学的人才，这是哲学教育的重要任务，为此，他提出了"一体两翼"的哲学教育方针，并注重专业人才和青年师资培养，带领北京大学哲学系的青年教师，编写了北大第一本马克思主义哲学原理教材。冯定先生一生的哲学探索，尤其是《平凡的真理》让人耳目一新的逻辑结构，对于构建契合时代特色、体现马克思主义本真精神的哲学体系富有重要的理论启迪。纵观冯定先生一生的理论探索，我们发现，冯定先生构建出了一个以哲学含义观为核心，涉及哲学应用观、哲学学科建设观以及哲学体系建构观的内涵丰富的新哲学观体系。

第三章

冯定的马克思主义世界观

一般来说，哲学都包含着对世界最为根本的看法：世界是什么？又是怎样存在的？尽管对这样的问题可以做出很不相同的回答，但对这样的问题的"思考并不只是'你的观点'，它也是你的生活方式，你所做的一切事情的基础。一种未经表达、未经考察和未经论证的浅薄的基础是没有保障的"①。哲学的重要使命之一就是要去发现现象背后的真，为世界寻找最终的支撑以让人类安身立命。

冯定认为，每一个人自觉或不自觉地都有他自己的世界观。"世界观，是指人们对客观世界的认识和态度，也就是我们常说的立场、观点、方法。"② 世界观是有阶级性的，是有正确错误之分的，"我们以马克思主义为指导思想的无产阶级，是明确而又自觉地申明要用无产阶级的世界观来改造客观世界和主观世界"③ 的。作为一个马克思主义理论家，冯定先生从无产阶级和人类解放的立场出发，在坚持一般唯物主义自然存在先在性的基础上，从劳动实践生成论的角度看待人与自然、人与社会的相互关系，从而构建出了一幅反

---

① 〔美〕罗伯特·所罗门：《大问题：简明哲学导论》，张卜天译，广西师范大学出版社，2004 年版，第 157 页。
② 《冯定文集》（第 2 卷），人民出版社，1989 年版，第 302 页。
③ 《冯定文集》（第 2 卷），人民出版社，1989 年版，第 302 页。

映马克思主义哲学精神实质的新唯物主义世界观图景。

一 冯定马克思主义世界观的出场前提：
宗教和唯心主义批判

冯定认为，马克思新唯物主义的世界观是无产阶级的世界观，是唯一正确的世界观。正确和谬误，都是只有人这样有思维机构的东西才有的。唯物主义和唯心主义、科学和宗教迷信如同孪生姐妹一样，如影随形。要确立唯物主义的正确的世界观，就必须对宗教和唯心主义进行批判。于是，在《平凡的真理》的第一篇和第二篇，冯定先生花了大量的笔墨对宗教、唯心主义及其在当代的变种做了切中肯綮的深入分析，从而为新唯物主义世界观的出场奠定了理论前提。

（一）宗教批判：撕开唯心主义的神秘面纱

根据马克思主义的基本观点："一切宗教都不过是支配着人们日常生活的外部力量在人们头脑中的幻想的反映，在这种反映中，人间的力量采取了超人间的力量的形式。"① 在《平凡的真理》和《共产主义人生观》等著作中，冯定以马克思主义宗教观为指导，对宗教的起源、危害、残存原因及趋势进行了阐述。

1. 宗教的起源

冯定认为，宗教起源甚早但并非人类与生俱来，原始人类开始有宗教信仰，大约是旧石器时代末和中石器时代初，也就是当真人已经出现的时候。"知识初开的人，在对自然斗争的时候，感觉自己无力，因而发生了对超自然的神、妖、鬼、怪等的信仰。"② 在冯定看来，宗教起源于人对自然的恐惧、无奈。原始人受到诸如洪水、猛兽、瘟疫等自然力的侵害，无力抗拒、无可奈何。而当人有了某

---

① 《马克思恩格斯选集》（第3卷），人民出版社，2012年版，第703页。
② 《冯定文集》（第1卷），人民出版社，1987年版，第294页。

种自我意识并把自然作为支配人自身和周围一切事物的一种异己力量时，也就产生了最初的宗教观念和宗教仪式。正如恩格斯所指出的："在远古时代，人们还完全不知道自己身体的构造，并且受梦中景象的影响，于是就产生一种观念：他们的思维和感觉不是他们身体的活动，而是一种独特的、寓于这个身体之中而在人死亡时就离开身体的灵魂的活动。从这个时候起，人们不得不思考这种灵魂对外部世界的关系。如果灵魂在人死时离开肉体而继续活着，那就没有理由去设想它本身还会死亡；这样就产生了灵魂不死的观念，这种观念在那个发展阶段出现决不是一种安慰，而是一种不可抗拒的命运，并且往往是一种真正的不幸，例如在希腊人那里就是这样。关于个人不死的无聊臆想之所以普遍产生，不是因为宗教上的安慰的需要，而是因为人们在普遍愚昧的情况下不知道对已经被认为存在的灵魂在肉体死后该怎么办。由于十分相似的原因，通过自然力的人格化，产生了最初的神。"[1] 可以看出，冯定对宗教起源的分析和恩格斯的分析高度吻合，宗教不过是日常生活中支配人的外界力量在脑子中的反映，不过是空想的、虚幻的、歪曲的反映而已。

正因为宗教是日常生活的外部力量在人的头脑中的反映，所以，随着人类社会的发展，宗教这种虚幻的反映也必然采取不同的形式。冯定结合人类社会发展，对"灵魂—图腾崇拜—祖先崇拜——神教"的演化过程做出了马克思主义的解释。他指出，最初，人对外在的自然界力量，只能有本能的赞叹和畏惧或者其他类似的情绪，后来有了灵魂这样的概念，于是对外在的自然力量赋予人格，而形成"万物有灵"的思想，这就是多神教的来源；社会的发展，很快就使宗教思想所反映的已不仅是人格化的自然力量，也出现社会力量了，当人认为人和动物植物有集体的亲戚关系而从动植物界模仿来的东西是神圣的时候，这才有神圣不可侵犯的图腾主义思想；至于祖先崇拜，是比神圣观念的图腾主义现实些的，乃是氏族社会业已比较

---

[1]　《马克思恩格斯选集》（第4卷），人民出版社，2012年版，第229~230页。

发达以后的事，这些都是和宗教思想关联的；当人已有阶级和国家并建立了君主政权的时候，在宗教上这才出现唯一的神或者上帝。中国古代也是有多神而至一神这样的宗教的，不过因为中国长期停滞在封建制的社会里，所以祖先崇拜特别普遍而且还有完整的形式。

2. 宗教的危害

冯定认为，"宗教信仰最大的特点，而从劳动人民来说正是最大的祸害，就是归根到底造成对自我力量的不自觉和不自信，而将希望寄托于祈祷，寄托于乌有的外界超自然的力量"①。一旦劳动人民有了信仰，宿命论就成了思想的主宰，其反抗和斗争情绪就会逐渐消解，这正是历代统治阶级求之不得的。诚如马克思所指出的："宗教里的苦难既是现实的苦难的表现，又是对这种现实的苦难的抗议。宗教是被压迫生灵的叹息，是无情世界的情感，正像它是无精神活力的制度的精神一样。"② 为了便于实现自己的阶级统治，反动统治阶级将政治权力直接和宗教相结合，因而使人民对神或者上帝的崇拜，变成了直接对统治者的崇拜。即使当今资本主义国家多实行政教分离，然而教堂和教会仍拥有巨大的财产，对劳动人民进行剥削。

冯定同时也认识到，揭露宗教对劳动人民的危害，并不否认宗教有时也具有一些积极作用。宗教是人民的鸦片，在侵蚀人的心灵的同时，还能起到麻醉剂的作用。它是装饰在锁链上的那些虚幻的花朵，它给苦难中的人民以幻想的幸福，使人们在精神上有所慰藉而安于现状。正是这种麻醉剂的作用，在一定条件下，可以将群众发动起来，使其为自己的命运抗争、奋斗。比如，太平天国农民起义，是从组织"拜上帝会"开始，并用天父天兄等名义来下谕降诏的。

3. 宗教残存的原因

诚然，在阶级社会里，宗教的繁荣主要是靠政治的力量。然而，即使在今天，宗教存在的原因不能仅仅从心理因素去分析，还应当

---

① 《冯定文集》（第 1 卷），人民出版社，1987 年版，第 296 页。
② 《马克思恩格斯文集》（第 1 卷），人民出版社，2009 年版，第 4 页。

深入物质根基中。冯定认为，"宗教残存的原因是物质的更多于心理的"①。因为宗教信仰的内容不管怎样改变，终究还是社会物质生活直接或间接的反映。"超自然力的崇拜，是原始氏族公社社会里生产力太过低下的结果；天堂地狱这样的概念和传说的产生，是在阶级社会里人间富贵贫贱悬殊因而先有了天堂地狱的结果；帝国主义国家里的宗教也可以搬入殖民地半殖民地的国家里，是因为帝国主义将原有的剥削制度和压迫侵略的行为硬加在这些国家里人民头上的结果。无产阶级的个别分子以至许多分子，也都皈依宗教，同样是由日益贫困的生活造成的。"② 正如马克思所说："废除作为人民的虚幻幸福的宗教，就是要求人民的现实幸福。要求抛弃关于人民处境的幻觉，就是要求抛弃那需要幻觉的处境。因此，对宗教的批判就是对苦难尘世——宗教是它的神圣光环——的批判的胚芽。"③ 因此，"只有当实际日常生活的关系，在人们面前表现为人与人之间和人与自然之间极明白而合理的关系的时候，现实世界的宗教反映才会消失。只有当社会生活过程即物质生产过程的形态，作为自由联合的人的产物，处于人的有意识有计划的控制之下的时候，它才会把自己的神秘的纱幕揭掉。但是，这需要有一定的社会物质基础或一系列物质生存条件"④。因此，宗教残存的根本原因只能到社会存在的物质条件中去理解，只能到一定的社会生产力和生产关系中去理解，只能到社会的经济结构及其关系中去理解。

4. 宗教的消亡

冯定指出，宗教的衰亡，是今后的必然趋势，这是因为，宗教不仅仅是信仰，而且还是上层建筑的构成部分；而上层建筑必将随着经济基础的改变而改变。作为上层建筑，宗教不能和国家政权这样的上层建筑等量齐观。"因为宗教的产生和存在还有其认识和社会

① 《冯定文集》（第 1 卷），人民出版社，1987 年版，第 298 页。
② 《冯定文集》（第 1 卷），人民出版社，1987 年版，第 299 页。
③ 《马克思恩格斯文集》（第 1 卷），人民出版社，2009 年版，第 4 页。
④ 《马克思恩格斯文集》（第 5 卷），人民出版社，2009 年版，第 97 页。

的根源。它直接牵涉到众多来自劳动人民的教徒和信徒的问题，所以，对待宗教不必也不能像对待旧政权似的可用激烈的办法加以摧毁。"① 作为信仰，宗教有着复杂的思想内容，不是在短促的时间内可以消弭的，更不必说用法律去禁止了。总之，冯定先生认为，宗教在今后是必将衰亡的；但其衰亡的徐缓，绝不会是一朝一夕计，也不会是一年一岁计，而是一个十分漫长的历史过程。

（二）唯心主义批判：扫除宗教的最后阵地

现代科学技术的凯歌行进，迫使宗教不断收缩自己的阵地，直到最后只想保持"神"或"上帝"这个框子。然而，要真正树立唯物主义世界观，仅仅进行宗教批判是远远不够的，正如冯定指出的，还必须对"唯物主义的死敌"②、"替宗教守住了最后阵地"③ 的唯心主义进行不遗余力的批判。

冯定认为，唯心主义在哲学的基本问题上，是始终顽强地以至于疯狂地反对唯物主义业已阐明甚至早已阐明的真理的，所以称为唯物主义的死敌。"唯心主义硬将真理歪曲起来，颠倒过来；既不承认没有物质就没有精神，也不承认物质就是没有精神也还是自存自在的，也还是因为彼此的相互联系而在相互反映中存在的。"④ 因此，唯心主义——不管是主观唯心主义还是客观唯心主义——的根本错误，就在于否认物质世界的客观实在性。然而，主观唯心主义和客观唯心主义在其理论表现形态上还是有所区别的，为此，有必要对它们进行单独分析。

1. 主观唯心主义批判

冯定认为，主观唯心主义是极端荒诞的。这种"荒诞性"表现在两个方面。

第一，主观唯心主义从否认物质的存在出发，首先就在"我"

---

① 《冯定文集》（第1卷），人民出版社，1987年版，第308页。
② 《冯定文集》（第1卷），人民出版社，1987年版，第319页。
③ 《冯定文集》（第1卷），人民出版社，1987年版，第331页。
④ 《冯定文集》（第1卷），人民出版社，1987年版，第319页。

和周围世界之间划分了界限。冯定指出："按照主观唯心主义的意见，只有主观的我才是真实的，至于什么色啦、声啦、气味啦、味道啦、软硬冷热啦，凡是一切客观物质世界的现象，全都是虚无的幻象，更不必说物质还有什么内在的特性、特质以及运动规律等等了。"① 也就是说，主观唯心主义预先切开了人和外界事物之间的固有联系，从而否认了外部自然界的客观实在性。

　　第二，主观唯心主义从否认物质的存在出发，还在"精神的我"和"肉体的我"之间划分了界限。冯定指出："依照主观唯心主义的意见，好像只有精神的我才是真实的；至于肉体的我，或者说是物质，或者说是精神的我的躯体，那就靠不住了。依照唯心主义的意见，好像存在就是被感觉或被知觉；而感觉和知觉，好像又决不是因为先已有客观的物质世界，后又有能够感觉能够知觉的人和人的脑子这样的物质，于是客观的物质东西通过曲折的途径而转化为主观的观念东西；而是好像因为只有或者单靠精神的我的存在，这才有感觉和知觉，这才出现了许许多多的幻象。"② 如果割断"我"与"外部自然界"的关系，以"我"的存在代替"外部自然界"的存在，那么随之而来的问题是，"我"本身既是一个肉体的、感性的、物质的存在，同时还是一个精神性的存在，是一个有意识的存在物，到底哪一个"我"才是真实的存在呢？为此，主观唯心主义在"精神的我"和"肉体的我"之间划分了界限，否认了"肉体的我"的客观实在性，而以"精神的我"的存在代替了"肉体的我"的存在。正如马克思在批判主观唯心主义时所指出的：

　　　　唯物主义的真理就是唯物主义的对立面——绝对的即唯一的、得意扬扬的唯心主义。自我意识即精神就是一切。在它之外没有任何东西。"自我意识"即"精神"是世界、天空和大地的万能创造者。自我意识必定要使自己外化并采取奴隶形象，

　　① 《冯定文集》（第 1 卷），人民出版社，1987 年版，第 319 页。
　　② 《冯定文集》（第 1 卷），人民出版社，1987 年版，第 320 页。

而世界就是自我意识的生命表现，但是世界和自我意识之间的差别只是虚假的差别。自我意识不把任何现实事物同自身区别开来。世界实际上只是形而上学的区分，是自我意识的超凡入圣的头脑的幻想和想象物。因此，自我意识又重新扬弃了它一度特许的仿佛在它之外有某种事物存在的假象，并且不承认它本身的"创造物"是实在的物体即同它有实际差别的物体。但是，自我意识也通过这种运动首次把自己作为绝对的东西制造出来，因为绝对的唯心主义者要想成为绝对的唯心主义者，就必须经常地经历一种诡辩的过程，就是说，他必须先把他身外的世界变成虚假之物，变成自己头脑的单纯的突发之念，然后宣布这种幻象是真正的幻象，是纯粹的幻想，以便最终可以宣告他自己的唯一的、独一无二的、甚至不再为外部世界的假象所限制的存在。①

可以看出，主观唯心主义的本质，就是把客观存在的东西通过曲折的途径，甚至采取诡辩的方式转化为主观观念的东西，使这种主观观念的存在代替客观的物质的真实存在，并使之成为独一无二的、独立自在的存在。因此，冯定认为，主观唯心主义"不仅不承认物质是原先的而精神是再次的，而且甚至根本否认物质东西的存在，只承认精神是真实的，因而其极端荒诞是不言可知了"②。

2. 客观唯心主义批判

冯定认为，客观唯心主义是极端诡秘的，并且认为黑格尔哲学的兴起，使客观唯心主义同时也使一般唯心主义不但"登峰造极"而且"空前绝后"了。黑格尔客观唯心主义的基本观点是：他把人们用来反映现实的一般观念、概念，变成了超脱现实（也包括脱离人）而独立存在的本质，物质世界变成了神秘的精神"实体"，世界上的一切现象都是由"绝对观念"和"宇宙精神"派生出来的。

---

① 《马克思恩格斯文集》（第 1 卷），人民出版社，2009 年版，第 343~344 页。
② 《冯定文集》（第 1 卷），人民出版社，1987 年版，第 319 页。

为了进一步批判黑格尔客观唯心主义的诡秘性，冯定对黑格尔哲学做了深入分析。因为这段文字十分重要，我们不妨全文引述如下：

> 依照黑格尔的意见，绝对观念是在时间之外和空间之外存在的；而绝对观念的发展，便衍化为形形色色的客观世界；继续发展，又出现了主观的人；绝对观念在人的精神中实现自我认识，也就是说，人的思想就是绝对观念在发展过程中的自觉自悟，于是发展也就进入最高的终极阶段了。依照黑格尔的意思，正像绝对观念可以在时间之外和空间之外独立存在一样，人的思想也可以是脱离外界客观现象而独立进行的，所以辩证法仅只是在绝对观念和人的意识中存在的；好像首先因为人的思想是这样的条条理理，所以外界客观现象也变得这样的条条理理；这也正是因为人原是绝对观念的化身，而外界客观现象也是绝对观念的演化，所以彼此自能相互符合。足见黑格尔的辩证法只是在思维中存在，而不是在客观物质世界中存在的；是直接从绝对观念"禀受"而来的，而不是从客观物质世界曲折反映而来的；所以黑格尔的辩证法是不彻底的，是头顶地脚朝天这样倒置起来的，是在唯心主义体系内被窒息了的。①

可以看出，和主观唯心主义相比，客观唯心主义更为虚幻，似真而实假，似有而实无，只不过是把主观唯心主义的"我的感觉"、"我的思想"和"我的意识"换成了"绝对观念"、"宇宙精神"和"上帝"而已。正是"绝对观念"的自我运动，"既幻化为许许多多的人，也幻化为许许多多的物，而世界就是有意识的人和有意识的物共同构成的"②，世界的存在根源于"绝对观念"的独立自在，世界的规律性根源是"绝对观念"的本性在外界事物中的体现。因此，冯定认为，客观唯心主义在本质上只不过是"原始灵魂说和万物有

---

① 《冯定文集》（第1卷），人民出版社，1987年版，第322页。
② 《冯定文集》（第1卷），人民出版社，1987年版，第321~322页。

灵说的精制细作"① 而已。

然而，对于"天才地把 17 世纪的形而上学同后来的一切形而上学以及德国唯心主义结合起来并建立了一个形而上学的包罗万象的王国之后"②，从而使"形而上学"在德国古典哲学中完成了"胜利的和富有内容的复辟"③ 的黑格尔客观唯心主义哲学来说，仅仅指出其"诡秘性"是远远不够的，还必须对其"合理内核"进行拯救。冯定指出："黑格尔当做世界本原的绝对观念虽是虚幻的，但终究还是人的意识和理性的极度夸大；其辩证法虽是僵死的，但绝对观念终究还是在矛盾中发展而至最高的终极阶段的。"④ 因此，在冯定看来，黑格尔这种看似"无人身的理性"的客观唯心主义哲学，却恰恰高扬了"人的主体性"；概念的辩证法虽然被唯心主义的外壳窒息了，但终究是表达了辩证矛盾的实质。

3. 二元论、经验批判论和实用主义：对唯心主义"三大变种"的批判

（1）二元论

冯定认为，二元论既不肯贯彻唯物主义，又不敢贯彻唯心主义；认为物质的东西不先于观念的东西，观念的东西也不先于物质的东西，二者好像势均力敌，并驾齐驱，有完全等同的意义，因而也就将世界分裂为二。可以看出，二元论在本质上"是想在真理和谬误间保持中立的态度"⑤。二元论既有趋向唯物主义的可能，也有倒回唯心主义的趋势。为了批判二元论的唯心主义本质，冯定先生对二元论哲学的典型代表——康德哲学进行了简要分析。他认为，康德的二元论哲学是有趋向唯物主义的可能的。"康德是承认客观物质世界的存在的，因而当其说人的认识的源泉是经验的时候，本来还是可以趋向唯物主义的；甚至当说人对于数、时间和空间等的观念是

---

①　《冯定文集》（第 1 卷），人民出版社，1987 年版，第 322 页。

②　《马克思恩格斯文集》（第 1 卷），人民出版社，2009 年版，第 327 页。

③　《马克思恩格斯文集》（第 1 卷），人民出版社，2009 年版，第 327 页。

④　《冯定文集》（第 1 卷），人民出版社，1987 年版，第 323 页。

⑤　《冯定文集》（第 1 卷），人民出版社，1987 年版，第 325 页。

先验的时候，也还是可以趋向唯物主义的。"① 这是因为，第一，人的认识首先正是依靠感觉器官和客观事物的接触而来，也就是依靠经验而来的，而先验的现象不过是人类经验的世代积累罢了。第二，正因为人类的经验是世代积累的，所以像数、时间和空间这样抽象的概念，每个人只要在实际生活中受到经常的和反复的教导和启示，也是能理解的。第三，二元论如果在承认客观物质世界的存在和认识的源泉是经验的同时，更进一步承认客观事物和其规律的先在性，而经验也就是人在行动中或多或少认识了客观事物和其规律的意思，那么就不是二元论而是唯物主义了。

然而，二元论最终还是倒回了唯心主义，这是因为，它在客观事物的本质和现象之间设置了一条不可逾越的鸿沟，认为人的感觉器官所接触的，既只是事物的现象，就绝非事物的本质；而事物的本质，也就是真正的事物，是独立自在的，是人永远不可企及、不能接触、不好认识的。由此，冯定指出，二元论错误的原因在于，它"不承认本质是凭借现象而表现出来的，自更不能理解在人的脑子中的表象正是客观对象的反映，而人的思维是能够透过现象一步一步认识本质的"②。由于它人为地割断了本质和现象、意识和客观之间的天然联系，于是，第一，在二元论看来，客观现象便成为不真实、不可靠的东西了；第二，认识的真正来源，只能从精神方面来，而不能从物质方面来；第三，事物内部及其事物之间的固有联系和运动规律，不是在客观事物中先行存在的，而是颠倒过来由人的理性给予自然界的，因而只是内心的现象而不是客观的现象了。这样，二元论终于变成十足的唯心主义了。

（2）经验批判论

冯定指出："经验批判论认为世界的本原只是经验，而经验的要素即感觉。"③ 因为经验批判论把客观事物看作"感觉复合"，也就

---

① 《冯定文集》（第 1 卷），人民出版社，1987 年版，第 325 页。
② 《冯定文集》（第 1 卷），人民出版社，1987 年版，第 325 页。
③ 《冯定文集》（第 1 卷），人民出版社，1987 年版，第 326 页。

是把经验看作纯粹主观的东西。这样，经验批判论就是赤裸裸的唯心主义了。"经验批判论断言意识和自然界，或者说心理的东西和物理的东西，是同格同位的，总是在一起而不可分离的，世界上既没有意识的存在，也没有无存在的意识"①，这样，经验批判论就把存在、客体和意识、主体联系在一起，说成是"原则同格"的，因而也就否认了物质的第一性和意识的第二性，从而滑向了唯心主义的泥淖。

（3）实用主义

冯定先生对实用主义从阶级本质和理论表现两个方面进行了严厉的批判。从阶级本质上讲，"实用主义是帝国主义时期资产阶级反动学者为垄断资产阶级追求最大限度利润和帝国主义的疯狂挣扎说教，也是替唯心主义假扮伪装以便实行欺骗的最后尝试"②。从理论表现上看，"实用主义否认有独立于经验、感觉之外的存在，认为绝对真理和相对真理是根本没有的。只有对我有利、有用，就是真理。总之，一切都是相对的，都是主观的东西"③。在实用主义看来，实践和经验仅仅是生活的工具，只要可行而且有利，就是什么手段都可以用的，也就是说，只要主观上觉得有利可图，实用主义就认为是对的、好的，就可以大干。这就是实用主义的原则，此外便无别的原则。

对此，冯定认为，要真正批判实用主义，必须戳破实用主义"反对信条"、"尊重经验"和"提倡实践"面纱的伪装。诚然，实用主义反对信条，"表面上好像是包括宗教信条在内的，而实际上其反对的锋芒是专指科学真理的"④；实用主义尊重经验，"可是经验并非是对于客观真理的认识，而经验的积累也不能构成正确的知识"⑤；实用主义倡导实践，"可是实践并不需要正确的理论的指导，

① 《冯定文集》（第1卷），人民出版社，1987年版，第326页。
② 《冯定文集》（第1卷），人民出版社，1987年版，第326页。
③ 《冯定文集》（第1卷），人民出版社，1987年版，第327页。
④ 《冯定文集》（第1卷），人民出版社，1987年版，第327页。
⑤ 《冯定文集》（第1卷），人民出版社，1987年版，第327页。

而且实践反过来也不能对理论进行检验而成为真理的标准"①。这样，信条、经验和实践都成为实用主义的"手段"，以反对马克思主义的科学真理。因此，冯定断言，在理论实质上，"实用主义是强调主观意志和盲目行动的主观唯心论"②。

总之，冯定认为，任何哲学思想或者派别，只要其在哲学的基本问题上是反唯物主义的，那么不管其自称是唯物主义和唯心主义间中立的，或者表示其哲学是比唯物主义和唯心主义都要高超的，归根到底总是唯心主义的。"宗教认为世界上有全知全能的'神'或'上帝'或'主宰'，唯心主义认为世界的本原是意识；追根究底，也不过是灵魂的扩大，是许许多多鬼怪神仙的综合和提升罢了。"③ 正是人依照自己的样子创造了"上帝"或"神"的，而不是"上帝"或"神"依照自己的样子创造了人的。人的周围都是物质的东西，而人和脑子也是物质的东西，这是冯定对宗教和唯心主义批判得出的基本结论。

二　冯定马克思主义世界观的思想基础：旧唯物主义再梳理

揭去宗教的神秘面纱，揭露唯心主义的理论实质，是为了捍卫唯物主义的科学性和真理性。扫清唯心主义的错误，只是为倡导一般唯物主义的世界观提供参照，仅仅构成冯定马克思主义世界观的出场前提。因此，冯定认为，马克思主义世界观的出场，必须对其赖以建立的思想地基——旧唯物主义进行再梳理。

（一）旧唯物主义在世界观上的两个基本观点

1. 世界就是无限的物质和其不息的运动

冯定指出，世界或者宇宙，包括自然界和人类社会，究竟是什

---

① 《冯定文集》（第 1 卷），人民出版社，1987 年版，第 327 页。
② 《冯定文集》（第 1 卷），人民出版社，1987 年版，第 327 页。
③ 《冯定文集》（第 2 卷），人民出版社，1989 年版，第 156 页。

么，又是怎样存在的？诸如此类的问题，古往今来的科学都在探索。马克思主义以前的唯物主义，在自然观问题上给出了明确的答案，认为世界就是物质。"换句话说：世界是统一的，而且是在物质中统一起来的；因为世界除了物质以外，再也没有别的东西了。"① 物质存在的一般的形式是运动，没有运动的物质是没有的，没有物质的运动也是没有的。物质是无限的，而其运动是不息的。物质的无限和其运动的不息，就使时间空间这些物质存在的形式也无穷无尽、无边无际、没有起讫、没有始终。恩格斯指出："世界的真正的统一性在于它的物质性，而这种物质性不是由魔术师的三两句话所证明的，而是由哲学和自然科学的长期的和持续的发展所证明的。"② 为了重申这一结论，冯定援引了物理学的最新进展，认为"各种粒子的相互转化，完全说明了世界是在物质中统一起来的；而除了运动的物质或者物质的运动，世界也就没有了"③。

总之，冯定认为，旧唯物主义的第一个基本观点，也构成一般唯物主义包括马克思的辩证唯物主义和历史唯物主义的基本观点是：世界是统一的物质世界。物质包含了无数个在质上和在量上各不相同的物体。各种物体都具有自己多种多样的特性，如形状、重量、颜色、气味、软硬、光滑或粗糙等等，这都是物质的各种不同形态。世界上的一切事物和现象，都依循着物质本身所固有的规律运动着、变化着和发展着，这是不依赖于意识、精神而独立存在的客观实在。

2. 物质是原先的而精神是再次的

冯定认为，意识、精神、思想这些看似主观的东西，"虽然不是物质，但它离不开物质"④，它是物质的最高产物，是人脑的机能和属性，没有脑的活动，就不可能产生意识。然而，人脑不会自动产生意识，总是物质世界的事物和现象，通过人的感觉器官作用于大

---

① 《冯定文集》（第 1 卷），人民出版社，1987 年版，第 310 页。
② 《马克思恩格斯文集》（第 9 卷），人民出版社，2009 年版，第 47 页。
③ 《冯定文集》（第 1 卷），人民出版社，1987 年版，第 314 页。
④ 《冯定文集》（第 1 卷），人民出版社，1987 年版，第 314 页。

脑，使大脑和外界的物质发生联系，从而产生意识。因此，意识不仅是人脑的机能和属性，还是物质的反映，是客观存在的主观映象，"从其表现形式来说，它是主观的东西；但从实质内容来说，它又是客观的东西"①。

　　冯定认为，思想不过是物质在人脑中的反映，不过是物质存在的特殊形式罢了。正如马克思所指出的："意识在任何时候都只能是被意识到了的存在。"②"观念的东西不外是移入人的头脑并在人的头脑中改造过的物质的东西而已。"③思想、观念不是凭空产生的，"思想、观念、意识的生产最初是直接与人们的物质活动，与人们的物质交往，与现实生活的语言交织在一起的"④。当然，旧唯物主义只是坚持了物质第一性、意识第二性——一切唯物主义的基本观点。但是在"意识"的问题上，仅仅做到这一点是远远不够的。马克思指出："意识一开始就是社会的产物，而且只要人们存在着，它就仍然是这种产物。当然，意识起初只是对直接的可感知的环境的一种意识，是对处于开始意识到自身的个人之外的其他人和其他物的狭隘联系的一种意识。同时，它也是对自然界的一种意识。"⑤当然，认识到意识的社会性的，是新唯物主义而不是旧唯物主义，因此，"意识的社会性"已经不构成旧唯物主义的基本观点了。

（二）旧唯物主义世界观的理论缺陷

　　坚持世界的物质性，坚持物质对于意识的根源性及意识和物质的同一性，仅仅是新唯物主义和旧唯物主义共同的思想地基，但如果不对这一思想地基进行改造，是绝对建不起"唯物史观"的高楼大厦的。因此，在阐明冯定新唯物主义世界观的理论特质之前，我们有必要对旧唯物主义的理论缺陷做一点说明。

---

①　《冯定文集》（第1卷），人民出版社，1987年版，第315页。
②　《马克思恩格斯文集》（第1卷），人民出版社，2009年版，第525页。
③　《马克思恩格斯文集》（第5卷），人民出版社，2009年版，第22页。
④　《马克思恩格斯文集》（第1卷），人民出版社，2009年版，第524页。
⑤　《马克思恩格斯文集》（第1卷），人民出版社，2009年版，第533～534页。

　　冯定先生在 1980 年为《外国哲学》创刊号所写的文章《吸取人类思想文化中的一切有价值的东西——兼谈研究外国哲学的态度和方法》一文中的一段话为我们研究这一问题提供了重要的方法论。冯定先生这样写道："从认识史的角度研究问题，就不会对历史上所有哲学家做出要么唯物、要么唯心那样简单的划分，也就不会在分析唯心唯物两条认识路线斗争时，象切西瓜那样一劈两半；而是能够在承认两条路线相互斗争的前提下，对具体人物和具体的观点，依据情况做具体分析。"① 限于文章的主题和篇幅，我们不可能分析所有旧唯物主义代表人物的理论观点，但是，要想阐明冯定对马克思 "新唯物主义" 的理解，必须结合马克思和恩格斯的论述，对旧唯物主义的理论缺陷做出分析说明。

　　第一，旧唯物主义对自然科学的进展缺乏全面的了解和总体的把握，因而对物质世界的普遍联系缺乏深入的把握。

　　冯定先生对自然科学的最新研究进展十分重视，认为要从哲学的角度看待自然科学的进展，并以自然科学的进展来丰富唯物主义世界观。在写于 1947 年的《平凡的真理》中，他广泛引用物理学、化学、生物学、地质学、植物学、心理学的最新科学成果，来阐述唯物主义世界观和认识论。1957 年 2 月，应苏联科学院的邀请，冯定和贺麟、任继愈、张镛一行四人以中国科学院哲学研究所代表团的名义去苏联访问了一个月。在回国后所写的《访苏小记》中，冯定特别提到 "苏联同志非常注意哲学和自然科学的结合问题"，认为 "从哲学方面来说，也必须将现代的自然科学方面的光明灿烂成果总结起来，来充实和发展辩证唯物主义"②。在 1960～1961 年的《辩证唯物主义讲稿》中，他强调："学哲学的人也要懂一点自然科学，学一点自然辩证法。"③ 写于 1981 年的《怎样学哲学》一文中，冯定

---

① 《冯定文集》（第 2 卷），人民出版社，1989 年版，第 357 页。
② 冯定：《访苏小记》，《北京大学学报》（人文社会科学版）1957 年第 2 期。
③ 冯定：《辩证唯物主义讲稿》（1960—1961），北京大学哲学系（内部刊印稿）1992 年版，第 2 页。

对许多中间性科学和边缘科学的诞生对哲学研究的影响做了前瞻性分析，他认为，控制论这门新学科的诞生，"就是因为生产过程的自动化引起了技术科学与生物科学这两类看来是截然不同的学科之间的相互渗透，也标志着人类认识史和科学史由此进入另一个新的时期。就是说以分析为主进行确定性研究的时期逐步进入到以整体性为主进行具体的、不确定性研究的时期"①。可以看出，注重对自然科学做哲学分析，阐述自然科学引起的哲学论题和思维方式的变化，贯穿在冯定先生一生的理论探索中。

　　然而，旧唯物主义之所以陷入机械性、片面性和形而上学性的迷雾，很大的原因是对自然科学及其各门学科的内部联系缺乏辩证的认识。恩格斯指出："在上世纪末叶，在多半坚持机械唯物主义的法国唯物主义者之后，出现了要把旧的牛顿—林耐学派的整个自然科学作百科全书式的概括的要求，有两个最有天才的人物投身于这项工作，这就是圣西门（未完成）和黑格尔。现在，当新的自然观就其基本特点而言已经形成的时候，人们又感到有同样的要求了，并且正在这方面进行尝试。但是，当现在自然界中的发展的普遍联系已经得到证明的时候，外表上的排序已经不够用了（着重号为笔者所加），正如黑格尔所巧妙论证的辩证转化也已经不够用了一样。转化必须自行完成，必须是自然而然的。"② 然而，不论是黑格尔，还是旧唯物主义哲学，即使讲联系，也最多讲到"事物之间"的联系，而缺乏对事物内部联系的探讨，这样，当新的科学进展需要深入到对事物内部的联系进行哲学总结的时候，旧唯物主义就显得力不从心了。

　　第二，旧唯物主义离开人来谈自然界，虽然承认了自然界对于人的先在性，但最后却陷入了割裂人类社会和自然界的物质统一性的窠臼。

　　马克思在《1844 年经济学哲学手稿》中指出："被抽象地理解的、

---

① 《冯定文集》（第 2 卷），人民出版社，1989 年版，第 384 页。
② 《马克思恩格斯文集》（第 9 卷），人民出版社，2009 年版，第 504～505 页。

自为的、被确定为与人分隔开来的自然界，对人来说也是无。"① "作为自然界的自然界，这是说，就它还在感性上不同于它自身所隐藏的神秘的意义而言，与这些抽象概念分隔开来并与这些抽象概念不同的自然界，就是无，是证明自己为无的无，是无意义的，或者只具有应被扬弃的外在性的意义。"② 马克思的意思是说，纯粹的自然界是没有目的的，纯粹的自然界是没有思想的，剥离人与自然的关系，讨论"单独作为自然界的自然界"是没有意义的——然而旧唯物主义就是这么做的。虽然这并不否认自然界是先于人而存在的，然而，只讨论"纯粹的自然"，最终会割裂人与自然的内在联系，因为"整个所谓世界历史不外是人通过人的劳动而诞生的过程，是自然界对人来说的生成过程"③。

第三，旧唯物主义不懂实践活动的重要意义，最终在历史观上陷入了唯心主义。

在近代，不论是"纯粹唯物主义"还是"直观唯物主义"，其实它们一开始的时候，还是具有反"形而上学"的倾向的，虽然这种倾向既不明显，也不彻底。在培根那里，"纯粹唯物主义""还以朴素的形式包含着全面发展的萌芽。物质带着诗意的感性光辉对整个人发出微笑。但是，那种格言警句式的学说本身却还充满了神学的不彻底性"④。然而，"唯物主义在以后的发展中变得片面了"⑤、"变得漠视人了"⑥。那种"抽象的物质""抽象的实体"变成了一切变化的主体，构成了万物的本性和存在的致动因。于是，"人和自然都服从于同样的规律"⑦。与"纯粹唯物主义"坚持客体至上原则不同，"直观唯物主义"坚持自然至上原则，关注的是人的自然性、生

① 《马克思恩格斯文集》（第1卷），人民出版社，2009年版，第220页。
② 《马克思恩格斯文集》（第1卷），人民出版社，2009年版，第221～222页。
③ 《马克思恩格斯文集》（第1卷），人民出版社，2009年版，第196页。
④ 《马克思恩格斯文集》（第1卷），人民出版社，2009年版，第331页。
⑤ 《马克思恩格斯文集》（第1卷），人民出版社，2009年版，第331页。
⑥ 《马克思恩格斯文集》（第1卷），人民出版社，2009年版，第331页。
⑦ 《马克思恩格斯文集》（第1卷），人民出版社，2009年版，第332页。

物性，但由于费尔巴哈"不了解'革命的'、'实践批判的'活动的意义"①，没有把感性看作实践的、人的活生生的感性活动。因此"他只能把人的本质理解为'类'，理解为一种内在的、无声的、把许多个人纯粹自然地联系起来的普遍性"②。虽然费尔巴哈想关注现实的人，可分析的仍是抽象的个人，"并且仅仅限于在感情范围内承认'现实的、单个的、肉体的人'"③，忽视的是人的能动性、创造性、主体性，"至多也只能达到对单个人和市民社会的直观"④。这样，一切旧唯物主义在自然观上虽然是唯物主义的，但是一旦进入历史领域，就成了唯心主义。马克思深刻地指出："当费尔巴哈是一个唯物主义者的时候，历史在他的视野之外；当他去探讨历史的时候，他不是一个唯物主义者。在他那里，唯物主义和历史是彼此完全脱离的。"⑤

在冯定先生的著作中，不论是《平凡的真理》、《共产主义人生观》，还是《人生漫谈》，他都特别强调"实践"、"生产"和"行动"的重要性，虽然他并没有用完整的篇幅对旧唯物主义的缺陷进行分析，但是，当他从正面阐述马克思主义的科学世界观时，实际上已经说明他对旧唯物主义的理论缺陷是清醒的。冯定先生正确地把握了马克思新唯物主义世界观的"实践"内核，因此，要阐明冯定马克思新唯物主义的世界观，就不得不对旧唯物主义的理论缺陷做出分析和总结。

三　冯定马克思主义世界观的思想特质

（一）冯定马克思主义世界观的总体图景

冯定先生以"正确的世界观"、"无产阶级的世界观"、"无产阶

---

① 《马克思恩格斯选集》（第1卷），人民出版社，2012年版，第133页。
② 《马克思恩格斯选集》（第1卷），人民出版社，2012年版，第139页。
③ 《马克思恩格斯选集》（第1卷），人民出版社，2012年版，第157页。
④ 《马克思恩格斯选集》（第1卷），人民出版社，2012年版，第136页。
⑤ 《马克思恩格斯选集》（第1卷），人民出版社，2012年版，第158页。

级哲学"和"辩证唯物论和历史唯物论"等词来概括马克思的新唯物主义世界观。在 1964 年的《人生漫谈》中，冯定对新唯物主义世界观的总体图景做了描述，他这样写道：

> 辩证唯物论和历史唯物论告诉人们：世界是物质的，物质世界，包括自然世界和人类社会，全都是永远有联系的，永远在运动、变化和发展的；这种运动、变化、发展的力量，就在于事物不但彼此在联系中有矛盾，而且个别事物还都有内在的矛盾；也就是说，每个事物都是对立面的统一，正因对立面在统一中，既在外部不断和其他事物发生相互的联系和相互的影响，又在内部不断进行斗争，这才使事物运动不息，变化无穷，发展没有止境。整个世界和社会，无时无处不是矛盾；矛盾是普遍的，但每个事物的矛盾性质和其斗争方式，又各有其特殊性。所以人的实践，其实就是在不断发现矛盾和解决矛盾：生产斗争的实践不断解决人和自然之间的矛盾，阶级斗争的实践不断解决人和人之间的矛盾，从而使社会不断前进。矛盾的规律，是唯物辩证法的核心。也可以说，矛盾的规律是辩证法的最根本规律；此外如量变质变和否定之否定等规律，也是规律。这些规律，都是从群众生产斗争和阶级斗争的历史经验中总结出来的。①

第一，冯定的马克思主义世界观虽然坚持世界的物质统一性，但不同于物质本体论。

深入研究马克思的著作及思想发展史，我们发现，马克思本人从青年时期开始，就是物质本体论的坚定不移的批判者。早在 1843 年的《黑格尔法哲学批判》中，马克思就明确指出："抽象唯灵论是抽象唯物主义；抽象唯物主义是物质的抽象唯灵论。"② 在他看

---

① 《冯定文集》（第 2 卷），人民出版社，1989 年版，第 425 页。
② 《马克思恩格斯全集》（第 3 卷），人民出版社，2002 年版，第 111 页。

来，只要人们脱离具体条件，笼统地谈论"灵魂"、"物质"、"唯物主义"和"唯灵论"，这些概念之间没有实质性差别。在《1844 年经济学哲学手稿》中，马克思发现："工业是自然界对人，因而也是自然科学对人的现实的历史关系。因此，如果把工业看成人的本质力量的公开的展示，那么自然界的人的本质，或者人的自然的本质，也就可以理解了；因此，自然科学将抛弃它的抽象物质的方向，或者更确切地说，是抛弃唯心主义方向，从而成为人的科学的基础，正像它现在已经——尽管以异化的形式——成了真正人的生活的基础一样。"① 马克思这里提到"自然界的人的本质"或"人的自然的本质"就是强调要从人和自然的相互关系中，通过人的活动的媒介来考察物质或自然界。马克思启示我们：一部工业发展史，其实就是人与物质或自然界打交道的"现实的历史关系"。因此，撇开了人的活动，尤其是撇开工业发展史来孤立地考察物质或自然界，就会陷入"抽象的物质方向"。

如果说《黑格尔法哲学批判》和《1844 年经济学哲学手稿》是马克思青年时期的著作，马克思还处在思想的剧变转化之中，那么，成熟时期的马克思是否依然坚持了对"抽象物质观"或物质本体论的批判呢？答案是肯定的。在《资本论》中，马克思这样写道："工艺学揭示出人对自然的能动关系，人的生活的直接生产过程，从而人的社会关系和由此产生的精神观念的直接生产过程。甚至所有抽象掉这个物质基础的宗教史，都是非批判的。事实上，通过分析找出宗教幻象的世俗核心，比反过来从当时的现实生活关系中引出它的天国形式要容易得多。后面这种方法是唯一的唯物主义的方法，因而也是唯一科学的方法。那种排除历史过程的、抽象的自然科学的唯物主义的缺点，每当它的代表越出自己的专业范围时，就在他们的抽象的和意识形态的观念中显露出来。"②

从这段话可以看出，马克思坚决反对那种"排除历史过程的、

---

① 《马克思恩格斯文集》（第 1 卷），人民出版社，2009 年版，第 193 页。

② 《马克思恩格斯文集》（第 5 卷），人民出版社，2009 年版，第 429 页注。

抽象的自然科学的唯物主义"，这种抽象的自然科学的唯物主义就是
抽象的自然观或物质本体论，它只满足于撇开人的实践活动，撇开
历史过程，撇开社会关系抽象地谈论"自然"概念或"物质"概
念。马克思认为，抽象地谈论"物质"或"自然"概念是没有意义
的，重要的是在坚持外部自然界优先地位的基础上，揭示出人与自
然的能动关系。

毫无疑问，冯定坚持世界的物质统一性，认为"世界是物质的，
物质世界，包括自然界和人类社会，全都是永远有联系，永远在运
动、变化、发展的"。这种联系、运动和发展根源于无时无处不在的
矛盾，所以，"人的实践，其实就在不断发现和解决矛盾"。可以看
出，冯定也是坚持了自然界的先在性，但他更强调的是通过人的实
践建构人与自然关系的生成过程，即使是根源于自然界、事物内部
的矛盾运动，也只有通过人的实践才能获得发展，并最终解决。离
开人及其实践活动，单纯的自然是僵死的，只有人及其实践活动的
参与，人与自然的关系才变得鲜活，变得能动，变得丰富。冯定的
这些思想和论述，与抽象的物质观或单纯的"物质本体论"大异
其趣。

第二，冯定马克思主义的世界观虽然强调劳动实践对于人类社
会的基础地位，但不同于社会存在本体论。

20 世纪 60 年代，匈牙利著名的哲学家卢卡奇在未完成的书稿
《社会存在本体论》中，一方面对当代思想家们在本体论问题上的错
误观念进行了批判，另一方面又对马克思的本体论思想进行了全面
的梳理和叙述。卢卡奇认为，自然是社会的基础，"自然无论是有机
自然，还是无机自然的规律和范畴构成了社会范畴的一个归根结底
（在根本上改变它的本质的意义上）不可取消的基础"①。同时，他
又强调马克思虽然以自然本体论为前提，但是马克思的社会存在本
体论对这种自然本体论进行了转换。卢卡奇认为，马克思把劳动确

①　〔匈〕G. 卢卡奇：《关于社会存在的本体论·上卷——社会存在本体论引证》，白
　　锡堃等译，重庆出版社，1993 年版，第 644 页。

定为社会存在的本体论基础，在劳动中"自然性和社会性的本体论上的混合形式取代了纯粹自然的规定"，借助于劳动自然问题获得全新的本体论证明。在他看来，马克思的哲学以劳动为本体，这是因为马克思把人类生活的生产和再生产作为问题的中心；或者说，马克思的学说是以社会历史理论为中心的，马克思的本体论是社会存在本体论，而劳动是社会存在的本体。

诚然，冯定特别强调劳动实践对于人的生成和人类社会的基础性，乃至某种意义上的根源性。冯定指出："动物在为着生活而斗争之中，是靠其身体去适应外围的环境的；人类却能利用工具，设法脱离自然环境的直接压迫，而创造了人为的环境。这种人为的环境，人类脱离了便不能生存；所以，人为的环境，实际上也就变成第二个自然的环境了。""动物用的是自然的工具，人类用的是人造的工具，这是大大的区别。"① 又说："人类和其他动物的主要不同，就是动物只能利用自然的环境，动物能在自然中引起小小的变动，也不过因其躯体在空间中占些儿位置罢了；而人类却自动地在改变自然，征服自然，使自然听从自己的意志。"② 在冯定看来，人类的生活是"第一自然"和"第二自然"相互作用的结果，是一个相互生成的过程，人的生命活动一开始，"就立即表现为双重关系：一方面是自然关系，另一方面是社会关系"③。毫无疑问，既然冯定认为，"第二个自然"即"人化自然"相比"第一个自然"即"自在自然"对人类生活来说是更为重要的，那他必然承认以下观点，即"他周围的感性世界决不是某种开天辟地以来就直接存在的、始终如一的东西，而是工业和社会状况的产物，是历史的产物，是世世代代活动的结果"④。

可以看出，冯定强调劳动实践及在此基础上产生的人与自然关

① 《冯定文集》（第 1 卷），人民出版社，1987 年版，第 11 页。
② 《冯定文集》（第 1 卷），人民出版社，1987 年版，第 12 页。
③ 《马克思恩格斯文集》（第 1 卷），人民出版社，2009 年版，第 532 页。
④ 《马克思恩格斯文集》（第 1 卷），人民出版社，2009 年版，第 528 页。

系的动态生成对于人类社会的重要作用，但他认为马克思的哲学与其说是一种劳动本体论、社会存在本体论，毋宁说是"自然存在和社会存在统一生成论"，因为自然，任何时候都构成人类生存的前提，人类实践虽然可以改造自然，"但人类始终是在自然的摇篮里，人类是自然的一部分，人类的统治自然，也就是找着自然发展的规律，好好儿去运用罢了"①。

第三，冯定马克思主义的世界观虽然强调"实践"对于人与自然、人与社会相互关系构建的重要性，但不同于"实践哲学"。

在《狱中札记》中，葛兰西提出了"实践哲学"这个重要概念。他有时用它来称呼马克思主义，有时主要指马克思主义哲学，特别是马克思主义历史观。葛兰西指出，实践哲学的核心是把实践作为哲学的基础。这种以实践为基础的哲学可以超越传统的唯心主义和传统的唯物主义。他指出："实践哲学则在既超越作为过去社会的表现的传统唯心主义和传统唯物主义，又保持了自身的重要要素的意义上，做到了这一点。"② 他把这种超越了传统唯物主义和唯心主义的思想称为"一元论"。葛兰西的一元论实际上就是"实践一元论"，它模糊了唯物主义和唯心主义之间的原则区分。葛兰西把那种承认在人之外的客观性的思想称为形而上学的唯物主义，并认为这种唯物主义会导致神秘主义。他说："形而上学唯物主义的'客观性'观念显然意指一种甚至存在于人之外的客观性；但是当人们断言即使人并不存在，某种现实也会存在时，人们或者在用隐喻说话，或者是落入一种神秘主义中去了。"③ 这样，葛兰西实际上在本体论上否定了人之外的客观存在。

毫无疑问，冯定强调实践对于人与自然、人与社会关系构建的重要性，认为"人的实践，其实就是在不断发现矛盾和解决矛盾：

①《冯定文集》（第1卷），人民出版社，1987年版，第12页。

② 〔意〕安东尼奥·葛兰西：《狱中札记》，曹雷雨等译，中国社会科学出版社，2000年版，第351页。

③ 〔意〕安东尼奥·葛兰西：《狱中札记》，曹雷雨等译，中国社会科学出版社，2000年版，第363页。

生产斗争的实践不断解决人和自然之间的矛盾，阶级斗争的实践不断解决人和人之间的矛盾，从而使社会不断前进"。但是，对劳动实践和阶级斗争实践之于人与自然、人与社会重要根据地位的论述，一定是依赖于一个前提的，这就是"世界是物质的，物质世界，包括自然世界和人类社会，全都是永远有联系的，永远在运动、变化和发展的"。所以，冯定肯定唯物主义的一般原则，判断唯物主义和唯心主义的唯一标准，就是哲学的基本问题。"只要其在哲学的基本问题上是反唯物主义的，那么不管其自称是唯物主义和唯心主义间中立的，或者表示其哲学是比唯物主义和唯心主义都要高超的，归根到底总是唯心主义的。"① 依据冯定先生的这一观点，"实践哲学"最终必然滑向唯心主义的深渊，因此，冯定马克思主义的世界观和"实践哲学"背向而驰，根本不在一个坐标。

第四，冯定把矛盾规律的辩证法提到了新唯物主义世界观的高度，从而彰显了自然界和人类社会辩证关系的动态图景。

冯定指出，物质世界的运动、变化、发展的力量，"就在于事物不但彼此在联系中有矛盾，而且个别事物还都有内在的矛盾；也就是说，每个事物都是对立面的统一，正因对立面在统一中，既在外部不断和其他事物发生相互的联系和相互的影响，又在内部不断进行斗争，这才使事物运动不息，变化无穷，发展没有止境。整个世界和社会，无时无处不是矛盾；矛盾是普遍的，但每个事物的矛盾性质和其斗争方式，又各有其特殊性"②。

从这段话可以看出，冯定认为整个物质世界的运动、变化和发展，是由事物之间及事物内部的对立统一即辩证矛盾所决定的。这样，整个世界也就表现为一个充满辩证矛盾的过程。于是，矛盾便构成"事物最内在的本质的联系，又是事物发展最根本的动力，所以矛盾规律是辩证规律的核心，是物质世界联系、发展、矛盾这些

---

① 《冯定文集》（第 1 卷），人民出版社，1987 年版，第 324 页。
② 《冯定文集》（第 2 卷），人民出版社，1989 年版，第 425 页。

最一般的规律相互在起作用的枢纽和关键"①。把握了矛盾，便把握了物质世界包括自然界和人类社会运动变化的根本动力；把握了矛盾这一辩证规律的核心，便把握了物质世界包括自然界和人类社会普遍联系、动态生成的辩证图景。这样，冯定就把矛盾规律的辩证法提到了唯物主义世界观的高度，从而赋予其新唯物主义世界观独特的辩证内涵。

（二）冯定马克思主义世界观的理论特质

指认冯定马克思主义世界观的总体图景，只是为了说明，冯定对马克思新唯物主义的理解是科学的，是把握了马克思哲学的精神实质的，是具有前瞻性的。然而，作为中国现代哲学史上著名的马克思主义哲学家，冯定马克思主义的世界观如果仅仅是马克思新唯物主义世界观的"传声筒"或"小喇叭"，无疑是抹杀了其独特的理论特质的。在理解马克思新唯物主义世界观的基础上，冯定赋予其鲜明的中国色彩和个体风格，这构成冯定马克思主义世界观独特的理论特质。

第一，强调实践对于人类社会生活及其智慧的重要性。

冯定认为，人类的智慧不仅是个人的，而且是社会性的；而社会性的智慧，首先就在人类的集体劳动中表现出来。人类如果没有集体劳动，那么人类社会就不能存在和发展了。劳动不仅是人类及其智慧的本源，而且是人类集体智慧的真正表现。

首先，劳动对于人类社会的诞生具有决定性意义。从类人猿乃至从猿到人的发展，"最基本的最重要的关键正是劳动，不过这种劳动还不含有人类劳动那样完满的意义罢了"②。

其次，劳动生产是人类能够过社会性的生活最集中的关键和枢纽。生产，首先必须制造工具。工具的使用，"使人一步一步更能窥探自然界的奥秘和认识真理，因而使人更能利用自然界的东西来改

---

① 《冯定文集》（第1卷），人民出版社，1987年版，第427页。
② 《冯定文集》（第1卷），人民出版社，1987年版，第248页。

进生活"①。生产又是社会性的，在社会性的生产中，既表现出来社
会的生产力，又使人和人形成了生产关系。"社会性的生产是人类前
世后代、往岁来年必须连续在进行的；所以人类就是对于社会生产
力的发展并不是自觉的，可是只要为了生活，在不得不然的条件下
通过有意识的行动在从事生产，那么生产的经验总不得不交换着和
传授着，生产工具总还不断在改进着，使用生产工具的熟练程度总
还不断在提高着，因而生产工具和使用生产工具的人相结合起来的
生产力总还也不断在发展着。"② 生产力的发展，开始于生产工具的
改进和改变，当新的生产工具和掌握新的生产工具的人业已结合起
来的时候，生产力的发展就会前进一大步；而生产力的发展，自必
引致人和人之间生产关系的改变；而生产力和生产关系的改变，也
就是生产方式和生活方式的改变，又必然引致整个社会面貌和社会
思想的改变。因此，在冯定看来，"社会性的劳动生产，永远是人类
社会发展的最后动力；而人类的集体智慧，终究是在劳动生产中真
正表现出来的"③。

　　如果说，一部人类社会发展的历史就是一部人类智慧生成及发
展演化的历史，那么挖掘人类智慧的生成根据，从而做出对人类社
会及其发展的解释就具有了世界观的意义。冯定强调"劳动生产是
人类集体智慧的真正表现"④，无非是说，离开了人，离开了人的实
践活动，就无所谓人类历史，整个人类社会发展史是人与人相互关
系生成、丰富的过程，更是人类智慧形成、演化、提升的过程。"人
是万物之灵"，正是因为人类的智慧赋予自然界和人类社会以意义，
所以，人类的发展就是人类智慧的外在表现，这是一个二元一体的
统一过程，是同一个问题的两个方面，把二者统一起来的内在根据，
是人类的生产劳动。

---

① 《冯定文集》（第 1 卷），人民出版社，1987 年版，第 249 页。
② 《冯定文集》（第 1 卷），人民出版社，1987 年版，第 250 页。
③ 《冯定文集》（第 1 卷），人民出版社，1987 年版，第 251 页。
④ 《冯定文集》（第 1 卷），人民出版社，1987 年版，第 248 页。

第二，把实践提到人类最重要的特性和关乎人类未来命运的高度来把握。

冯定认为："人类最重要的特性……就是不论处在怎样的顺境或者逆境，都能够不自觉的以至自觉的坚持实践；这就是人类能够不断接近真理的确切保证。"① 正由于实践之于人类的重要性，所以冯定把实践提到关乎整个人类未来命运的高度来阐述。他指出："我们真正的人是坚持实践的；而且完全知道今天的实践更莫过于一面建设而一面和原子帝国主义为首的反动势力进行坚决的斗争。我们并不讳言地球也会衰亡和我们这样的人类社会也会有个结尾，然而我们每人都坚持革命的实践，好象我们的不少先烈在革命的实践中终是坚持到流最后一滴血和呼最后一口气一样。因为我们知道，只有坚持革命的实践，才能最后去除象帝国主义为首的反动势力这样阻挠社会迈步前进的障碍，才能在新的世界社会主义共产主义的社会里集中人类的智慧来更有效果地、没有休止地征服自然界，才有可能使人类由地球性的动物而成为星系性的或者更为伟大的动物；就是科学家有凭有据确证了明天地球就要毁灭，那么我们的革命斗争和使人类离开地球的实践还是要坚持到最后一分一秒的，因为只有这样才还有最后离开地球的可能。"②

冯定在坚持"劳动是人类的本质活动"这一马克思主义的基本观点的基础上，把实践提到人类最重要的特性的高度来强调，认为实践不仅对于个体和群体（如阶级）的解放具有本质性的意义，而且对于整个地球人类的未来命运具有本质性意义。这种理解，熔铸了冯定先生坚定的无产阶级立场、宽广的历史视野和高尚的人类情怀，从而为思考人类的命运提供了新的向度。

第三，强调实践对于人生意义的重要性。

在《人生漫谈》"小序"中，冯定总结了以往的人生哲学往往落入"个人"的罗网和圈套，就"人生而谈人生"是"怎么也谈不

① 《冯定文集》（第1卷），人民出版社，1987年版，第475页。
② 《冯定文集》（第1卷），人民出版社，1987年版，第479页。

清楚”的经验教训，强调指出："有了正确而明确的世界观和历史观，许许多多抽象的或具体的有关人生的问题，也就解决了；离开了世界观和历史观来谈人生问题，怎么也是谈不清楚的。"①

　　基于上述理解，冯定认为，"人生最有意义的行动就是改造世界"②，因为对社会来说，最有意义的行动就是生产。"人为了生活，必须从事生产的实践，这在人类最初过的还是仅免于死的生活的时候是这样，其后过的还是辛勤艰苦的生活的时候也是这样，将来社会主义共产主义过的永远是幸福愉快的生活的时候也还是这样。"③因此，如果不知实践不肯实践，而空想人生的意义，结果只能是真正失去人生的意义的。

　　总之，冯定马克思主义的世界观，不同于抽象的物质观或物质本体论，也不同于社会存在本体论，更不同于所谓"实践哲学"，是真正反映马克思哲学世界观的自然存在和社会存在的统一生成论。冯定马克思主义的世界观确认了一般唯物主义的理论前提，但更主张从实践生成的内在根据辩证地、动态地看待人与自然、人与社会的相互关系，并结合中国革命和时代要求，把实践提到人类智慧、人类命运和人生意义的高度来理解，从而形成了其独特的理论视界。

---

① 《冯定文集》（第 2 卷），人民出版社，1989 年版，第 399 页。
② 《冯定文集》（第 1 卷），人民出版社，1987 年版，第 459 页。
③ 《冯定文集》（第 1 卷），人民出版社，1987 年版，第 460 页。

第四章

注重实践应用的辩证法

强调哲学尤其是辩证法的应用，是冯定思想的重要特色。冯定指出："学习辩证法有两条途径，一条是研究辩证法的基本规律与范畴，另一条是研究辩证法的实际运用，特别是研究革命导师如何在革命实践中运用辩证法。这后一个方面也是十分重要的。"[①] 冯定的这一论述也构成我们研究冯定辩证法思想的方法论。冯定的辩证法思想，既有对辩证法基本规律和范畴的阐述，但更重要的是切入实际对辩证法的广泛、灵活应用。

冯定对辩证法的独特贡献，突出地表现在他把唯物辩证法的思维方式实现为指导行动的"实践智慧"。冯定辩证法的实践智慧或实践智慧的辩证法，具有两个方面的理论贡献：一是在世界观的意义上区分了辩证法与形而上学两种思维方式的不同，系统阐发了辩证法思维方式的基本属性；二是在实践论的意义上总结和灵活运用了毛泽东以矛盾分析法为核心的辩证智慧，使辩证法成为指导行动的现实力量。他对辩证法的灵活应用，集中表现在 1952 年对民族资产阶级性格的正确分析上，表现在 1956 年对工人阶级和民族资产阶级矛盾的性质的科学把握上，表现在 1957 年对过渡时期中国社会的辩

[①] 冯定、张文儒、陈葆华：《辩证法是革命的代数学——从列宁著作中学习辩证的方法论》，《文史哲》1981 年第 1 期。

证发展的详细阐述上，表现在 1962 年关于人才培养中"红"与
"专"的关系的辩证论述上。

一　辩证法是对形式逻辑的扬弃

辩证法和形而上学，既是哲学理论中的一对基本范畴，也是人
们在生活中经常使用的一对范畴。"坚持辩证法"和"反对形而上
学"是人们经常挂在嘴边的一种提法。然而，究竟什么是辩证法，
到底什么是形而上学？怎样坚持辩证法，如何反对形而上学呢？

冯定多次引用列宁"辩证法是革命的代数学"这一重要论断，
强调从各个层面应用辩证法的重要性，认为"辩证法要是能在实际
问题上常常运用，那么熟练之后虽不能'料事如神'，也至少可以到
'虽不中不远矣'的程度"①。然而要做到对辩证法的熟练应用，必
须首先在理论上对"什么是辩证法"这一问题给出明确的说明。冯
定在 1937 年刚步入理论创作舞台时，就对这一问题做出了初步阐
释，后来又在《平凡的真理》和《共产主义人生观》等著作以及 20
世纪 80 年代的一些重要论文中进一步深化了对这一问题的认识。

（一）辩证法是对"形式逻辑"的扬弃

在冯定先生以贝叶的笔名写于 1937 年的《形式逻辑的扬弃》一
文中，他明确地表达了"辩证法是形式逻辑的扬弃"这一重要思想。
在文章中，冯定先生使用的"形式逻辑"的含义不是单一的，而是
有两层含义。第一，指一种从终极存在出发解释世界的哲学学说，
即关于超验存在之本性的哲学学说。在冯定先生看来，由于这种哲
学学说总是寻找唯一的本原，因此，其在方法论上必然是片面的、
孤立的、静止的，最后必然求助于一种"最初的原动力"而陷入唯
心主义的泥淖。第二，指与辩证法相对的孤立地、静止地、片面地
看问题的方法论。因此，冯定所使用的"形式逻辑"概念和"形而

---

① 《冯定文集》（第 1 卷），人民出版社，1987 年版，第 44 页。

上学"（metaphysics）是同一个概念，所谓辩证法是对形式逻辑的扬弃，等同于辩证法是对形而上学的扬弃。

1. 辩证法对"形式逻辑"作为本体论的扬弃

冯定指出，"形式逻辑的主要病症，是在认识论方面"①，即否认认识是由感性认识逐渐上升到理性认识，由具体逐渐上升到抽象的过程。冯定认为，"在思维的过程中，抽象是必须的，是免不了的，不过抽象不能脱离具体，否则便会变成虚无缥缈的东西"。然而，形式逻辑正好犯了这样的错误，"形式逻辑将思维过程中的抽象方面扩大而至于终极，于是乎思维好像只是精神的活动，精神和物质于是乎对立起来，不但对立起来，甚至精神可以产生物质了。形式逻辑的致命伤就在这里"②。在冯定看来，形式逻辑的致命伤即形而上学思维方式的软肋在于，当把形而上学思维方式贯彻下去的时候，最后必然陷入了唯心主义的温情怀抱，因为"形式逻辑只看见事物的静，就是看见动的话，也只是机械的动，是位置的移动，而不知动和静的一致，不知道事物运动的主力是内在的矛盾，是矛盾中对立的斗争，不知道事物永远是在发展，永远是在彼此变异和转化。所以形式逻辑应用在各种科学方面的时候，解说世界的动就需要神授的最初动力了"③。

由于形而上学和唯心主义在骨子里是天然的"盟友"，因此，辩证法必然对形而上学从本体论层面给予批判。冯定指出："我们当认识的时候，由具体而抽象，由抽象而具体，是弯曲的、灵动的、柔软的，然而形式逻辑却将认识的片面勉强拉直起来。形式逻辑当然也是认识树上开着的花，并且是开得怪美丽、怪鲜艳，然而这花儿是不结果实的，终究是没有用的。"④ 很显然，冯定这里援引的是列宁对于唯心主义的批判，列宁认为，唯心主义是一朵"不结果实的

---

① 贝叶（冯定的笔名，下同）：《形式逻辑的扬弃》，《自修大学》第 1 卷第 13 期，1937 年 7 月 10 日。
② 贝叶：《形式逻辑的扬弃》，《自修大学》第 1 卷第 13 期，1937 年 7 月 10 日。
③ 贝叶：《形式逻辑的扬弃》，《自修大学》第 1 卷第 13 期，1937 年 7 月 10 日。
④ 贝叶：《形式逻辑的扬弃》，《自修大学》第 1 卷第 13 期，1937 年 7 月 10 日。

花"，但这朵不结果实的花却是长在"活生生的、结果实的、真实的、强大的、全能的、客观的、绝对的人类认识这棵活树上的"①。

可以看出，冯定在这里所说的形式逻辑，就是唯心主义，那么，作为一种思维方式的形式逻辑或者说形而上学是如何滑向唯心主义的呢？冯定援引马克思的观点对此做了论证。"卡尔说的妙，假使将造成屋子的个别性东西，一层一层的依次剥了开去，假使忽略了构造屋子的各种各样的建筑材料，忽略了这些建筑材料相互区别的形态，那么只有一个物体剩在那里了。假使再忽略了这物体的轮廓，那么就只有一个空间剩在那里了。最后再抽取了这空间的容积，那么除了量，除了量的逻辑范畴以外，什么都没有了。所以抽象如果离开了具体，在终极的抽象中，一切的事物都将成为论理的范畴而表现了出来。"② 为了便于更加深入地具体分析，我们不妨把马克思在《哲学的贫困》中对政治经济学的形而上学方法的批判的原文引述如下：

> 在最后的抽象（因为是抽象，而不是分析）中，一切事物都成为逻辑范畴，这用得着奇怪吗？如果我们逐步抽掉构成某座房屋个性的一切，抽掉构成这座房屋的材料和这座房屋特有的形式，结果只剩下一个物体；如果把这一物体的界限也抽去，结果就只有空间了；如果再把这个空间的向度抽去，最后我们就只有纯粹的量这个逻辑范畴了，这用得着奇怪吗？如果我们继续用这种方法抽去每一个主体的一切有生命的或无生命的所谓偶性，人或物，我们就有理由说，在最后的抽象中，作为实体的将只是一些逻辑范畴。所以形而上学者也就有理由说，世界上的事物是逻辑范畴这块底布上绣成的花卉；他们在进行这些抽象时，自以为在进行分析，他们越来越远离物体，而自以

---

① 《列宁专题文集 论辩证唯物主义和历史唯物主义》，人民出版社，2009 年版，第 152 页。
② 贝叶：《形式逻辑的扬弃》，《自修大学》第 1 卷第 13 期，1937 年 7 月 10 日。

为越来越接近，以至于深入物体。哲学家和基督徒不同之处正是在于：基督徒只有一个逻各斯的化身，不管什么逻辑不逻辑；而哲学家则有无数化身。既然如此，那么一切存在物，一切生活在地上和水中的东西经过抽象都可以归结为逻辑范畴，因而整个现实世界都淹没在抽象世界之中，即淹没在逻辑范畴的世界之中，这又有什么奇怪呢？①

所以，不仅蒲鲁东政治经济学的形而上学方法而且一切形而上学方法，都犯了同一个错误，即在一层一层的抽象过程中，哲学概念逐渐远离现实，精神逐渐脱离实体，于是他们只看到概念本身，而忽视了概念的现实基础，忽视了这些概念本质上还是现实的反映。他们便把哲学范畴看作观念的东西，看作不依赖现实关系而自生的，从而看作纯粹概念、纯粹理性的运动。这样，形而上学就不由自主地倒向了唯心主义的怀抱。

而"新方法"② 即唯物辩证法是须臾不离开现实的，正如经济范畴只不过是生产的社会关系的理论表现一样，任何哲学范畴归根到底是客观的物质世界的反映，这就是唯物辩证法通过对形式逻辑在本体论上的扬弃所得出的基本结论。

2. 辩证法对"形式逻辑"作为方法论的扬弃

冯定指出："原始的辩证法，经过形而上学的思维方法，发展至唯物的辩证法，正好是循着否定的否定法则进行的。原始辩证法对于整个世界的运动和联系，认识了一个蒙昧的轮廓，可是全体的联系并没有在个别的事物获得证明。形而上方法的要求，就是对客观世界的个别现象，作精细的分析和观察，就是对事物的过程有深刻的理解，这便是形式逻辑在历史上的意义，这便是形式逻辑的积极方面。然而形式逻辑虽具有这种要求，可是因为形式逻辑统治的时代，科学还没有非常的发达，事实上还不能根据物质现象的普遍联

---

① 《马克思恩格斯文集》（第 1 卷），人民出版社，2009 年版，第 599～600 页。

② 在《形式逻辑的扬弃》一文中，冯定将唯物辩证法称为"新方法"。

系，来理解物质世界的多样性，这便是形式逻辑的消极方面。"①

在冯定先生看来，形式逻辑即形而上学是从原始辩证法即朴素辩证法达到唯物辩证法的必经途径，它既有积极意义，又有消极意义。

形而上学作为一种常识思维方式，是具有合理性的。冯定援引恩格斯的话，对其积极意义做了分析说明。恩格斯指出："初看起来，这种思维方式对我们来说似乎是极为可信的，因为它是合乎所谓常识的。"② 所谓"常识"，就是普通、平常但又经常、持久起作用的知识。"常识"是来源于经验、依附于经验、适用于经验的人类的"共同经验"。人们的日常生活，正是一种依据"共同经验"、遵循"共同经验"的生活。在这种作为"共同经验"的"常识"中，人们的世界图景得到普遍认同，人们的思想情感得到相互沟通，人们的行为方式得到相互规范。因此，"常识"在人们的日常生活中是"极为可取"的，它对人的存在具有明显的生存价值。而这种"极为可取"的和具有"生存价值"的"常识"，恰恰要求我们遵循"形而上学"的"思维方式"。

另外，形而上学思维方式在19世纪以前"搜集材料"的科学时代也还是有合理性的。冯定指出："形而上方法的要求，就是对客观世界的个别现象，作精细的分析和观察，就是对事物的过程有深刻的理解，这便是形式逻辑在历史上的意义，这便是形式逻辑的积极方面。"③ 在冯定看来，当自然科学需要分门别类地对个别现象精细观察和研究的时候，形而上学的思维方式还是有积极作用的。

既然如此，为什么要反对形而上学的思维方式呢？因为"常识在日常应用的范围内虽然是极可尊敬的东西，但它一跨入广阔的研究领域，就会碰到极为惊人的变故"④。冯定援引恩格斯关于"活动

---

① 贝叶：《形式逻辑的扬弃》，《自修大学》第1卷第13期，1937年7月10日。
② 《马克思恩格斯选集》（第3卷），人民出版社，2012年版，第396页。
③ 贝叶：《形式逻辑的扬弃》，《自修大学》第1卷第13期，1937年7月10日。
④ 《马克思恩格斯选集》（第3卷），人民出版社，2012年版，第396页。

范围”和“研究领域”的区分，向我们提示了“形而上学”这种思维方式的合理性和局限性。恩格斯说："形而上学的考察方式，虽然在相当广泛的、各依对象性质而大小不同的领域中是合理的，甚至必要的，可是它每一次迟早都要达到一个界限，一超过这个界限，它就会变成片面的、狭隘的、抽象的，并且陷入无法解决的矛盾，因为它看到一个一个的事物，忘记它们互相间的联系；看到它们的存在，忘记它们的生成和消逝；看到它们的静止，忘记它们的运动；因为它只见树木，不见森林。"① 所以，当"经验的自然研究已经积累了庞大数量的实证的知识材料，因而迫切需要在每一研究领域中系统地和依据其内在联系来整理这些材料。同样也迫切需要在各个知识领域之间确立正确的关系。于是，自然科学便进入理论领域，而在这里经验的方法不中用了，在这里只有理论思维才管用"②。于是，形而上学的思维方式显然不够用了，恩格斯明确指出："然而对于现今的自然科学来说，辩证法恰好是最重要的思维形式，因为只有辩证法才为自然界中出现的发展过程，为各种普遍的联系，为一个研究领域向另一个研究领域过渡提供类比，从而提供说明方法。"③

　　作为对形而上学思维方式的扬弃，辩证法为什么在人类的自然科学研究由"搜集材料"的科学发展到"整理材料"的科学的时候特别被需要呢？冯定指出，这是因为"新的方法论"（辩证法，笔者注），不但看见全体，并且看见个别，而个别的现象正好是从全体间相互的联系上来了解，来看出其发展情势的。新的方法论，不仅仅是方法，而是认识和实践的一致。新的方法论不承认有离开宇宙观和实践的独立方法。"辩证法是理论和行动的一致，辩证法也告诉我们抽象和具体的一致，偶然和必然的一致，形式和内容的一致，现象和本质的一致，可能和现实的一致，一般和特殊的一致，主观

---

① 《马克思恩格斯选集》（第3卷），人民出版社，2012年版，第791~792页。
② 《马克思恩格斯选集》（第3卷），人民出版社，2012年版，第873页。
③ 《马克思恩格斯选集》（第3卷），人民出版社，2012年版，第874页。

和客观的一致。"①

由此可见，辩证法对"形式逻辑"作为方法论的扬弃，就是要求我们在分析问题时，从具体的、生动的实际出发，坚持世界观和方法论的一致，坚持理论和实践的一致，坚持抽象和具体的一致，更重要的是，要善于把握和分析事物内在的矛盾，把主要的注意力"放在认识'自己'运动的泉源上"②，因为正是事物内部的矛盾性构成事物发展的源泉、动力和实质内容。

（二）辩证矛盾是唯物辩证法的核心

1. 矛盾是唯物辩证法的核心

冯定对矛盾辩证法从其所涉及的重要问题分门别类做了说明。冯定认为，矛盾之所以构成唯物辩证法的核心，是因为以下两点。

第一，矛盾是事物最内在的本质的联系。不管事物是大的还是小的，在其自身当中，就存在对立的双方或者两面；而对立的单方或者一面如果不存在了，那么其他的单方或者一面也就不可能存在了，于是原来这个事物也就改变质态而成为其他的事物了。

第二，矛盾不仅是事物最内在的本质的联系，而且也是事物发展最根本的动力。因为矛盾的双方两面既是对立的又是统一的，所以矛盾的双方两面不可能是"相安无事"的，而是在斗争的，因而出现了运动。任何事物的运动，首先倚靠的就是内在的力量；但任何事物又并不是孤立起来在运动的，而是在运动中又和其他事物相互联系和相互制约的，所以运动的结果就不能不相互转化，使个别的事物都在发生变化，以至于发展而出现新的东西。

总之，矛盾是事物最内在的本质的联系，又是事物发展最根本的动力，所以矛盾规律是辩证规律的核心，是物质世界联系、发展这些最一般的规律相互在起作用的枢纽和关键。

---

① 贝叶：《形式逻辑的扬弃》，《自修大学》第 1 卷第 13 期，1937 年 7 月 10 日。
② 《列宁专题文集 论辩证唯物主义和历史唯物主义》，人民出版社，2009 年版，第149 页。

2. 把握辩证矛盾的具体要求

在冯定看来，要想准确把握矛盾辩证法，必须关注以下八个方面的具体要求。

（1）必须把握矛盾的普遍性

冯定认为，矛盾的现象是在物质世界中普遍存在的。具体表现如下。第一，物质的质量和能量是有限的，这就是质量守恒律和能量守恒律的根据，然而物质的质量和能量又是无限的，于是有限和无限就形成了对立的统一。第二，物质的一般和特殊、概括和个别、全体和分子、抽象和具体、共性和个性，都是既对立又统一，而形成矛盾的。第三，物质的本质是由现象表现出来的，而内容是在形式中存在的。本质和现象，内容和形式，也同样形成了既对立又统一的矛盾。第四，物质的质是多种多样的，但物质不仅有质的差别，也有量的差别；量变的结果会发生质变，而质变的结果又会发生新的量变。量变是在连续中进行的，而质变却表现了事物在联系和发展中的间断；然而没有间断也就没有联系，二者也就形成了既对立又统一的矛盾。第五，运动也是矛盾的，因为运动并不排斥相对的静止，而且静止正好是运动的测量标准。运动倚靠相反的静止而表现出来；于是运动和静止也形成了既对立又统一的矛盾。第六，物质运动形成或者表现为时间和空间；而时间和空间也无疑是既对立而又统一的矛盾。

总之，物质就是矛盾体，物质的运动也矛盾的；平衡和不平衡、稳定和不稳定、联系和分立、联系和间断、质和量、肯定和否定、必然和偶然、原因和结果以及诸如此类，全都是既对立又统一而形成矛盾的。

（2）必须了解矛盾性质的多样性

冯定认为，从性质上区分，矛盾有对抗性矛盾和非对抗性矛盾。对抗性的矛盾，是从物质利益直至思想情绪都不可调和而且无从妥协的矛盾，是内容和形式都具有尖锐的对抗性的矛盾，是人类社会出现了阶级才出现的矛盾。对抗性矛盾的实质是对立阶级的矛盾，是奴隶主阶级和奴隶阶级的矛盾，是地主阶级和农民阶级的矛盾，是资产阶级和无产阶级的矛盾。对抗性的矛盾，从其性质来说，是不可能转变为非对抗性的，而且一般总是要发展而表现为冲突的；不过在特殊的情况和条件下，不管其内容多么对抗，但在斗争的形式上也可能是比较温和而不表现为冲突的。

（3）必须关注矛盾的特殊性

冯定认为，矛盾是有特殊表现的。为什么这个事物是这样在生存和发展，而那个事物又是那样在生存和发展，是必须找出这个事物或者那个事物最内在的矛盾来说明的。生物界的规律是不完全适合人类的；而人类这样的高级生物的生存和发展规律更是不适合生物界的。生物界有自然淘汰的规律，也有弱肉强食的规律，这些是不适合有理性的人类社会的，更是不适合科学业已日益昌明而生产力业已日益改进和提高的人类社会的；然而生物界决不会有人类阶级矛盾这样对抗性的矛盾。

（4）必须坚持内因和外因的辩证统一

冯定认为，内因与外因是辩证统一的。事物在发展中，总是有内外矛盾交错在起作用的。内因是发展的决定因素；但事物总是在一定的条件中存在，因而事物在外在条件影响下可能使发展成为正常或不正常的，所以外因有时也会起重大作用甚至带决定意义。

（5）必须特别注意矛盾斗争的绝对性

冯定指出，矛盾是绝对的。矛盾，说明事物都在自身中就有对立而统一的双方两面；矛盾的双方两面，既有差别性，又有同一性；差别，所以对立；同一，所以统一。差别和对立，同一和统一，都是有同样的意义的；不过差别和同一仅是在比较异同，不及对立和统一更能说明双方两面在矛盾体中的关系罢了。本来构成世界和社会的事物，总是有差别而没有绝对同一的，有同一而没有绝对差别的。

矛盾的双方两面，是在事物的自身中，所以更是差别中有同一，同一中有差别，不会是绝对差别或者绝对同一的。矛盾的双方两面，是经常发生斗争的。矛盾在统一中呈现平衡状态，只是表面现象，是暂时的，相对的；但在统一中的斗争，却是长期的，绝对的。

（6）矛盾是分主次的

冯定指出，矛盾的双方两面中总是有主导方面的。矛盾是对立的双方两面的统一，因而就不能没有斗争；但是双方两面在斗争中所起的作用可并不是一模一样的，因而也并不是完全势均力敌的，而总是有主导方面在起主导的作用的；不过有的主导方面是比较固定的，而有的主导方面是在变化和发展罢了。当然，主导方面和非主导方面，自也会因时间、地点和条件的改变而改变。主导或者不是主导，还是要在具体的矛盾中根据时间、地点、条件而去分析。

（7）必须理解矛盾解决形式的多样性

冯定认为，矛盾的解决，是矛盾的对立双方两面斗争的结果；但矛盾的斗争是怎样在进行的，不仅决定于矛盾的性质，而且也受时间、地点和其他各种条件的影响；所以矛盾的具体解决方式和道路是多种多样而各有不同的。

（8）必须把矛盾和人类实践结合起来考察

冯定认为，人的实践首先就是发现矛盾和解决矛盾。我们在实践中，首先就要发现矛盾和解决矛盾；因为这正是改造世界的关键。这是冯定论述矛盾辩证法思想的特色。在冯定看来，矛盾是事物最本质的东西；所以发现矛盾和认识事物是一样的。

二　对资产阶级共同性格和特殊性格的辩证分析

（一）问题的缘起

1951 年下半年，为了支援抗美援朝战争，加速经济的恢复，中共中央提出了"精兵简政、增产节约"的方针，并开展了反贪污、反浪费、反官僚主义的"三反"运动。从 1952 年初开始，在"三反"运动不断深入的情况下，全国各大城市中开展了"五反"运动，通过广泛发动群众，对资产阶级的"五毒"违法活动进行了坚决的揭露和斗争。这是一场关系国家前途命运的政治斗争。在运动的指导思想上，党中央强调要按照《共同纲领》办事，要掌握一条政治界限，就是违法不违法。民族资产阶级在《共同纲领》范围内发展，是合法的，离开了这个范围，就是不合法。毛泽东同志指出："在现阶段，允许资产阶级存在，但须经营有益于国家人民的事业，不犯'五毒'，这就是工人阶级对于资产阶级领导，也就是《共同纲领》所规定的。"① 但是在运动的高潮中，党内的部分同志没有很好地领会中央的政策，模糊了对民族资产阶级的正确认识，只看到资产阶级消极的一面、反动的一面，认为资产阶级已经没有存在的必要，从而在思想上再次产生了"左"的倾向，主张趁运动之机消灭资本主义。《学习》杂志于 1952 年 2～3 月发表的一些文章也反映了这种倾向。

毛泽东认为《学习》杂志 1952 年第 2 期、3 期上的这几篇文章"犯了性质非常严重的错误"。而此时，上海《解放日报》于 1952年 3 月 24 日发表的冯定写的《学习毛泽东思想来掌握资产阶级的性格并和资产阶级的思想进行斗争——读〈毛泽东选集〉的一个体会》一文提出了不同的观点，冯定提出了"反击资产阶级的进攻并非完全摈斥资产阶级"这一根本性的观点。这篇文章引起了毛泽东极大的关注，他认为冯定这篇文章的观点是基本正确的，要求在四月的《学习》杂志上予以转载。② 《学习》杂志对冯定的文章做了修改后在 1952 年第 4 期上以《关于掌握中国资产阶级的性格并和中国资产阶级的错误思想进行斗争的问题》为题目进行了转载，并加了"编者按语"："《学习》杂志本年第一、二、三期内，有些同志的文章，在资产阶级的问题上，犯了片面性的错误。冯定同志这篇文章曾发表在上海解放日报，我们认为这篇文章的观点基本上是正确的。"

---

① 《毛泽东文集》第 6 卷，人民出版社，1999 年版，第 236 页。

② 《建国以来毛泽东文稿》（第 3 册），中央文献出版社，1989 年版，第 377 页。

三十年后，冯定先生在 1983 年的《哭冶方》一文中回忆起这篇文章的写作时曾这样说道："1952 年我写的那篇分析中国资产阶级的文章，一方面是自上海的'三反''五反'运动中取得的感性认识，另一方面就是在学习俄文的过程中重温了马列的俄文文献以及毛主席著作所得到的启发。"① 可以看出，正是由于注重从实际出发，注重理论和实践的结合，注重马克思主义的灵活应用，冯定先生才对民族资产阶级的性格做了恰如其分的辩证分析。在文章中，冯定分析了资产阶级的共同性格和特殊性格，分析了资产阶级在不同的历史条件下的不同作用，分析了中国民族资产阶级在中国革命的各个时期的不同表现，分析了中国民族资产阶级的不同部分，阐述了中国民族资产阶级的两面性及对民族资产阶级的斗争策略。

（二）　冯定对资产阶级性格的辩证分析

在《关于掌握中国资产阶级的性格并和中国资产阶级的错误思想进行斗争的问题》一文中，冯定以矛盾的普遍性和特殊性为分析武器，详细阐明了资产阶级的共同性格和中国民族资产阶级在中国革命的各个不同时期的特殊性格。冯定指出："资产阶级作为阶级来说，不论何时何地，彼此的性格总是共同的。但同是资产阶级，在初期和后期是有区别的；同是在后期，在资本主义国家与在殖民地半殖民地国家是有区别的；同是在殖民地半殖民地国家，在革命胜利前与在革命胜利后是有区别的；此外，各种类型的资产阶级，也同样在其共同的性格中又各有其特殊的性格。"②

在冯定看来，资产阶级的共同性格表现在三个方面。第一，从本性追求来看，资产阶级都以追求剩余价值为唯一目的。马克思揭示出"生产剩余价值或赚钱，是这个生产方式的绝对规律"③。资本作为一个有机整体，拥有一种特殊的"主观意志"，即作为内在动力推动着资本主义的运动和发展。"资本作为财富一般形式——货币——的代

---

① 　冯定、袁方：《哭冶方》，《人民日报》1983 年 8 月 15 日。

② 　《冯定文集》（第 2 卷），人民出版社，1989 年版，第 1～2 页。

③ 　《马克思恩格斯文集》（第 5 卷），人民出版社，2009 年版，第 714 页。

表，是力图超越自己界限的一种无限制的和无止境的欲望。"① 第二，从形成过程来看，资产阶级都是以血污起家，同时也是有其历史光荣的。正如马克思所指出的："美洲金银产地的发现，土著居民的被剿灭、被奴役和被埋葬于矿井，对东印度开始进行的征服和掠夺，非洲变成商业性地猎获黑人的场所——这一切标志着资本主义生产时代的曙光。"② 第三，从发展趋向来看，资本主义世界里的资产阶级革命性逐渐淡薄与丧失而走向反革命。冯定认为，在资本主义世界里资产阶级革命性的逐步丧失是由其阶级利益所决定的，也是历史事实所证明的。

在分析了整个资产阶级的共同性格之后，冯定以"矛盾分析法"为方法论指导，着主要笔墨阐述了中国资产阶级的特殊性格。按照毛泽东在《矛盾论》中对矛盾特殊性的分析："任何运动形式，其内部都包含着本身特殊的矛盾。这种特殊的矛盾，就构成一事物区别于他事物的特殊的本质。"③ 毛泽东同志结合大量的实例指出，研究矛盾的特殊性必须注意"各个运动形式在各个发展过程中的矛盾，各个发展过程的矛盾的各方面，各个发展过程在其各个发展阶段上的矛盾以及各个发展阶段上的矛盾的各方面"④。这一分析在方法论上告诉我们，要认识矛盾的特殊性，首先，必须从矛盾的具体性上进行分析，着重研究一事物与他事物质的区别，以便更好地把握事物的特殊本质。其次，要从矛盾的各个方面进行分析，着重了解它们每一方面各占何种特定的地位，各用何种具体形式和对方发生相互依存又相互矛盾的关系。最后，还要从运动发展上去分析，着重研究同一事物在其发展过程中的不同阶段上的特殊性。正是秉承对矛盾特殊性的具体分析这一重要思想，冯定对中国资产阶级的特殊性格进行了详细的阐述。

---

① 《马克思恩格斯全集》（第 30 卷），人民出版社，1995 年版，第 297 页。
② 《马克思恩格斯文集》（第 5 卷），人民出版社，2009 年版，第 860 ~ 861 页。
③ 《毛泽东选集》（第 1 卷），人民出版社，1991 年版，第 308 ~ 309 页。
④ 《毛泽东选集》（第 1 卷），人民出版社，1991 年版，第 317 页。

关于中国资产阶级的特殊性格，冯定认为，第一，与资本主义世界里的资产阶级丧失革命性不同，半殖民地半封建国家里的资产阶级还有一定的革命作用。第二，中国资产阶级在革命的各个阶段其性格表现也不尽相同。中国的资产阶级在 1927 年的革命紧急关头动摇叛变，但中国的民族危机又迫使资产阶级"败子回头"，而抗日战争后官僚资产阶级与民族资产阶级终于分道扬镳了；解放后不久资产阶级竟又"得意忘形"乃至"以德报怨"，在此情况下反击资产阶级的进攻是必要的，"可还不是要立即消灭资产阶级"；资产阶级的"五毒"思想危害社会主义的建设事业，因此，必须贯彻防腐和消毒的工作。

冯定正确分析了新中国成立后资产阶级在政治上经济上的两重性，指出他们的积极方面是能够为了合法的利润而进行对国计民生有利的经济活动，并参加反帝反封建的运动，而消极方面除了对革命敌人还残留有软弱动摇的本性外，就是"五毒"活动，乃至不惜损害国家的利益与人民的利益。冯定还进一步认识到资产阶级思想也是具有两面性的，其积极的一面就在于真实地拥护工人阶级的领导，遵守共同纲领或宪法，这一正确思想可以使资产阶级在政治上经济上更加发挥其积极的一面而去除其消极的一面，认识到这样做对国家民族有利，对自己也有利。

对民族资产阶级两面性的全面正确分析，正如冯定指出的，"既没有贬抑资产阶级，也没有迁就资产阶级，而正是对整个国家和全体人民现在和将来的利益都相符合的"[1]。

中国革命的重要特点之一，就是中国的工人阶级总是同中国的民族资产阶级关联着的，新中国成立后如何正确认识民族资产阶级的特点，如何正确开展同民族资产阶级的斗争，是迫切需要妥善解决的重大理论问题和实践问题。面对当时理论界的模糊认识甚至"左"的思想倾向，冯定坚持独立思考，正确分析了民族资产阶级在

---

[1]　《冯定文集》（第 2 卷），人民出版社，1989 年版，第 30 页。

新中国成立初期仍然具有的两面性特点，反映了民族资产阶级在新中国成立初期的客观实际，全面领会了党对待民族资产阶级的一贯政策，在明确提出要反击资产阶级猖狂进攻的同时，深刻指出了"可还不是要立即消灭资产阶级"这一党的一贯政策主张。冯定在这一问题上的重要贡献就在于他正确地以毛泽东思想为指导，认真思考并大胆提出了关于中国资产阶级的性格特点及同中国资产阶级进行斗争的正确思想，这在当时产生了重大而深刻的影响，他分析这一问题的应用性矛盾辩证法思想在今天依然具有重要的现实指导意义。

三　对过渡时期无产阶级和民族资产阶级矛盾性质的辩证分析

（一）问题的缘起

新中国成立后，在打倒了地主阶级和官僚资产阶级之后，中国国内的主要矛盾就是工人阶级和民族资产阶级的矛盾。如何正确认识这一对矛盾的性质，在 1953 年以后具有重要的现实意义。在社会主义改造即将顺利完成之际，很多学者于 1956 年 8 月到 1957 年 2 月间先后在《大公报》、《人民日报》、《光明日报》、《哲学研究》以及《新建设》等发表了不少文章来讨论这个问题。中国科学院哲学研究所和《哲学研究》杂志编辑部曾在 1956 年 10 月召开了一次规模较大的座谈会，会后由科学出版社于当年 12 月出版了《中国过渡时期资产阶级与工人阶级矛盾性质问题讨论专辑》一书。

关于工人阶级和资产阶级矛盾的性质问题，当时理论界大致有三种意见。

第一种意见认为，矛盾的性质是对抗性的。这种意见以冯定和艾思奇为代表。这种意见认为，工人阶级和资产阶级的矛盾，根据矛盾的最内在的本质来说，自始至终总是带有对抗性质的。全行业公私合营，使资本主义起了含有根本意义的变化，但是定息终究还是根据资产阶级对生产资料的所有权而来的，所以，这里不仅还存在矛盾，而且矛盾还是带有对抗性质的。当时多数人表示基本上同意这种观点。

第二种意见认为，矛盾的性质是非对抗性的。这种意见以关锋为代表。他提出：在过渡时期，我国工人阶级同民族资产阶级的矛盾基本上是非对抗性的，局部的对抗是一种补充。①

第三种意见认为，矛盾具有两重性。以李学昆、马仲扬、丁伟志为代表。他们认为，中国民族资产阶级和工人阶级之间的关系，和其他国家的资产阶级和工人阶级的关系一样，是剥削与被剥削的关系，是阶级利益相互对抗的两个阶级之间的关系，所以它们之间的矛盾就具有对抗性。另外，它们之间有着中国社会条件下所形成的、与其他国家的资产阶级和工人阶级的关系不完全一样的特殊关系，这就是它们之间由于具有反帝、反封建以及发展国民经济的共同利益，长期存在统一战线的联盟关系，这种情况，就使得它们之间的矛盾又具有非对抗性。②

（二）冯定对无产阶级和资产阶级矛盾性质的辩证分析

针对有人认为如果"当前的阶级斗争仍带有对抗的性质，那么就好象是工人阶级和资产阶级间的矛盾，在全国人民的生活中仍必居在主要矛盾的地位……斗争就必定是越来越激烈和越来越尖锐的"③ 这一看法，冯定指出，如果以这样的假设为前提，在理论上就会陷入"两难"，要么就承认当前的阶级斗争已不再带有对抗的性质，要么就承认当前的阶级斗争还是越来越激烈和越来越尖锐，此

---

① 关锋：《论对抗》，《人民日报》1956 年 9 月 13 日；《再论对抗》，载于《中国过渡时期资产阶级与工人阶级矛盾性质问题讨论专辑》一书。转引自黄楠森等主编《马克思主义哲学史》（第 7 卷），北京出版社，1989 年版，第 162 页。

② 李学昆、马仲扬、丁伟志：《论我国民族资产阶级和工人阶级矛盾的两重性》，《人民日报》1956 年 11 月 5 日；《再论中国民族资产阶级和工人阶级矛盾的二重性》，载于《中国过渡时期资产阶级与工人阶级矛盾性质问题讨论专辑》一书。转引自黄楠森等主编《马克思主义哲学史》（第 7 卷），北京出版社，1989 年版，第 162 ~ 163 页。

③ 《冯定文集》（第 2 卷），人民出版社，1989 年版，第 93 页。

外就没有别的选择了。"事实是：承认前者也好，承认后者也罢，都是不妥的。"① 在冯定看来，要正确认识社会主义改造时期（过渡时期）我国工人阶级和资产阶级之间矛盾的性质，必须结合中国资本主义在发展过程中的条件及其性质变化来说明。

冯定认为，资本主义最本质的特性，就是生产剩余价值；而表现在阶级关系上，就是资产阶级因占有生产资料而占有剩余价值，对工人阶级实行剥削。因此，在自由竞争条件下，资本就会"漫无限制地来实行投机、实行追求最大限度的利润"②。然而，中国资本主义处于国际资本主义进入垂死阶段的帝国主义时期，这就已决定了中国资本主义在发展过程中的非正常性。这种非正常性的集中表现，就是中国资本主义在发展过程中发生的局部的、阶段的质变。"虽然中国资本主义在发展过程中发生局部的、阶段的质变，然而只要质变尚未最后完成，虽然整个国家资本主义企业的变化已经出现了决定性的步骤，但是国家资本主义本来就是社会主义经济成分和资本主义经济成分合作的特殊形式，所以，只要其中还有资本主义那一部分的残余，资本主义终究还是资本主义。"③ 据此，冯定认为，既然是资本主义，资产阶级就还凭借对生产资料的所有权对工人阶级的剩余价值进行剥削，因此，资产阶级和无产阶级之间不仅还存在着矛盾，而且矛盾还是带有对抗的性质的。

为了进一步阐明工人阶级和民族资产阶级矛盾的性质，还必须对与此有关的问题做一番梳理，为此冯定对剥削与否与矛盾的性质问题、矛盾的斗争形式与矛盾的性质问题、和平转变与党的主观能动问题、阶级矛盾的对抗性质与实践的利害关系问题这四个有争论性的问题做了专门分析。

第一，剥削与否与矛盾的性质问题。有人认为，对资本主义工商业的改造已经取得了决定性的胜利，就不应再拿剥削不剥削来说

---

① 《冯定文集》（第2卷），人民出版社，1989年版，第93页。
② 《冯定文集》（第2卷），人民出版社，1989年版，第96页。
③ 《冯定文集》（第2卷），人民出版社，1989年版，第100页。

明矛盾的性质是对抗的或不对抗的。冯定认为这种说法是不妥当的。因为"决定工人阶级和资产阶级的矛盾带有对抗性质的，就是剥削和被剥削关系这一最内在的本质；只要这一本质的东西没有完全消灭，那么这一矛盾的性质也还是当做区别事物的质而存在的"①。因此，只要资本主义的质变没有完成，就还存在着剥削和被剥削的关系，因而这种对抗性质的矛盾还是存在的。只有"定息宣布取消了，公私合营企业不再叫公私合营企业而叫社会主义企业了，而资本家的'帽子'也可以摘去了，这才使这种带有对抗性质的矛盾最后解决"②。

第二，矛盾的斗争形式与矛盾的性质问题。有人认为，正因为在社会主义改造的过程中，我国资产阶级和无产阶级的矛盾斗争的形式是和平的，所以可以说明矛盾斗争不是带有对抗性质的。冯定认为，这种说法不但是不妥当的，而且是有害的。这是因为，形式虽可影响性质，但这种性质的变化并不就是整个矛盾由旧的而成为新的了。如果按照斗争形式决定矛盾性质的说法，"那么工人阶级和资产阶级之间的剥削和被剥削的矛盾或关系，从其性质来说，只要工人阶级不进行反抗就不是对抗的了"③。事实上，对抗性质的矛盾，既可以通过对抗形式来解决，也可以通过和平方式来解决，通过对抗形式来解决，这是一般的；通过和平方式来解决，这是特殊的。无论如何，是矛盾的性质决定了解决矛盾的形式，而不能根据斗争形式来判定矛盾的性质。

第三，和平转变与党的主观能动问题。有人认为我国实现向社会主义的和平转变，是客观决定的，不应强调中国共产党的主观作用。冯定认为"这是极有危害的似是而非的说法"④。毫无疑问，客观决定主观，我国社会主义改造的实现，首先是由国际国内的情势和历史的发展来决定的，然而，社会主义改造能顺利并且迅速展开，

---

① 《冯定文集》（第 2 卷），人民出版社，1989 年版，第 130 页。
② 《冯定文集》（第 2 卷），人民出版社，1989 年版，第 101 页。
③ 《冯定文集》（第 2 卷），人民出版社，1989 年版，第 102 页。
④ 《冯定文集》（第 2 卷），人民出版社，1989 年版，第 107 页。

主观能动性的发挥起了非常大的作用。在一般情况下，对抗性质的矛盾用对抗的斗争方法和形式来解决，这是没有什么可以惊奇的。"中国共产党领导的英明和引起世界人士惊奇的，正是发挥了主观能动作用……用非常和平的方法和形式来解决资产阶级和无产阶级这个性质逐渐已在改变而本质上终究还是对抗性质的矛盾。"①

第四，阶级矛盾的对抗性质与实践的利害关系问题。有人认为，说当前的阶级矛盾是带有对抗性质的矛盾，将对实践不利。冯定认为，这种说法是片面的，他分析了持这种观点的原因：中国资产阶级本身在经济上的薄弱和政治上的软弱，从来就是害怕说其和工人阶级两个对立阶级的存在的，他们对于阶级斗争是特别忌讳的，因此，如果说当前阶级矛盾和斗争的性质还带有对抗性质就会触犯资产阶级分子，从而对实践有害无益。冯定认为，其实这是过虑，认为"只要大家明白工人阶级和资产阶级的矛盾虽是带有对抗性质的矛盾，但是这种矛盾的性质在中国特殊情况下是逐步有所改变的，就可以而且应该不采取对抗的斗争形式；只要大家明白这种对抗性质的矛盾多少尚有残留，已绝不妨碍工人和资本家间彼此根据互助合作的精神来共事和相处；那么从本质上指出这种矛盾斗争的性质还是带有对抗性质的，对于最后完成社会主义的改造事业，对于每个资产阶级分子的思想以及作风等等的改造，难道还有甚么害处而没有甚么益处么？"② "中国工人阶级既以资产阶级为朋友，甚至认为阶级中的每个分子都有可能改造而成为自食其力的劳动者，同工人同样成为国家最可宝贵的财富，本来就是应该'推诚相与'、'无话不说'的。"③

综上所述，冯定认为，中国资本主义的发展自始至终是不正常的；其发展条件是在变化的，其性质也是受了条件的影响而在变化的。"但是至今为止，当做资本主义的本质，阶级和阶级的剥削关

---

① 《冯定文集》（第2卷），人民出版社，1989年版，第108～109页。
② 《冯定文集》（第2卷），人民出版社，1989年版，第112页。
③ 《冯定文集》（第2卷），人民出版社，1989年版，第112页。

系，尚未最后完成质变。"①因此，即使在过渡时期，工人阶级和资产阶级之间的矛盾和斗争还是带有对抗性质的，但解决形式则完全可以而且应该通过非常和平的形式。

四　对新民主主义社会过渡性特征的辩证分析

在社会的历史演进中，一般来说，生产关系的急剧变革往往会伴随对社会生产力不同程度的破坏。而在中国这个几亿人口的大国，完成消灭资本主义私有制这样深刻的变革，一是在保证国民经济基本稳定发展的情况下完成的，二是在得到人民群众基本普遍拥护的情况下完成的。无论如何这是一件具有伟大历史意义的事情。因此，从理论上阐发这一过渡的特点，对于深化认识，丰富和发展马克思主义理论，都是必要的。为此，冯定在1957年发表了《中国在过渡时期的辩证发展》一文，在理论上做了较为系统的总结。

中国自1949年10月1日宣告中华人民共和国成立起，就已经开始走向社会主义社会的过渡时期。中国的这个过渡时期，充满着复杂而深刻的矛盾，形成了具有诸多特点的辩证发展过程。冯定指出，"中国过渡时期在辩证发展中的特点，是和中国从社会上来说和从历史上来说的许多特点有密切联系的"②。从社会来说，新中国成立以前，社会从整个来说是半殖民地半封建社会；从历史上来说，中国工人阶级领导了一场反帝反封建的资产阶级民主主义性质的革命。然而，中国工人阶级必须领导两种性质的革命，即先是资产阶级民主主义性质的革命，后是无产阶级社会主义性质的革命。因此，当中国共产党领导的资产阶级民主性质的革命取得胜利的时候，这种过渡就开始了。

中国过渡时期的辩证发展，实质上是社会主义因素在和非社会主义因素的斗争中生长壮大的过程，具体表现在经济、政治、思想

---

① 《冯定文集》（第2卷），人民出版社，1989年版，第114页。
② 《冯定文集》（第2卷），人民出版社，1989年版，第209页。

和党的领导这四个方面，冯定对这四个方面都做了辩证分析。

第一，从经济方面来说，中国在过渡时期的经济基础，就是社会主义经济基础在和非社会主义经济基础斗争中而生长壮大的过程，也就是社会主义经济基础辩证发展的过程。社会主义经济成分的发展壮大，是以国营和合作社营企业的发展为主导的，并使非社会主义经济成分，如资本主义经济和农业、手工业的个体经济除少数不利于国计民生的逐渐被淘汰外，也改造为社会主义经济成分。

第二，从政治方面来说，就是工人阶级和民族资产阶级这一本来带有对抗性质的矛盾，由于资产阶级中大多数人觉得中国走向社会主义是"大势所趋"，接受国家对资本主义工商业的和平改造政策，就逐渐转化为非对抗性的了。因此，"中国在过渡时期政治力量的消长，正是社会主义力量迅速趋向优势以至压倒优势的一个过程"①。

第三，从思想方面来说，就是通过扫盲，通过各种形式的文化教育和政治教育，把农民和手工业者从闭塞中解放出来，从而逐渐接受社会主义思想；就是在"坚持民族独立和民主自由"这一中国工人阶级和民族资产阶级的共同的要求的基础上，对民族工商业实行社会主义改造的同时，也对民族资产阶级进行思想改造，让他们放弃剥削思想，使他们成为自食其力的劳动者。

第四，从党的领导方面来看，就是以中国共产党为代表的社会主义领导意志的发展过程。党的领导，对于过渡时期具有决定性的意义和作用。冯定认为，中国在过渡时期的中心问题，是社会主义和资本主义"谁战胜谁"的问题，这就要求不仅在经济上、政治上而且还要在思想上全面战胜，而这一全面战胜取得胜利的关键，就是党的领导。因为只有党的领导，才能使人民不断认识错综复杂的客观形势，才能使人民有明确的方向，才能使人民懂得情势发展的各种可能，从而用自己的力量来争取实现最好的可能性和避免最坏的可能性。

---

① 《冯定文集》（第 2 卷），人民出版社，1989 年版，第 218 页。

总之，冯定对中国在过渡时期发展特征的辩证分析，蕴含着理论和实践相统一的哲学智慧，闪耀着具体问题具体分析的理论光芒，绽放着全面联系和系统分析的辩证花朵，是结合时代问题灵活运用唯物辩证法的典范，其方法论意义远比结论本身更为重要，永远值得我们学习、研究和运用。

五　对人才培养"红与专"关系的辩证分析

1957 年 1 月，冯定由毛泽东同志提名调北京大学任哲学系教授；1958 年 4 月，冯定经北京大学校长兼党委书记陆平提名并报上级批准，任北京大学党委副书记。冯定结合高等教育管理的实践经验，对人才培养中"红"与"专"的关系做了辩证分析。

首先，冯定对"红"和"专"的具体要求做出了明确界定。他指出："高等学校的培养目标，正是使学生成为有共产主义觉悟的社会主义建设人才。红所要求的，首先正是政治立场，渐及于共产主义的道德品质和无产阶级的世界观、方法论等等。专所要求的，正是技术能力，广义些说，也包括阅读能力、钻研能力和表达能力等等。所以，从社会主义建设需要各种不同的专门人才出发，红和专二者不仅不能偏废，而且是同一的，统一的。"① 在冯定看来，"红"是政治要求，主要包括政治立场、道德品质和科学的世界观等三个方面；"专"是业务要求。对人才培养来说，二者都是非常重要的，不可偏废。

其次，冯定详细阐述了"红"和"专"的辩证关系。冯定认为，红和专是相互渗透、相互影响、不能分离的。"红是方向，好像指路明星，照耀在专的各个方面。换言之，红是由专表现出来的。"② 所以，不论从事自然科学还是从事社会科学，红都得坚守。但正如对任何问题的把握都有个"度"一样，"红"与"专"的辩证关系，也需要有一个适度的把握。为此，冯定认为："红，对专的关系来说，是

① 《冯定文集》（第 2 卷），人民出版社，1989 年版，第 268～269 页。
② 《冯定文集》（第 2 卷），人民出版社，1989 年版，第 269 页。

应该以质为主的；任何的专，都应该以这个质为指导，为目标。专，虽其各门类、各方面各有不同的质，而且每种专业的教学质量正是要求不断提高的，但对红的关系来说，是以量为主的。这就是说，红作为指导和目标，是应该集中有力的，明确而坚定的；而专则是有许多的门类和许多的方面的。"① 这就是冯定提出的"红以质为主和专以量为主"的重要观点。对此，冯定举划船的事例做比喻进行了形象说明。划船，就得有人掌舵，有人划桨。要使船向预定的目标迅速前进，掌舵和划桨都是需要而不能分离的。舵掌得不好，划桨越使劲甚至越会离开目标；划桨的人太少，劲太小，舵掌得再好也难以迅速前进。掌舵是重要的，但并不需要每个人都去掌舵；所以其重要性是从质的方面来说的，而不是从量的方面表现出来的。然而只有好的掌舵而没有众多的手在划桨，也是完全行不通的。

　　再次，冯定对"红"与"专"关系问题的两种误解做了回应。第一种错误观点，认为红即是专。对此，冯定认为，红以导专，并非红即是专。"将学业中的学术问题，必须从政治和学业的联系中再区别开来。学术，直接、间接和政治总是有联系的，和世界观方法论更是有联系的；然而对学业的进取来说，将学业和政治，和世界观、方法论等，因其有某种联系而完全混淆起来，是有弊无利的，而从其联系中又区别开来，却是有利无弊的。"② 因此，一方面不应将学术和世界观、方法论完全等同起来，更不应和政治等同起来；另一方面也不应将旧体系轻易推翻，因为要推翻旧体系而建立新体系，不但对旧体系必须首先彻头彻尾认识其缺陷，而且对新体系也经过反复的思考和验证，这才有可能拿新的去补充或修改旧的，以至于拿新的体系去替代旧体系。因为知识是累积起来的，如果将学术问题和政治问题和世界观、方法论等同起来而混淆，那么对前人已经积累起来的知识，就会因不同意其政治立场或不同意其世界观、

方法论，而将其丰富的知识或独特的学术见解，也抛弃不顾了。正如列宁所批判费尔巴哈的，在泼掉唯心主义脏水的同时，连生动活泼的辩证法婴儿也一并泼掉了，这显然是不足取的。第二种错误观点，认为专即是红。在这种观点看来，最重要的政治标准是明确的，即服从党的领导，赞成社会主义。这种观点认为，"只要政治上服从党的领导和赞成社会主义，在党的领导下从事业务，记住了定律和公式，掌握了资料，会运算和操作，那么对时事问题和政策问题不感兴趣，不参与任何政治活动和社会问题，也没有不是又红又专的了"①。对此，冯定认为，对于青年人才的培养来说，为了红，我们除了政治课以外，还得关心时事，注意政策，阅读报纸和有关文件，而且还得从事劳动，从事实际的社会活动和政治活动。在冯定看来，"红，不仅在于懂得一些革命的理论，而且更重要的是要培养起一股政治热情"②。应当说，冯定的这些思想，即使对今天高校加强思想政治理论课的建设来说，都是具有重要理论指导意义的。

最后，冯定认为"红"与"专"的关键在世界观。世界观和方法论，是和政治既有区别又有联系的，也是和学术既有区别又有联系的。政治首先要求立场正确。立场问题，就是要有正确的世界观。"有了正确的世界观和方法论，就能使我们较易去探索和认识历史发展的必然规律，革命和建设的规律；不断增强分析时事和掌握政策的能力，使我们遭遇任何的政治风暴也不致迷失方向；不断增强斗争、工作的能力，使我们在斗争和工作中能够经常正确地总结经验，接受教训，减少挫折，减少错误。当我们有了正确的政治立场后，正确的世界观和方法论能使这种立场更加坚定，更加巩固。"③ 在冯定看来，世界观作为连接政治立场和学术态度的枢纽，是把二者统一起来的关键，因此，高等教育要想培养"又红又专"的人才，就必须加强正确的世界观和方法论教育。

---

① 《冯定文集》（第2卷），人民出版社，1989年版，第277页。
② 《冯定文集》（第2卷），人民出版社，1989年版，第279页。
③ 《冯定文集》（第2卷），人民出版社，1989年版，第279~280页。

第五章

以真理为核心的认识论

黑格尔说过："真理是一个高尚的名词，而它的实质尤为高尚。只要人的精神和心灵是健康的，则真理追求必会引起他心坎中高度的热忱。"① 其实，真理既是高尚的，也是平凡的。因为它涉及我们生活的一切领域，从繁星密布的苍穹到人间的衣食住行，从茹毛饮血的原始生存到信息科技的现代文明，可以说处处有它的身影。人类活动的每个领域，每门科学都有它的真理，研究众多不同领域真理的内容，是各门具体科学的事业。在认识论的意义上，真理观其实是研究人的思想能否表达客观规律、人的思想如何表达客观规律，以及怎样检验思想的真理性等问题。

冯定的一生，是追求真理的一生。他的真理观，集中体现在《青年应当怎样修养》、《平凡的真理》和《人生漫谈》等著作中，他着重考察了真理的本性、真理的产生、真理的认识过程、真理的检验标准等问题，因其角度的独特和论域的宽广而形成了独具特色的以真理为核心的认识论。

---

① 〔德〕黑格尔：《小逻辑》，贺麟译，三联书店（北京），1954 年版，第 7 页。

一　冯定对真理属性的三重考察

列宁指出："有没有客观真理？就是说，在人的表象中能否有不依赖于主体、不依赖于人、不依赖于人类的内容？"[1] 马克思主义对这个问题的回答是肯定的，即认为真理中包含着不以人和人类的意志为转移的客观内容。在坚持马克思主义客观真理论的基础上，冯定对真理的属性进行了考察和阐述。

（一）历史观维度：真理是平凡的

在 1949 年新中国书局发行的《平凡的真理》"前言"中，冯定首次对"为什么说真理是平凡的"做了说明。冯定指出："真理就是真理好了，为什么又叫做平凡呢？要答复这个问题，首先就得说明，这倒并不是说，只是我这里写的才是平凡的真理，而真理本来却是应该不平凡的，而是直截了当的说，真理是和平凡分不开的。"[2] 在冯定生前审定的最后一版即中国青年出版社 1980 年 2 月第三版的《平凡的真理》中，冯定重申了这一观点："真理，并非象有些人所认为的，好像是玄虚的，神秘的，不可捉摸的，没有凭准；都不是的。真理是实实在在的，或者说是平凡的。"[3] 真理之所以是平凡的，原因有二。

第一，真理脱离不了平凡的事物。在冯定看来，真理本来是平凡的，可是人们为什么又把它看作不平凡的呢？这是因为人们首先看轻了平凡的事物，于是变成了"熟视无睹"，看不出什么名堂来。其实真理就是从平凡的事物中出来的，就是"看重了平凡的物，看得透彻些周详些，于是便发现了许许多多的真理，什么渊博的思想，精湛的意见，高深的学问，也都是这样来的。古往今来许许多多科

---

① 《列宁专题文集 论辩证唯物主义和历史唯物主义》，人民出版社，2009 年版，第 28 页。

② 冯定：《平凡的真理》，新中国书局，1949 年版，"前言"第 2 页。

③ 《冯定文集》（第 1 卷），人民出版社，1987 年版，第 173 页。

学的发现和发明，还不是从水沸、火燃、鱼跃、鸟飞等等平凡的现象，从一滴平凡的液体，一颗平凡的石头，一块平凡的金属等等而来的吗？"① 马克思正是从一大堆一大堆最平凡的商品中，发现了人类社会的结构，揭示了人类社会发展的规律。总之，冯定认为，真理是随时随地都有的，脱离了平凡的物而谈真理，就是虚妄的幻象，偏谬的意见，拿"高深"来掩盖其浅陋的假学问，和真理没有丝毫缘分。

第二，真理脱离不了平凡的人。冯定认为，真理"往往和那些不平凡的人或自封自命为不平凡的人没有缘分，而平凡的人心里所想的，嘴里所说的，特别是平凡的人切切实实轰轰烈烈所做的，倒不折不扣的才是真理"②。当然，冯定并不否定伟大人物所创造的伟大业绩，伟大是寓于平凡之中的，是和平凡的事物、平凡的人物分不开的。冯定指出："至于真正伟大的人并不是没有的，可是他们决不自封或自命为伟大，而始终自认为平凡的人，他们拥护众多平凡的人所想的所说的所做的真理，而且为了众多的平凡的人的利益，想得更开展些，说得更实在些，做得更起劲些更有力些，因而也就为众多平凡的人所爱戴；真正伟大的人，是来自平凡的人又归依平凡的人的。"③

总之，真理是跟平凡的事物和平凡的群众分不开的；自命不凡的人，是不易甚至不能认识真理和接受真理的；而真正伟大的人，总是决不轻视或者蔑视平凡的事物和平凡的群众的。因此，真理是平凡的，是实实在在的。

（二）价值观维度：从人类利益出发是决不会减少真理性的

人类认识的直接目的是获得关于事物的正确认识即"真理"，而根本的目的则是以这种正确的认识去规范人的思想和行为，改变世界的现存状态以满足人自己的需要。人对自己需要的满足，既是认

① 冯定：《平凡的真理》，新中国书局，1949 年版，"前言"第 2 页。
② 冯定：《平凡的真理》，新中国书局，1949 年版，"前言"第 3 页。
③ 冯定：《平凡的真理》，新中国书局，1949 年版，"前言"第 3 页。

识的根本动力，也是认识的最终目的。因此，人们追求什么样的真理，怎样去追求真理，如何去看待真理，都与人们的价值观密切相关。

在冯定看来，人的认识和实践"是和为人类谋利益这样的目标不可分割的"①。从人类社会的形成来看，"人类社会的利益本来是整个的；个人的利益或者少数人的利益，和最大多数人的利益是不冲突的。但是在有阶级的社会里，因为个别的人或者少数的人的利益是建筑在大多数人的劳动和苦难上，所以个别的人或者少数的人的利益和大多数人的利益出现了深刻而尖锐的对立"②。致力于实现以劳动人民为主体的最广大人民的利益，是马克思主义最鲜明的政治立场，因此，冯定认为，"对于实践，是只有劳动群众和革命者的行动，才能当之而无愧的"③。马克思和恩格斯也正是从这样的立场出发的，马克思指出："我们的出发点是从事实际活动的人，而且从他们的现实生活过程中还可以描绘出这一生活过程在意识形态上的反射和反响的发展。"④ 我们应当从"从事实际活动的人"，从人的实际生活过程出发去理解真理，而不能抛开"从事实际活动的人"和人的实际生活过程。

从人的实际生活过程出发，我们就会发现，人对世界的认识关系和改造关系，都是"物的尺度"和"人的尺度"的对立统一，是"合规律性"与"合目的性"的对立统一。一种需要并值得人们为之奋斗终生，甚至不惜贡献生命而去争取的真理，是一个神圣而伟大的目标，其中必然体现着人们的某种理想和追求，寄托着人们对于人类莫大的美好期望。因此，冯定指出："从人类利益出发而获得的知识，是绝不会减少真理性的；因为这样的知识是世世代代积累起来的，是在实践中经过累试不爽的考验因而是可靠的。不仅如此，

---

① 《冯定文集》（第 1 卷），人民出版社，1987 年版，第 464 页。
② 《冯定文集》（第 1 卷），人民出版社，1987 年版，第 464 页。
③ 《冯定文集》（第 1 卷），人民出版社，1987 年版，第 466 页。
④ 《马克思恩格斯选集》（第 1 卷），人民出版社，2012 年版，第 152 页。

人类不是凭空想要认识世界，这才认识世界；恰巧相反，认识是由社会物质生活的发展因而才有认识这样的需要来决定的，所以认识实是任何社会必不可少的机能。由此可见，正是因为符合人类利益的物质生活，形成了社会不能不有的认识机能，这才使人类的认识能够符合真理。"①

总之，真理决不违反最大多数人的利益，从人类利益出发是绝不会减少真理性的，这是冯定从价值观维度对真理属性的科学概括。

（三）认识论维度：真理是主观和客观的一致

冯定坚持马克思主义的基本观点：真理是标志主观同客观相符合的范畴，是思维对客观世界的正确反映。真理的现实基础和体现，是实践和认识中主体对客体本质和规律的符合、一致和接近。正如恩格斯所说："辩证的思维，不过是在自然界中到处发生作用的、对立中的运动的反映。"② 在冯定看来，"思想的错误，不论迷信也好，唯心主义也好，以至个别的不正确的观点也好，简单些说，也就是主观和客观的不相符合。所以对于我们来说，怎样使主观和客观符合起来，正是不犯大错误和少犯小错误的重要关键"③。因此，真理不是某种超验的、永恒的理念，不是上帝的属性，不是绝对理念的自我显现，不是观念和主体感觉的符合，不是思维同它的先验形式的一致，不是感觉的最简单的、最"经济的"相互符合，不是观念和行为对人有用的效果，而是揭示主观和客观相一致的哲学范畴。

真理作为标志主客观相一致的哲学范畴，它不是客观事物本身，客观存在的事物自身没有对错之分。真理是人们对客观事物的正确认识，它通过思想、理论的形式，也就是通过概念、判断、推理等逻辑思维形式表现出来。这些形式都是人们主观上所特有的。所以从这个方面来说，真理具有主观性，是一种观念形态的存在。同时，真理又都是客观的，真理的客观性主要包括两层意思。第一，真理

---

① 《冯定文集》（第 1 卷），人民出版社，1987 年版，第 469 页。
② 《马克思恩格斯文集》（第 9 卷），人民出版社，2009 年版，第 470 页。
③ 《冯定文集》（第 1 卷），人民出版社，1987 年版，第 342 页。

的内容是客观的，在真理性的认识中包含着不以人和人类意志为转移的客观内容。第二，检验真理的标准——实践，也是客观的。因此，真理既不是单纯的主观意识，也不是独立自在的客观存在，而是客观内容和主观形式的统一，是二者的一致。

列宁在剖析黑格尔的《逻辑学》时做过这样的分析："逻辑学是关于认识的学说，它是认识论。认识是人对自然界的反映。但是，这并不是简单的、直接的、完整的反映，而是一系列的抽象过程，即概念、规律等等的构成、形成过程，这些概念和规律等等……有条件地近似地把握永恒运动着和发展着的自然界的普遍规律性。"① 因此，如果主观脱离客观，就犯了主观主义的错误。主观主义的态度危害极大，正如毛泽东同志指出的："在这种态度下，就是对周围环境不作系统的周密的研究，单凭主观热情去工作，对于中国今天的面目若明若暗。在这种态度下，就是割断历史，只懂得希腊，不懂得中国，对于中国昨天和前天的面目漆黑一团。在这种态度下，就是抽象地无目的地去研究马克思列宁主义的理论。不是为了要解决中国革命的理论问题、策略问题而到马克思、恩格斯、列宁、斯大林那里找立场，找观点，找方法，而是为了单纯地学理论而去学理论。不是有的放矢，而是无的放矢。"② 冯定认为，不论是"硬套空洞的教条"的"教条主义"还是"死搬狭隘经验"的"经验主义"，其实质都是单凭主观愿望出发的，都是违背了主观和客观相一致的原则导致的。

冯定指出，主观和客观的不一致，甚至会成为迷信和唯心主义这样谬误思想的根源。"要想主观符合客观，首先我们就要防止主观上各种各样因素对思维机能的影响和障碍，这里除了主观成见以外……更重要的是我们必须深入实际；因为只有深入实际，才能探明客观事物的真相，并且使得在我们主观上反映出来的事物尽可能

---

① 《列宁专题文集 论辩证唯物主义和历史唯物主义》，人民出版社，2009 年版，第136 页。
② 《毛泽东选集》（第 3 卷），人民出版社，1991 年版，第 799 页。

符合客观上依照辩证法那样存在的事物。"① 因此，只有深入实际，从实际出发，理论联系实际，实事求是，才能做到主观和客观的一致，才能形成真理性的认识。

二　冯定认识论思想的重要论域

在《平凡的真理》1959 年版"重印附言"中，冯定指出，"当我 1948 年在初写这本小书的时候，的确是想据我所知，将有关辩证唯物主义和历史唯物主义的某些问题，有一条就写一条，前后可以相联也不一定相联。我认为辩证唯物主义和历史唯物主义就是真理，而真理是平凡的，我个人更是极平凡的；平凡的人写平凡的真理，因而就将这些一条一条的东西叫做'平凡的真理'。这是和'真理论'大不相同的"，经过冯定先生 1955 年的大修改后，"从内容和写法来说，都渐具有了'通俗哲学'的规模"②。作为一本"通俗哲学"著作，《平凡的真理》几乎涉及哲学的全部重要问题，用冯定自己的话说，就是首先"认识问题"，其次"世界观问题"，再次"客观规律问题"，最后"实践问题"。在冯定的哲学创作中，我们把他关于真理和认识论重要问题的研究归纳起来，构成冯定认识论的重要论域。

（一）认识发生的自然生理前提

真理作为人们对于客观事物的正确认识，其根源是"脑子对刺激的反应"。"脑子是神经系统的最高中枢，依靠整个神经系统的配合活动，便能反映外界客观事物，具有了意识这样的特殊属性；其中最主要的就是思维。"③ 离开人脑这个神经系统的最高中枢，任何认识都是不能发生的。

为了说明认识发生的自然生理前提，冯定广泛引用了生理学和

---

① 《冯定文集》（第 1 卷），人民出版社，1987 年版，第 343～344 页。
② 冯定：《平凡的真理》，中国青年出版社，1959 年版，"重印附言"第 3～4 页。
③ 《冯定文集》（第 1 卷），人民出版社，1987 年版，第 189 页。

心理学的最新科学成果。神经中枢的脊髓，是灌注在脊椎骨里的；而神经最高中枢的脑髓，是藏在头骨里或者说是藏在脑袋里的。脑子可细分为五部分，就是大脑、间脑、中脑、小脑和延脑。"神经从脊髓和脑髓分布出去，好像大都市里的电话网似的遍及全身；而其末梢都和感觉器官或者有关运动、分泌的机构相连接，好像电话线的连接听话机和说话机。"① 从脊髓分布至躯干和四肢的神经共有三十一对；每对一条在脊椎的左面，一条在脊椎的右面；而每条脊神经在靠近脊髓处又各自分为二支：一支为感觉神经，一支为运动神经。从脑髓分布出去的神经共有十二对：第一对为嗅觉神经，从鼻腔直通大脑皮层下的神经节；第二对为视觉神经，从眼睛进入中脑和间脑；第三对和第四对都从中脑出去，是管理眼球运动的；第五对至第十二对，不是从延脑出去，便是向延脑进来，都和延脑连接，第五对是管理头面皮肤感觉和咀嚼运动的；第六对也是管理眼球运动的；第七对是管理味觉、唾液分泌和面部肌肉运动的；第八对是从耳朵来的听觉神经；第九对和第十对是管理内脏平滑肌的运动和感觉的，而第九对还管理舌根和喉头的感觉和唾液分泌；第十一对是管理颈肩肌肉运动的；第十二对是管理舌的运动的。

通过对人脑构成及其神经系统活动的分析，冯定得出了以下结论：思维是脑子的机能，思维的根源是脑子对刺激的反应。脑子的基本反应是先天的，这是动物和人保持生命的过程中最为必要也是最多反复进行的反射，于是就世世代代遗传下来而成为先天的了；脑子的条件反射是后天的，是由环境的影响而锻炼或者培养出来的。如果说高等动物也有条件反射的话，那么"人有语言，所以在基本反射的基础上，除了一般的条件反射外，尚有语言这样的特殊条件反射；于是脑子的思维机能就完满地形成了。这是人和其他高等动物在脑子的机能上划分界线的主要标志"②。

脑子的机能，从其感受刺激来说，首先就表现在分析和综合上；

---

① 《冯定文集》（第 1 卷），人民出版社，1987 年版，第 188 页。
② 《冯定文集》（第 1 卷），人民出版社，1987 年版，第 200 页。

这种分析和综合，在整个神经系统中，是一级一级在加深和提高的；脑子的机能，从其进行反射来说，首先就表现在兴奋和抑制上。人和其他高等动物一样，为了保持和延续生命，必须争取和迎合有利的事物，拒绝和避开不利的事物，所以一般说来，脑子或神经就得经常处在兴奋的状态中，才能随时感受刺激，随时予以积极的或者消极的反射。然而事实上光靠兴奋是不行的；兴奋必须和抑制相辅相成，才能成为适当的反射，而这也是我们行为的基础。因此，脑子的分析和综合是思想的基础，脑子的兴奋和抑制是行为的基础。

人的认识能力，不是一种超自然、超生物的神秘力量，而是蕴含在个体人的生物和物质的机体之中，并借助于人类机体的生物性运动而产生的一种特殊功能。这样，冯定就利用自然科学的最新成就，科学揭示了认识发生的自然生理基础。

（二）认识形成的社会实践基础

冯定指出，生产活动是人类最基本的实践活动，是决定其他一切活动的东西。随着社会实践的发展，人们的认识也不断地从低级向高级发展，不断地接近客观真理。所以说，实践是人类认识的来源和发展的基础。

认识，总是先经过感觉器官将客观事物的具体现象直接反映在脑子里，而后再经脑子这个思维器官依靠抽象概念而进行较深较高的思维活动。这样看来，人类的认识是有感性和理性这样一低一高两个阶段的；但在人的实际认识过程中，情况是非常复杂的，感性认识和理性认识总是交错进行的，从感性认识和理性认识的相辅相成作用来说，高低也就只有相对的意义而没有绝对的意义了。当然，这并不否认认识是从感性认识到理性认识，再从理性认识到实践的飞跃的。

总之，"人的认识是倚靠实践当做根本和基础的，但是因为感性认识和理性认识的先后联系和相互错综，所以道路是极其曲折的"①。人的社会实践活动是认识发生的最基本的和决定性的因素，这种因

---

① 《冯定文集》（第 1 卷），人民出版社，1987 年版，第 225～226 页。

素一方面内化为主体的认识结构、认识图式，另一方面外化为人生活于其中的工具和文化的世界。

（三）真理内含的科学假设先驱

冯定指出，就人类的认识来说，要想主观完全符合客观，几乎是不可能的。因此，出现主客观不一致、不符合的情况是正常的。但即使如此，有些主观主义的错误，是可以避免的；有些主观主义的错误，则是不可避免的。

可以避免的主观主义错误，除了因阶级成见和个人主义立场而来的以外，就是因为思想不够辩证。至于不可避免的主观主义的错误，是在当时当地的条件下，本来就是在摸索和尝试的过程中发生的，是谁也无法完全阻止的。科学假设，在某种情况下就是不可避免的错误，但往往构成认识真理的先驱。

冯定指出："科学的假设和预见，一般说来是已经进入未知的领域而不是停在已知的领域了，所以这是我们认识真理的先驱，尤其是对整个人类认识的过程来说是绝对不可缺少的。假说，不论是在工作中为了说明现象而设想的工作假设也好，或者是更进一步而获得较多根据的科学假设也好，都可能是前一假设被后一假设所推翻的，因而从头到尾是不成立的，不能变成为理论的。但是假说，绝不是凭空而来的，而是从实际客观现象中产生的；这就是说，当科学家发现新的现象而不能拿旧的规律来说明时，这才经过推理而提出了假设。而且假设也不是单凭主观的愿望就能提出来的，而是根据实际的材料，经过归纳，经过演绎，经过反复的推理，然后再回到实际中去看是不是还有例外或者说不通的地方；所以假设的前进过程正好是符合认识过程的。"①

冯定先生的这一论述是十分深刻的。

第一，假说产生的起因是新的事实与旧的认识成果之间的矛盾。恩格斯对此曾指出："一个新的事实一旦被观察到，先前对同一类事

---

① 《冯定文集》（第 1 卷），人民出版社，1987 年版，第 353～354 页。

实采用的说明方式便不能再用了。从这一刻起，需要使用新的说明方式——最初仅仅以有限数量的事实和观察为基础。"① 为了使事实相互联系起来进行分析，我们总是要在那些空缺的环节进行设定，不得不在那些以前被认作"终极真理"那里冲个缺口，"对各种相互联系作系统理解的需要，总是一再迫使我们在最后的终极的真理的周围造起茂密的假说之林"②。

第二，假说只是提出推断，是一种没有最后证明的设想而已，科学研究的方向是使假说向着自然定律形式的科学理论发展。科学研究提出假设，然后"进一步的观察材料会使这些假说纯化，排除一些，修正一些，直到最后以纯粹的形态形成定律"。如果人的思维不随着材料的积累而深入抽象（"纯粹化"），那么"就永远都不会形成什么定律了"③。在这里所谓"进一步的观察材料"，是由"实验和工业"提供的，当它们证明某种设定是正确的，假说就上升为定律。

第三，科学的假设是我们认识真理的先驱。正确的假说有两个重要作用：一方面，依据假说，就可以提出新的实验和新的观察方案；另一方面，依据假说，人们可以看清一个事物或事件的重要意义，若无假说，这个事物或事件就不能得到说明。自然现象的多样性和多层次性，使各个领域的各门科学都必须设立很多的假说来探求事物的规律性。只要有科学认识的任务，就永远离不开假说的形式去思考事物的联系。正如恩格斯所深刻指出的："只要自然科学运用思维，它的发展形式就是假说。"④

肯定正确的假说在科学研究中的重要作用，这并不是说，凡带有错误的假说、理论，在认识史上没有起过积极作用。相反，错误的认识往往是正确的认识的先导，并为正确的认识开辟道路。人们

---

① 《马克思恩格斯文集》（第9卷），人民出版社，2009年版，第493页。
② 《马克思恩格斯文集》（第9卷），人民出版社，2009年版，第93页。
③ 《马克思恩格斯文集》（第9卷），人民出版社，2009年版，第493页。
④ 《马克思恩格斯文集》（第9卷），人民出版社，2009年版，第493页。

的认识从错误和失败中进行仔细的比较、分析，在各种假说、理论的共存和竞争中进行鉴别，经过许多人的共同实践，或者经过几代人的知识积累，是能够达到比较完善的真理性认识的。

(四) 真理检验的社会实践标准

真理的标准问题，是哲学史上长期争论不休的一个疑难问题。当马克思主义把科学的实践观引入认识论，才解决了这一问题。马克思指出："人的思维是否具有客观的真理性，这不是一个理论的问题，而是一个实践的问题。人应该在实践中证明自己思维的真理性，即自己思维的现实性和力量，自己思维的此岸性。关于思维——离开实践的思维——的现实性或非现实性的争论，是一个纯粹经院哲学的问题。"① 毛泽东在《实践论》中也明确指出："判定认识或理论之是否真理，不是依主观上觉得如何而定，而是依客观上社会实践的结果如何而定。真理的标准只能是社会的实践。"② 只有实践才是检验真理的唯一标准，这是由真理的本性和实践的特点所决定的。

既然真理就是人们的认识中同客观事物及其规律相符合的内容，就是说，只有主观同客观相符合的认识才称得上真理性的认识。那么，怎样才能判明主观同客观相符合以及符合的程度呢？很明显，不超出主观思想的范围，不同客观世界打交道，只停留在主观的范围内兜圈子，是根本无法判明的。同时，客观世界本身也不能充当检验真理的标准。离开人的活动而独立的外在的客观世界本身，不具有把主观认识同客观现实加以对照的"本领"，因而它本身也无法判明某种认识是否具有客观真理性。唯一能够充当检验认识的真理性标准的，既不是主观的思想，也不是外在的客观世界本身，而只能是把主观和客观联系起来、沟通起来的桥梁、纽带或交错点，这就是人们的社会实践。正如列宁所说："人的和人类的实践是认识的

---

① 《马克思恩格斯文集》（第1卷），人民出版社，2009年版，第500页。
② 《毛泽东选集》（第1卷），人民出版社，1991年版，第284页。

客观性的验证、标准。"①

　　只有实践才能满足真理的本性要求，充当检验真理的标准，这是由实践本身的特点所决定的。列宁说："实践高于（理论的）认识，因为它不仅具有普遍性的品格，而且还具有直接现实性的品格。"② 正是直接现实性的品格，决定了实践作为检验真理标准的唯一性。实践本身就是客观的物质性活动，因而它具有直接的现实性。诚然，正确理论也是有现实性的，但理论本身还不等于客观现实，即不具有直接的现实性，只有通过实践才能把它变成现实，变成直接存在的实实在在的现实。人们抱着一定的理论观点去实践，由此而引出一定的客观效果，这样就能够把原来的理论认识同客观现实相对照，从而直接检验出理论是否与客观现实符合以及符合的程度，即检验出理论的真理性。由此可见，实践的直接现实性是双重的：它本身既是直接的现实；同时又能使理论（当然是正确的理论）变成直接的现实。实践的这些优点，特别是第二重优点，正是能够成为检验认识真理标准的主要根据。正如毛泽东所说："实际的情形是这样的，只有在社会实践过程中（物质生产过程中，阶级斗争过程中，科学实验过程中），人们达到了思想中所预想的结果时，人们的认识才被证实了。"③

　　冯定坚持实践是检验真理的标准这一马克思主义的基本观点，认为"实践可以考验认识，这是极为明白的。但是考验认识决不仅是考验罢了；而更重要的是在实践的考验中，什么是真理，什么不是真理，这才有根有据的可以判析清楚了"④。在冯定看来，实践检验认识真理性的过程，是考验和检验的结合，是理论和实际的结合，是认识和方法的结合，是主观和客观的结合。正因为实践是检验真

---

① 《列宁专题文集 论辩证唯物主义和历史唯物主义》，人民出版社，2009 年版，第 138 页。
② 《列宁专题文集 论辩证唯物主义和历史唯物主义》，人民出版社，2009 年版，第 139 页。
③ 《毛泽东选集》（第 1 卷），人民出版社，1991 年版，第 284 页。
④ 《冯定文集》（第 1 卷），人民出版社，1987 年版，第 463 页。

理的标准，所以在人类的实践中，客观的真理就一步步成为人类改造世界的武器了。

（五）真理发展的动态超越过程

承认真理是客观的，这是真理问题上的唯物论；就真理的发展过程以及人们对它的认识和掌握程度来说，真理又是绝对的和相对的，这是真理问题上的辩证法。

冯定坚持列宁的基本观点，认为真理的发展是一个动态超越的过程，永远处在由相对真理到绝对真理的转化和发展之中。列宁指出，相对真理和绝对真理之间没有不可逾越的鸿沟，"我们的知识向客观真理接近的界限受历史条件制约的意义上，承认我们一切知识的相对性"①。

真理的相对性或相对真理是指人们在一定条件下的正确认识是有限度的。它包括三个方面的含义。其一，从广度上说，它只是对客观世界的一定范围、方面的正确认识，有待于扩展。其二，从深度上说，它只是对特定事物的一定程度、层次的近似正确的认识，有待于深化。其三，从发展进程上说，它只是对事物的一定发展阶段的正确认识，有待于发展。

真理的绝对性或绝对真理是指人们对客观世界正确反映的无条件性。它包括三个方面的含义。其一，就真理的客观性而言，任何真理都是对客观事物及其规律的正确认识，都包含不依赖于人的意识的客观内容，这是无条件的、绝对的。因此，承认客观真理，也就必然承认绝对真理。其二，就人类认识的本性来说，完全可以正确认识无限发展的物质世界，每个真理的获得都是对无限发展的物质世界的接近，这也是无条件的、绝对的。因此，承认世界的可知性，也就必然承认绝对真理。其三，从真理的发展来说，无数相对真理的总和构成绝对真理。因此，承认认识发展的无限性，也就必

---

① 《列宁专题文集 论辩证唯物主义和历史唯物主义》，人民出版社，2009 年版，第43 页。

然承认绝对真理。

冯定指出，"绝对真理终究是由相对真理累积和总和起来的"①。如果把绝对真理比作一条长河，那么相对真理就是这条长河中的水滴和河段。人类已经取得的任何一项真理，都是绝对真理长河中的一个成分、一个阶段，都是无穷的绝对真理链条中的一个环节。它既是以往实践和认识业已达到的终点，又是进一步迈向绝对真理的起点。它是一个个承先启后的中间站，是一个个由相对向绝对转化的关节点。由无数这样的相对真理所构成、所连接的绝对真理之长河，川流不息，万古不竭，永远处在动态的超越发展过程之中，而不会停留在一个水平上。

三　冯定真理观的理论特色

《平凡的真理》一书在逻辑安排上独具匠心，富有特色，全书共分为四篇。第一篇名为"真理和智慧"，第二篇名为"真理和谬误"，第三篇名为"真理和规律"，第四篇名为"真理和实践"，全书是从"四对关系"因而也是从四个角度分别阐述了真理的品格、界限、根据和目的，凸显出冯定先生在真理观上独具一格、自成一体的理论特色。

（一）　从真理和智慧的关系审视真理的品格

冯定说："智慧就是真理的认识和遵从。"② 换句话说，认识真理、遵从真理、应用真理就是人类智慧的确证。从这个层面审视，真理是包含智慧品格的，是哲学智慧品格的凝结。冯定先生的这一看法，沉淀着深厚的哲学史传统，是其把"真理"问题放置在整个哲学史、人类认识史角度思考的重要结晶。

亚里士多德在其《形式逻辑》中指出，哲学被称为真理的知识

---

① 《冯定文集》（第 1 卷），人民出版社，1987 年版，第 475 页。
② 《冯定文集》（第 1 卷），人民出版社，1987 年版，第 175 页。

自属确当。因为理论知识的目的在于真理，实用知识的目的在于功用。黑格尔在其《哲学史讲演录》导言中说，哲学是关于真理的客观科学，是对于真理之必然性的科学。列宁在其《拉萨尔〈爱非斯的晦涩哲人赫拉克利特的哲学〉一书摘要》中指出，哲学史，因此，简略地说，就是整个认识的历史。毛泽东曾指出，哲学就是认识论。冯定先生在 1980 年为《外国哲学》创刊号上写的《吸取人类思想文化中的一切有价值的东西——兼谈研究外国哲学的态度和方法》一文中，明确提出要注意"把哲学史当作认识史来研究"[①]。

　　真理本身只有在历史发展中为人认识才能使自在真理与自为真理结合与统一。随着社会生产的进步、科学的发展和人类认识的提高，人类对真理的认识在不断深化，主观与客观、思维与存在、主体与客体的关系又在认识真理的过程中不断发展，这又表明人类对真理的认识也是不断发展的，真理本身的内涵也是不断被揭示和深化的。

　　作为哲学智慧品格的凝结，真理的探寻内在地要求具体问题具体分析，坚决反对"贴标签式"的研究方法。正如冯定先生指出的，"不能因为某个哲学家或某种哲学观点曾为某一阶级、某种政治利用过，就武断地说，他便是这一阶级的思想家"[②]。对唯物主义和唯心主义，也不能像切西瓜那样一劈两半，而是要在"承认两条阵线相互斗争的前提下，对具体人物和具体的观点，依据情况作具体分析"[③]。

　　总之，从真理和智慧的关系来审视真理，其实就是把真理放置在整个人类认识史来考量，从而凸显真理固有的智慧品格，这是冯定先生真理观的最大特色。

（二）从真理和谬误的关系确定真理的界限

　　真理和谬误的界限，既确定又不确定。说它确定，是因为真理和谬误是彼此对立的认识结果。与真理相反，谬误是同客观实际和

---

① 《冯定文集》（第 2 卷），人民出版社，1989 年版，第 354 页。
② 《冯定文集》（第 2 卷），人民出版社，1989 年版，第 355 页。
③ 《冯定文集》（第 2 卷），人民出版社，1989 年版，第 357 页。

客观规律相违背的思想和行为，是主观同客观相脱离、相背离的反映。因此，对一定范围、一定客观对象的认识来说，真理就是真理，谬误就是谬误，二者有本质区别，不能混淆。说它不确定，是因为真理和谬误的区别与对立不是绝对的，在一定条件下，真理有可能转化为谬误，谬误也可能转化为真理。列宁认为，"任何真理，如果把它说得'过火'……加以夸大，把它运用到实际适用的范围之外，便可以弄到荒谬绝伦的地步，而且在这种情形下，甚至必然会变成荒谬绝伦的东西"①。

　　冯定认为，不管是"出于原始人的蒙昧"而产生的迷信，还是"基于脑力劳动和体力劳动的对立"而出现的唯心主义，抑或是"由于思想违反客观辩证法"而导致的主观主义，都是人类认识中出现的谬误。冯定从两个方面对谬误的表现形式及其特性做了分析。

　　第一，从谬误的社会表现来看，宗教迷信和唯心主义这两大谬误是阶级社会的"系统性"存在。冯定认为，人类思想的谬误，最早而且其影响最深最久的就是迷信。迷信发端于人类的蒙昧，蒙昧并不是绝对无知，而是知识初开，正处在有知无知间。② 对自然的恐惧、无奈，使得迷信的产生不可避免。但是当迷信发展为宗教之后，对人类思想的麻醉作用更为厉害。冯定认为，像宗教迷信③这种显而易见的错误，早就应该绝迹，然而事实并非如此，尤其是当宗教和唯心主义天然"结盟"的时候，宗教迷信又一次获得了"生机"。在阶级社会里，唯心主义往往和宗教迷信相互犄角，然而却披着哲学科学的外衣，并不全都明目张胆皈依宗教，因此，唯心主义比宗教更为狡黠。片面性是唯心主义的种子，冯定认为："人的认识过程的错综曲折，往往不能一下子全面地认识客观事物，总是逐渐地接近全面的认识。人们如果不自觉地把认识的某些片面加以夸大，认

---

① 《列宁选集》（第4卷），人民出版社，2012年版，第172页。
② 《冯定文集》（第1卷），人民出版社，1987年版，第277页。
③ 从起源来看，迷信和宗教有着相同的本质，所以冯定先生总是把它们放在一起进行批判。参见《冯定文集》（第1卷），人民出版社，1987年版，第279页。

为这就是全面的认识，这就犯了片面性、主观性的毛病，最后就有可能导致唯心主义的错误。"① 本来，认识的片面性是常有的事，但这个种子，只有在阶级对立的社会里，在脑力劳动和体力劳动对立的社会里，才获得了最适宜的土壤，因而生起根和发起芽来，而且还获得了统治阶级的培养，唯心主义就是在这种情况下发展壮大而贻害无穷的。

第二，从谬误在个体上的表现来看，主观主义是每个人都难以避免的错误——即使你是无神论者，即使你是一个唯物主义者。冯定指出，"主观主义是说某个人某一时候、某一地点、某一事情中所做、所说或者所想的，不合客观实际，而不是从其整个的全部的思想来说的"②。

可以看出，谬误的出现，是人类认识和实践过程中不可避免的现象。谬误之所以难免，是由于不同时代的不同的人们，在把握真理的能力、水平上都受自己所处的历史条件、知识水平、实践水平和社会地位的限制，在阶级社会中还受阶级立场的限制。同时，人们的复杂认识过程本身就有产生错误的可能性，由于各种条件的限制，这种可能极容易变成现实。一般来说，人们在任何时代都不能只有正确的真理性认识而毫不犯错。从原始社会直到遥远的未来，后代人在继承前代人发现的真理的同时，总是要纠正前代人的错误。正如恩格斯所说："很可能我们还差不多处在人类历史的开端，而将来会纠正我们的错误的后代，大概比我们有可能经常以十分轻蔑的态度纠正其认识错误的前代要多得多。"③ 但是，承认错误却难免不等于不应尽力排除错误。人类实践和认识的发展，真理的获得，正是通过谬误的不断产生和不断排除来实现的。所以，真理和谬误是人类实践和认识中的一对矛盾，它们既是对立的，又是统一的。

真理和谬误之间的界限，是需要在实践和认识中辩证地加以把

---

① 《冯定文集》（第1卷），人民出版社，1987年版，第279页。
② 《冯定文集》（第1卷），人民出版社，1987年版，第282页。
③ 《马克思恩格斯选集》（第3卷），人民出版社，2012年版，第462页。

握的，它没有明显外在的、可以一成不变直观把握的标志，而必须依靠具体的分析和实践的检验。

（三） 从真理和规律的关系追溯真理的根据

冯定指出："客观真理，其实就是对物质运动的客观规律的正确认识。"① 客观的物质现象及其规律或者说事物及其发展规律的客观性，就是真理赖以产生的根据。

真理作为一种正确认识，它当然具有人类认识的一些主观形式，如经验、表象、概念、判断、知识、理论等等。但是，使某一认识成为真理，使某一真理得以成立的决定性标志，却不在于这些主观形式本身，而在于它的客观内容。对于同一客观内容，不同的人可以用不同的主观形式去表现它，但真理之为真理的实质内容并不随之改变，就像同一物理学规律可以用不同的数学公式或语言文字形式加以表达，而作为它们共同思想内容的这一规律本身却不随着这些表述形式而改变一样。一切科学的定律、理论、学说之所以是真理，只是因为它们反映了客观事物及其发展规律的真实情况，非如此便不能称其为真理。

坚持客观事物及其规律是真理产生的根据，坚持马克思主义客观真理论，是彻底的唯物主义立场和观点在真理观问题上的必然结论。正如列宁所说："认为我们的感觉是外部世界的映象；承认客观真理；坚持唯物主义认识论的观点——这都是一回事。"② 真理内容的客观性来自认识对象（客体）的客观性。人的认识只有在不附加任何外来的、主观随意的和想象的成分，如实地反映了客观对象的真实面貌和规律时，才能经得起实践的检验而成为真理，否则就会成为谬误。真理内容的客观性还在于主客体关系的客观性，即实践的客观性。人只有通过实践才能接近真理、发现真理，检验和证明认识的真理性。因此，任何真理的内容都必须包含主体在实践中接

---

① 《冯定文集》（第 1 卷），人民出版社，1987 年版，第 356 页。
② 《列宁选集》（第 2 卷），人民出版社，2012 年版，第 89～90 页。

触客体、接近客体和改变客体的条件、方式和程度的一般特征。例如"一加一等于二"这一公式中，"加"和"等于"就包含了人类在实践中把事物叠加或者组合起来统一处理的活动方式。任何有效的实践，都是必然受客体、主体和主客体相互作用多种客观因素的制约的，不是主观随意的。

总之，事物及其规律的客观性以及主客体关系的客观性即实践的客观性，构成真理产生的依据。坚持这几点，就是坚持了客观真理论，就是坚持了真理观上的唯物主义。只有从物质及其发展规律的客观性入手，把握住真理的深层根据，才能贯彻唯物主义和辩证法的统一、理论和实践的统一。

（四）从真理和实践的关系阐释真理的目的

冯定认为，"人生最有意义的行动就是改造世界"①。人们认识世界，当然是为了获得真理，获得真理的目的在于使真理对象化，即把正确的理论运用于实践，用理论指导改造世界的实践活动，从而使理论变为现实，精神力量转化为物质力量。改造世界，就得从事生产劳动。"实践是不能没有思想的；否则就会减少实践的效果。"② 在冯定看来，实践越是能结合理论，越是受到正确理论的指导，那么人就越是有意识地在改造世界，这就和无意识地改造世界大不相同了。正是因为真理在指导实践上的巨大作用，所以列宁说："没有革命的理论，就不会有革命的运动。"③

众所周知，认识过程有两次飞跃，从感性认识达到理性认识，这还不是认识的目的和归宿。认识的目的和归宿是为实践服务，认识世界是为了改造世界。人的全部活动无非两个方面，一方面是认识世界，另一方面是改造世界；或者说，一方面是在实践中形成思想，另一方面是在实践中实现思想。而在实践中实现思想，把思想转化为物质力量，是全部认识的目的和归宿。冯定指出："人在实践

---

① 《冯定文集》（第1卷），人民出版社，1987年版，第459页。
② 《冯定文集》（第1卷），人民出版社，1987年版，第461页。
③ 《列宁选集》（第1卷），人民出版社，2012年版，第153页。

中决不能没有思想；但是实践终究是和纯粹的思想活动有所不同的。思想对人的行动虽极重要；然而思想终究还是思想，其作用只能是在思想领域以内，因而根本还不可能实现什么东西；更不必说思想还可能是不正确的了。为了实现正确的思想，就得跳出思想的领域，也就需要有能够运用实践力量的人们才成。"① 因此，不回到实践中去，纯粹的思想活动就失去了意义——真理也不例外。

从真理的目的来看，真理向实践的转化是完全必要的，然而，并非任何真理性认识都能够直接付诸实践，并产生相应的物质力量。从根本上说，只有同实践保持密切联系，从实践中来，能够回答实践中所提出的问题的科学理论，才能真正回到实践中去，而且，也只有科学的理论才能指导实践取得成功，推动社会向前发展。

在冯定看来，马克思主义就是科学回答了实践课题的科学理论。"马克思主义和社会主义，根据社会物质生活的需要，要求我们在实践中有高度的自觉性，也要求党必须引导广大群众在实践中都能不断提高自觉性；这样，人类就不仅是有目的在活动的动物，而且是有自我觉悟而在实践的动物……我们必须着重认识规律和掌握规律，使它们愈来愈服从我们的意志并利用它们来达到我们的目的，这样人们才完全自觉地自己创造自己的历史。"② 因此，努力学习马克思主义，把握马克思主义的科学理论，做到理论和实践的统一，积极投身于中国特色社会主义伟大实践，这是我们从冯定真理观的阐释中得出的重要结论。

---

① 《冯定文集》（第 1 卷），人民出版社，1987 年版，第 461 页。
② 《冯定文集》（第 1 卷），人民出版社，1987 年版，第 472 页。

第六章

高扬主体意识的人生观

在人与世界的关系中，在人的认识和改造世界的对象性活动中，人类既要向外探索外部世界的客观规律，又要向内认识自我的本性。向外探索外部世界的客观规律，构成世界观的问题；向内认识自我的本性，构成人生观的问题。冯定先生认为，人生观是世界观在人生处世问题上的反映，人生观就是世界观。他说，"世界观，是指人们对客观世界的认识和态度，也就是我们常说的立场、观点、方法"，"可以说每一个人自觉或不自觉，都有他自己的世界观，这种世界观，反映到对待人生处世的问题，就叫做人生观"①，"人生的意义这个问题，从马克思主义学说创立以来，开拓了一个新的境界。马克思主义认为人生观就是世界观，就是人们对于世界如何认识，而又根据这种认识所产生的对生活道路的选择，以及思想、情操、道德品质等一系列的精神气质"②。在冯定先生看来，人生观就是人们在对外部客观世界认识的基础上，形成的如何合乎规律实现自我发展的理论观点的体系，因此，在这个意义上，世界观内在地包含着人生观，人生观就是世界观。

对于人生问题的探讨，贯穿冯定先生一生的理论探索。早在写

---

① 《冯定文集》（第 2 卷），人民出版社，1989 年版，第 302 页。
② 《冯定文集》（第 2 卷），人民出版社，1989 年版，第 396～397 页。

于 1937 年的《青年应当怎样修养》一书中，他结合马克思主义的世界观和历史观，从知识、思想、意志、技能、健康、生活、学业、生计、恋爱、家庭、政治等方面全面考察了要实现人生的意义，青年应该如何修养的问题。在写于 1947 年的《平凡的真理》中，他论述了和人生有关的学习、工作、修养等问题。在写于 1956 年的《共产主义人生观》和 1982 年修订的《人生漫谈》两部著作中，他以"世界观、历史观为经，以有关人生的具体问题为纬"，① 结合世界观和历史观来谈人生观，将人生观上升到世界观的高度来阐释。

人生观思想构成冯定先生思想的一个重要方面，他以"共产主义人生观"、"无产阶级的人生观"、"革命人生观"、"新人生观"以及"进步、积极、正确的人生观"等概念对自己的人生观思想做了描述和定位。在冯定那里，这几个概念在本质上是相同的，所谓共产主义人生观，就是基于共产主义立场，即基于无产阶级立场的人生观，就是要求革命的人生观，因而是进步的、积极的、正确的人生观，这种人生观不同于以往任何剥削阶级的人生观，因而是新人生观。

在冯定先生的人生观思想中，他特别强调人作为万物之灵的主体意识，特别强调基于共产主义立场对人生意义的把握，特别强调在坚持科学的世界观基础上自觉加强人生修养。这三个方面，分别回答了人在世界中的地位、人生的意义和人生修养的问题，构成了冯定先生独特的人生观思想的理论旨趣。

一　主体意识：冯定人生观思想的核心特质

人的主体意识是人的自我认识、自我理解、自我确证、自我塑造、自我选择、自我实现、自我超越的生命运动及其表现出来的精神特性，它是人通过实践和反思而达到的存在状态和生命境界，展

---

① 《冯定文集》（第 2 卷），人民出版社，1989 年版，第 399 页。

现了人的生命活动的深度和广度，是人的生命自觉的一种哲学表达。

（一）主体意识的生成

冯定认为，主动性、自觉的能动性是人与生俱来的固有特性，这种特性，就是人类所固有的主体意识。早在写于 1937 年的《谈新人生观》一文中，冯定先生就明确提出，"新的人生观对人的力量一层看得特别重"，这种"人的力量"就是"人的思想和活动"①。在写于 1980 年的《人活着究竟为什么？》一文中，他又一次强调："人类来自自然，而又统治着自然。人类一来到这个世界，就是带着一种积极主动的精神，为着给自己创造更好的生存条件，一直进行着顽强的劳动。它的来到这个世界，没有丝毫消极被动的痕迹，也不允许它有这样的精神状态，否则，它就将无法生存。"② 因此，生命是一种能动的、对象性的存在，因而是一种主体性的存在。正如德国哲学家康德所说："生命是一个存在者按照欲求能力的法则去行动的能力。欲求能力不是存在者通过其表象而是这些表象的对象是现实性的原因的能力。"③ 这就是说，生命有欲求能力，即按照自身生存的需要去行动的能力。这种行动是对象性的，而对象与生命主体的关系的改变，是由主体的行动造成的。

人的主体意识的生成是一个自然进化和社会演化相统一的过程，生产劳动在这一过程中起了决定性的作用，也就是说，人的主体意识是根植于生产劳动之中的。马克思说："凡是有某种关系存在的地方，这种关系都是为我而存在的；动物不对什么东西发生'关系'，而且根本没有关系；对于动物来说，它对他物的关系不是作为关系存在的。因而，意识一开始就是社会的产物，而且只要人们存在着，它就仍然是这种产物。"④ 马克思主义认为，意识起初只是对直接的

---

① 《冯定文集》（第 1 卷），人民出版社，1987 年版，第 97 页。
② 《冯定文集》（第 2 卷），人民出版社，1989 年版，第 330 页。
③ 李秋零主编《康德著作全集》（第 5 卷），中国人民大学出版社，2007 年版，第 11 页注。
④ 《马克思恩格斯文集》（第 1 卷），人民出版社，2009 年版，第 533 页。

可感知的环境的一种意识，是对处于开始意识到自身的个人之外的其他人和其他物的狭隘联系的一种意识。同时，它也是对自然界的一种意识，自然界起初作为一种完全异己的、有无限威力的和不可制服的力量与人们相对立，人们同自然界的关系完全像动物同自然界的关系一样，人们就像牲畜一样慑服于自然界，因而，这是对自然界的一种纯粹动物式的意识（自然宗教）；但是，人意识到必须和周围的个人来往，也就是开始意识到人总是生活在社会中。马克思深刻地指出："人和绵羊不同的地方只是在于：他的意识代替了他的本能，或者说他的本能是被意识到了的本能。"① 因此，毫无疑问，有无主体意识，这构成人和动物的区别。但主体意识从来不是某种虚无缥缈的东西，不是某种超自然的力量给予人类的恩赐，而是根植于人类的生产活动之中，"现实的、肉体的、站在坚实的呈圆形的地球上呼出和吸入一切自然力的人通过自己的外化把自己现实的、对象性的本质力量设定为异己的对象时，设定并不是主体；它是对象性的本质力量的主体性，因此这些本质力量的活动也必定是对象性的活动"②。

总之，冯定认为，人的主体意识集中表现在人类认识世界和改造世界的过程中，也集中体现在其成果之中。"一当人开始生产自己的生活资料，即迈出由他们的肉体组织所决定的这一步的时候，人本身就开始把自己和动物区别开来。人们生产自己的生活资料，同时间接地生产着自己的物质生活本身。"③ 正是在这种生产劳动的过程中，人的主体意识及其表现才得以生成。所以，冯定认为，"人类的知识，是靠全体人类的实践，并靠历史的发展而积累起来的"④，"思想是很重要的，而实践是最根本的；这不但可从思想来源于实践来说明，而且可从思想没有实践就失去了意义来说明"⑤。在冯定看

---

① 《马克思恩格斯文集》（第1卷），人民出版社，2009年版，第534页。
② 《马克思恩格斯文集》（第1卷），人民出版社，2009年版，第209页。
③ 《马克思恩格斯选集》（第1卷），人民出版社，2012年版，第147页。
④ 《冯定文集》（第2卷），人民出版社，1989年版，第416页。
⑤ 《冯定文集》（第2卷），人民出版社，1989年版，第417页。

来，从追根溯源的角度，人类的主体意识是根植于人类的生产实践之中的，并随着实践的改变而变化，随着实践的发展而丰富。

（二）主体意识的表现

人类主体意识的核心表现就是"人则使自己的生命活动本身变成自己意志的和自己意识的对象"①，而这一点却正是通过人类的实践活动，通过改造对象世界来获得证明的。人类的生活和发展的历史，就是不断高扬主体意识的过程。正如马克思所指出的："工业的历史和工业的已经生成的对象性的存在，是一本打开了的关于人的本质力量的书。"②

冯定认为，人类的主体意识在人生观上也是通过人的实践活动表现出来的，这就是他不断强调实践及其重要性的原因之一。作为冯定人生观思想的核心特征，主体意识主要表现在选择人生道路的主动性、做人做事的积极性以及识理明理的自觉性三个方面。

第一，选择人生道路的主动性——做人的决定性因素。

冯定认为，家庭的出身对我们并非没有影响。人的出生，是自然规律和生理规律发生作用的必然结果。然而，"我们除了认识和承认这些规律以外，至于为什么生在这里，生在那里，简直无法可想，无能为力"③。但做人道路的选择就不同了，"做人的道路，对于我们每个人来说，就不是完全无法可想的和完全无能为力的了"④。社会原是一个一个的人在集体的生活中形成的，每个人在主观上，为了生活，近的以至于远的，一己的以至于大众的，都凭着自己的意志、感情和各种各样的目的而在行动，于是这个人受那个人的影响，那个人受这个人的影响，这群人的行动受那群人的鼓励或者阻碍，那群人的行动受这群人的鼓励或者阻挠；这样就形成了社会，造成了人类社会的历史。所以我们在生活中，在自己能够影响的范围以

---

① 《马克思恩格斯文集》（第 1 卷），人民出版社，2009 年版，第 162 页。
② 《马克思恩格斯文集》（第 1 卷），人民出版社，2009 年版，第 192 页。
③ 《冯定文集》（第 2 卷），人民出版社，1989 年版，第 148 页。
④ 《冯定文集》（第 2 卷），人民出版社，1989 年版，第 148 页。

内，首先对于自己的思想行为，并非完全是被动的，而是在受大伙儿的影响中又是主动的，也就是说，做人的道路是尽可凭自己的意志来选择的。

第二，做人做事的积极性——做人该有的最起码的态度。

冯定指出，任何人只要脑子是正常的而能够思想的，那么既然是在做人，总是有人生观的；不过有的人有意识地探讨人生的意义和选择做人的道路，而有的人却糊里糊涂和懵里懵懂在做人罢了。在他看来，有人生观的人必须具有正常的脑子而且能思想。这就是说，没有正常的脑子的人，如严重的精神病人，是没有人生观的；有正常的脑子而没有思想的人，如婴幼儿，也是没有人生观的。虽然脑子正常而有思想的人总是有人生观的，但有的人明确，有的人糊涂。这糊涂的人生态度也是一种人生观，过去有，现在也有。"所以各人的人生观，在程度上和因此而表现在行动上，仍是大有差别的。"① 由此推之，冯定的意思是，虽然脑子正常而有思想的人都有人生观，但各人的人生观在明晰度上有差别，即量的差别。各人的人生观不只有量的差别，而且有质的不同。冯定写道："其实各形各色的人，是有各形各色的人生观的，所以人生观是多种多样的；不过不正确的人生观比于正确的人生观，总要多得多。"② 这就是说，人生观各形各色，多种多样，但从反映的人生观性质来说，只有正确的人生观与不正确的人生观两类，其中的每一类又包括一些子类。如不正确的人生观，至少包括两类：痛苦论——人生本来就是痛苦的；幸福论——人生就是追求幸福，没有幸福，就失去了人生的意义。冯定批驳了这两种不正确的人生观。他写道，小孩子初出娘胎，并不知什么欢乐与痛苦，所谓啼哭也只有生理的原因。所以，说人生只是痛苦，不是幼稚，便是欺骗。至于人生幸福论，冯定认为，在阶级剥削和压迫的社会里，追求幸福的人生，只是对已经享受幸福的极少数人说的，而对绝大多数人来说，不过是一句迷人的空话；

---

① 《冯定文集》（第 2 卷），人民出版社，1989 年版，第 149~150 页。
② 《冯定文集》（第 2 卷），人民出版社，1989 年版，第 150 页。

而在没有剥削和压迫的社会里，仅仅把人生看成追求幸福，也是不够的和不对的。在冯定看来，正确的人生观只有一种，即共产主义人生观。所以，冯定断言，不正确的人生观比于正确的人生观，总要多得多。

按人生观的性质，冯定分人生观为正确的与不正确的两类；按人生观对人的行为和社会的影响，冯定又将人生观分为积极的人生观和消极的人生观。他写道："不管在人们的脑子里人生观是怎么样的多种多样，我们不妨大致先分为两个类型，这就是积极的人生观和消极的人生观。抱有积极人生观的人，对于做事不仅总是先有明确的或大或小的目的，而且总还千方百计要使这些目的能够实现；至于是否真正能够实现，也就是说，有的成功或者先失败而后成功，有的失败或者先成功而后失败，那么这是另外一回事情了。"① 冯定把人生观分为积极的和消极的两类，他认为积极的人生观的特点，一是有明确的或大或小的目的，二是千方百计要实现这些目的。目的性和指向性是一切人生观的特点，甚至是宇宙观、政治观、道德观、法纪观与人生观的共同特点。他认为，有的在积极的人生观中也会带有消极的成分，有的在消极的人生观中也会带有积极的成分；有的人这时积极而那时消极，或者这里积极而那里消极，这属于辩证的具体情况具体分析，是符合实际的。

因此，冯定认为："做人本该积极；因为积极活动，原是有生命的东西在生存中不可缺少的；所以这是我们做人应有的最起码的态度。"②

第三，识理明理的自觉性——树立共产主义人生观的必然选择。

冯定肯定，人生观有积极、消极之分，但人生观的分析不能到此为止。因为有的"人生观是积极的，但同时是不正确的"③。有反动思想的人，他们的人生目的是维护其反动的统治地位和社会制度；

---

① 《冯定文集》（第2卷），人民出版社，1989年版，第151页。
② 《冯定文集》（第2卷），人民出版社，1989年版，第152页。
③ 《冯定文集》（第2卷），人民出版社，1989年版，第152页。

如帝国主义者拼命宣扬西方"文明"，再积极也没有了；如虔诚、狂热的宗教信徒，有时不畏险阻，忍艰耐苦，他们也都有积极的人生观；如中世纪的商人、高利贷者以至现代的资本家，有那股唯利是图的劲儿……这样的积极人生观，不是所要遵循和所要提供的。

"那么既积极而又正确的人生观是什么呢？这便是而且也只有共产主义的人生观。共产主义人生观是积极的，也是最正确的。许多为了共产主义理想而奋斗的革命先烈，为了共产主义事业而终身劳瘁的领导人物，在战场、在工厂、在矿区、在农村、在荒野、在学校、在商店、在机关、在公路铁路线上、在河泊海洋里、在群众中间忘我劳作的积极分子和先进分子，都是有坚定的共产主义人生观或者已经开始接受了共产主义教育的，都是可以当做我们的榜样的。"① 在冯定看来，共产主义人生观不仅是积极的，而且是最正确的。至于共产主义人生观为什么最积极最正确，冯定并未正面回答，只是说，为共产主义理想奋斗的革命烈士，为共产主义事业劳瘁的领袖人物，各行各业各条战线上的先进分子和积极分子，他们都有或已开始接受了共产主义教育。

冯定认为，做人总要有人生观，而人生观有正确的不正确的，积极的消极的，有积极而不正确的，有积极又正确的，共产主义人生观就是积极的最正确的人生观。冯定写这些，是想解决社会主义改造过程中，广大青年中存在的一个深层的思想问题：出身于非劳动人民家庭的青年人，应怎样选择做人的道路？冯定的回答是：人的出身，这是自然规律和生理规律发生作用的必然结果，除了认识和承认这些规律之外，人们是无能为力的。但做人的道路是可以选择的。"我们怎样来选择做人的道路呢？这首先就是对于人生的看法，也就是涉及人生观的问题了；人生观正确，那么选择的道路自然也是会正确的。"② 共产主义人生观是最正确的人生观，因此，选择共产主义人生道路也就是最正确的。

---

① 《冯定文集》（第 2 卷），人民出版社，1989 年版，第 153 页。
② 《冯定文集》（第 2 卷），人民出版社，1989 年版，第 149 页。

总之，在冯定先生看来，"实际上，谋事在人，成事也是在人的；问题只在人能否认识规律和掌握规律罢了"。"有了正确世界观和历史观的人，正因能够发现规律和运用规律，用理论去指导实践，用实践去充实理论，而不是'凭空'谋事，'碰巧'成事，所以在人生中就成为非常自由的了。"① 因此，树立了共产主义人生观，人的主体意识才能得到最大限度的高扬，只有在共产主义的实践中，人的主体意识才能得到更大限度的确证。主体意识，构成冯定人生观思想的核心特质。

二　人生意义论

对人生意义的探索，是人类自古以来，世世代代都曾存在的一个问题，也是哲学家们集中思考的重要问题之一。冯定先生认为："人生的意义这个问题，从马克思主义学说创立以来，开拓了一个新的境界。"② 人生的意义问题，从根本上说，就是做什么样的人，为什么人服务的问题。正因为马克思主义真正解决了人活着究竟该为什么人服务的问题，所以，马克思主义才真正开拓了人生的新境界——只有将自己有限的生命，投入到为人民服务、为劳动群众解放的崇高事业中去，人生才获得最大的意义。

在写于 1980 年的《人活着究竟为什么?》一文中，冯定先生说："人的生活目的，就是为了造福人类。这个造福人类的胸怀，绝不仅仅是为了个人生活好这样一个狭隘的目标。它将是充分运用自然所赋予的生命，来为改造客观世界，同时又改造着主观世界，以便把人类带进一个既有高度物质生活又有高度精神境界的理想世界中去。"③ 因此，在冯定看来，自觉地为造福人类而奋斗，为人类解放而奋斗，自觉投身于建设共产主义（社会主义）的伟大实践，人生

---

① 《冯定文集》（第 2 卷），人民出版社，1989 年版，第 180 页。
② 《冯定文集》（第 2 卷），人民出版社，1989 年版，第 396 页。
③ 《冯定文集》（第 2 卷），人民出版社，1989 年版，第 332 页。

才会有意义。

有了造福人类的胸怀，就有了实现人生意义的主观条件，在日常生活实际中，还必须正确处理物质生活与精神生活的关系，人生幸福与人的社会性的关系，以及个人行为和人民利益的关系。

第一，物质生活是基础，但精神生活更重要。

冯定认为，唯物史观的基本观点：人一天在生活，一天就得吃、喝、住、穿。但正如雷锋所说，吃饭是为了活着，可活着并不是为了吃饭。真正的人生，绝不仅仅是吃、喝、住、穿，而是有丰富得多、崇高得多的内容。冯定指出："如果有人认为人生仅是吃、喝、住、穿以至认为物质生活是至高无上的，因而一味追求物质享受，那么他的生活，说句最客气的话，虽然还是人的生活，然而已不是真正的、健全的人的生活了。"① 因为人不但要有物质生活，而且还要有崇高而丰富的精神生活。所谓"行尸走肉"，就是说，那样的人，只是在肉体上、生物学的意义上在呼吸着，他已经成为丧失灵魂和精神追求的"躯壳"，因而不是真正社会所要求的人，这样的人生，是毫无意义的。

在冯定看来，"人是要有一种精神的，这种精神就是理想抱负，就是兴趣志向，就是革命的爱和憎，就是摆脱了低级趣味的为人民服务的热忱。共产主义的世界观，也是由低级到高级的成长过程"②。物质生活固然是基础；但是只有物质生活，没有精神生活，生活就会显得庸俗、枯燥和极端贫乏了。只要精神生活已经形成，那么不论从其内容来说，还是从其形式来说，都要比物质生活优越得不知多少倍。"社会愈发展，人们的共产主义觉悟愈高，精神生活的比重就愈大；这正是社会发展的必然趋势。因此，真正人的生活，必须向精神生活方面去求得充实和发展，而不要将大部精力、以至全部精力用在不知餍足的物质生活方面。"③ 如果只追求物质生活，

① 《冯定文集》（第 2 卷），人民出版社，1989 年版，第 449 页。
② 《冯定文集》（第 2 卷），人民出版社，1989 年版，第 324 页。
③ 《冯定文集》（第 2 卷），人民出版社，1989 年版，第 453 页。

那么这无异于是用物质替自身筑起了一个樊笼或一座牢狱，而又将自身拘禁在樊笼或牢狱里，陷入物质的无止境追求而迷失方向。总之，失去精神追求的人生是不值得过的，是没有意义的。

第二，不正确认识个人和社会的关系，人生的幸福就无从谈起。

冯定先生指出："从实质方面来考虑，有关人生问题的谈法，不外两种：一种是将个人和社会、阶级分离开来，而且谈得比较抽象；一种是将个人和社会、阶级结合起来，而且谈得比较具体。""从逻辑观点来说，不承认人有阶级性，还不是同时也就否认了人有社会性；但是不承认人有社会性，可正是同时也就否认了人有阶级性。"① 因此，在冯定看来，要谈人生，不能从"什么是人生"等抽象的问题来谈，因为那样谈论，仍然会脱离现实，很容易将青年引入虚无缥缈的领域。必须结合人的社会性、阶级性，从具体的问题谈起，先谈人的社会性，再谈人的阶级性，然后有关人生的问题才能说清楚。

在日常生活中，"人们大多数所追求的道路，无非是个人成功之路，这种成功不是和光宗耀祖，显赫个人相联系，就是以个人奋斗，个人幸福为中心。但是就是这样的人生目的，在私有制社会，也是很难实现的，大部分在严酷的现实面前会受到挫折和打击"②。单纯追求以"个人幸福"为中心的人生观之所以难以实现，就是因为其割裂了个人和社会的关系。在冯定看来，人，不论从物质生活来说也好，还是从精神生活来说也好，都是社会性的。正因为人的物质生活是社会性的，所以离开了社会，人就无法生存；正因为人的精神生活也是社会性的，所以离开了社会，人就会有孤单感。人不但不能离开社会而生存，而且当社会的发展已使生活繁杂的时候，要想再回到简陋的生活里去，也是徒劳的。"这是因为人们总是不断地进行社会性的生产，所以社会总是不断地在发展着。社会在向前发展的过程中，虽然也会有或大或小的波折，但是从其总的趋向来说，

---

① 《冯定文集》（第 2 卷），人民出版社，1989 年版，第 401 页。
② 《冯定文集》（第 2 卷），人民出版社，1989 年版，第 397 页。

生产力总是由低而高的，因而，生活（包括物质生活和精神生活）也总是由简陋而繁杂的。如果生长的繁杂的社会里，幻想社会倒退而重过简陋的生活，不光是办不到的，而且是反动的。"① "人既然是社会性的，那么当社会已经出现了阶级，成为阶级社会的时候，人们不是属于这个阶级，就是属于那个阶级，因而既具有社会性，又具有阶级性。"② 所以，人既有社会性，又有阶级性，是社会性和阶级性的统一。

既然人是社会的人，社会是处于社会关系中的人本身，既然现实生活的人是社会性和阶级性的统一，那么，追求人生幸福，应该从社会的需要出发，从马克思主义的立场出发，只有这样，人生幸福的实现才有现实的基础。

第三，对人民是否有利是判断个人行为是否道德的标准。

冯定认为，道德作为一种社会上层建筑，是随着经济基础的变更而或快或慢发生变化的，然而，道德生活同政治有密切联系。由于共产主义是"为了广大劳动人民的解放和利益"。所以，在社会主义国家里，道德标准就很清楚了。"只要我的行为对人民有利，便是道德的；反之，就是不道德的。"③ 冯定先生指出："人生的意义，在于推动社会，在于不辜负我自生到死的一段历史进化过程。即使一死而可以尽推动社会的责任，偷安苟活反而对社会有害，自然是'生不如死'了，人生最多七八十岁，二十岁死，三十岁死，比起七八十岁来，固然相差很远，但由整个的社会和历史看来，二三十岁同七八十岁简直没有什么区别！二三十岁已尽了推动社会的责任，完成了悲壮的死，伟大的死，自比庸庸碌碌而老死的人要更有意义！"④

总之，冯定认为，"我们无产阶级的世界观……是建立在集体主

---

① 《冯定文集》（第 2 卷），人民出版社，1989 年版，第 403 页。
② 《冯定文集》（第 2 卷），人民出版社，1989 年版，第 404 页。
③ 《冯定文集》（第 2 卷），人民出版社，1989 年版，第 452 页。
④ 《冯定文集》（第 1 卷），人民出版社，1987 年版，第 37 页。

义的经济基础上的。我们的观点是：无产阶级要解放自己，就要解放全人类。我们是把个人的命运和全人类的命运联系在一起来考察的。我们认为，只把个人的眼前得失作为一种生活准则，那是没有出路的，也是搞不出什么名堂来的"①。我们只有把个人命运和全人类的命运联系起来，将个人意义和社会责任联系起来，将个人幸福和社会共享结合起来，人生才有意义，才能显示出生命的强大力量。

三　人生修养论

要想过有意义的人生，实现人生价值，就得不断加强人生修养。加强人生修养不是一个一次完成的过程，也不是一劳永逸的。因为"社会是发展的，一个矛盾结束了，一个矛盾又出现了，一个思想解决了，一个思想又出现了；所以修养和学习也是没有止境的"②。

（一）人生修养的前提：克服个人主义

冯定指出："人必须认识世界并且改造世界，然而为了认识世界和改造世界，同时就得经常认识自己和改造自己。那么怎样认识自己和改造自己呢？这就需要修养了。"③ 在修养时，"最迫切而最重要的，就是克服个人主义"④。在写于 1958 年的《个人主义和个人利益》一文中，冯定把个人主义和集体主义的对立提到了世界观的高度。冯定先生指出："个人主义和集体主义是两种立场，两种世界观，两种人生的方向；所以二者是有明确的界线的。"⑤

在冯定看来，个人主义和集体主义是完全对立，正好相反的。"集体主义认为个人只是集体的分子，所以个人利益必须首先服从集体利益，集体利益也包括了个人利益，集体主义随时随地都从无产

---

①　《冯定文集》（第 2 卷），人民出版社，1989 年版，第 310～311 页。
②　《冯定文集》（第 2 卷），人民出版社，1989 年版，第 52 页。
③　《冯定文集》（第 1 卷），人民出版社，1987 年版，第 547 页。
④　《冯定文集》（第 1 卷），人民出版社，1987 年版，第 547 页。
⑤　《冯定文集》（第 2 卷），人民出版社，1989 年版，第 234 页。

阶级的利益出发，从广大劳动人民的利益出发，归根到底也就是真正从整个人类最远大利益出发，而不是从个人的利益出发，所以是符合无产阶级的世界观和人生观的，是符合真理的。而个人主义只从个人的利益出发，正是反映了剥削阶级的利益和愿望。"① 反对个人主义，克服个人主义，并不是完全不要个人利益，恰恰相反，集体主义须臾是离不开个人利益的，它只是强调，个人利益必须首先服从集体利益，也只有从集体的利益出发，个人的利益才能获得保证。

总之，"从个人主义出发，就会不知全体，不顾大局，忘记个人必须随着社会的发展而不断前进，胸襟褊狭，见识短小，责己必轻，责人必重，享受在先，劳动在后，被批评时也总觉得自己有理而别人无理；什么全都颠倒了。因此，不克服个人主义，什么修养都是无从谈起的"②。正是在这个意义上，冯定认为，克服个人主义，是加强人生修养的前提。

（二）人生修养的关键：树立无产阶级立场

进行人生修养，总有一个从什么基础出发的问题，有一个最终的判断标准的问题，这就是立场问题。立场是什么呢？冯定先生指出："立场就是当我们对客观现象特别是有关人类社会的客观现象而进行是非曲直的判断的时候，当我们考虑问题和决定问题的时候，当我们有意识的有计划的在实践的时候，总有个最后的标准的。这个标准，如果是革命和无产阶级社会主义的利益，是广大劳动人民最远大的利益，那么立场就是正确的；如果仅只是个人的利益，是小集团的利益，甚至是剥削阶级的利益，那么立场就是不正确的了。"③ 因此，立场就是"最后的标准"，就是从哪里出发，为什么人服务的问题。在冯定看来，我们加强人生修养只有一个正确的立场，那就是自觉维护社会主义的利益，自觉维护广大劳动人民的利

---

① 《冯定文集》（第1卷），人民出版社，1987年版，第547页。
② 《冯定文集》（第1卷），人民出版社，1987年版，第549页。
③ 《冯定文集》（第1卷），人民出版社，1987年版，第549页。

益。除此之外的立场都不是正确的立场，也不是我们所需要的立场。

立场为什么是修养的关键呢？冯定认为这是因为，"立场实际上是观察问题和处理问题最基本的观点和方法；所以立场是不正确的，那么观点也不可能是唯物的客观的，而是唯心主义的主观的，方法也不可能是辩证的，而是机械的或者是形而上学的了"①。因此，立场不解决，修养可能会出现南辕北辙的现象，结果可能是缘木求鱼，即使做了很大的努力，最终结果还是不尽如人意。

诚然，立场不正确，观点和方法也往往不会正确；但立场和观点方法终究不是一回事，而是有所区别的，因而彼此间可能出现参差的现象。但这种参差是暂时的，是迟早要统一起来的。比如，有人在个别问题上开始时立场和观点是正确的，可是方法错了，那么当这方法行不通已被事实证明了的时候，自己就会立即改正，或者经过大家的批评后也就会立即改正；不然的话，便变成了坚持自己的错误，一意孤行，这就不仅仅是方法的错误，而发展成观点和立场的错误了。

总之，冯定认为，"立场是不正确的，观点和方法多半总也会随着而不正确的；而且这样而来的不正确观点和方法，是轻易不会改正的；观点和方法如果偶尔有正确的地方，那么也是靠不住的。立场是正确的，那么就是观点和方法一时有了偏差，犯了错误，是比较容易改正的"②。因此，立场真正正确的人，自不会将立场变成笼统而空洞的东西，而是和观点方法密切结合起来的，也深知立场的修养和辩证唯物主义的世界观、方法论的修养是统一的。正是在这个意义上，冯定认为，正确的无产阶级立场，是人生修养的关键。

（三）人生修养的方法：结合实际自我省察

冯定认为，修养的方法，最好就是实行反省和自我检讨；而实行反省和自我检讨，是必须结合实践的。在结合实际进行反省时，

---

① 《冯定文集》（第 1 卷），人民出版社，1987 年版，第 549～550 页。
② 《冯定文集》（第 1 卷），人民出版社，1987 年版，第 551 页。

应该坚持四个方面的要求。

第一，预先性原则。为什么必须继续进行反省和自我检讨呢？因为思想未必都是在行动中表现出来的。有时一个念头或者一种想法，在脑子里闪烁一下以至于经常冒出头来，只有自我知道得非常清楚；但是任何不正确的思想的出现和存在，迟早总会有意识或者无意识变成行动的，因而让其潜伏滋长是危险的，所以必须应用反省和自我检讨的方法，来揭露它，来剖析它，来分析出现和存在这样的思想的前因后果，才能拔出根苗，不致遇到适当的土壤和气候而发起芽来，这样就可免犯错误或者少犯错误。

第二，结合性原则。反省和自我检讨，是和神秘主义的内观或者直观不同的，不是凭空来省悟出和参证出客观世界的大道理，或者是想单凭历来的经验和习惯来辨别是非和善恶，而是必须跟行动和结果联系起来，"既要注意立场和观点，又要注意方法；既要注意思想，又要注意行动；既要注意动机，又要注意效果"①。

第三，自愿性原则。反省和自我检讨，必须自觉自愿，从家庭环境、社会环境以及各种各样直接或者间接灌输进来的思想，发现自我的思想根源，画出自我思想发展的线索，挖出当前还存在些什么好的和坏的思想，来认识自己，从而为了改造自己确立了必要的条件。②

第四，经常性原则。反省和自我检讨并非目的，而目的是要经过反省和自我检讨来使改造自己和改造世界更有效果。所以反省和检讨不仅不能一劳永逸，必须时常进行，而且也不能进行了反省和自我检讨就觉得万事大吉，必须根据反省和自我检讨的结果，定出修养的目标和方法，在实践中逐渐地而又切实地表现出来和贯彻下去。

（四）人生修养的具体要求

在《共产主义人生观》中，冯定对基于共产主义立场的人生观

---

① 《冯定文集》（第 1 卷），人民出版社，1987 年版，第 557 页。
② 《冯定文集》（第 1 卷），人民出版社，1987 年版，第 557～558 页。

提出了七个方面的具体要求。

第一，踏实。冯定指出："共产主义的人生观要求实践，所以我们在人生的过程中，应该是踏实的，而不应该是光想不做，更不必说想的本来就是胡思乱想的了。"① 在冯定看来，踏实是马克思主义实践观的必然要求，由于实践是主体能动地改造客体的物质性活动，是主观见之于客观的东西，是沟通主客观的桥梁，所以，不能只停留在思想的范围内，而应该超出思想，把思想和行动结合起来，"任何部门的工作，任何种类的工作，既然都是为了社会主义和共产主义这样一个总的目标，所以都有实践的意义，都要求我们踏踏实实去从事，从中发挥我们各自的思考和才能"②。

第二，为众。冯定指出："共产主义的人生观要求为众；所以我们在人生的过程中，应该时时刻刻在考虑大众的利益，而不是一己的利益。"③ 当然，"人如果丝毫不顾一己的利益，不但思想上不易搞通，而且事实上也是不易行通的。个人为了大众而牺牲，甚至牺牲生命，这并不是经常需要这样的"④。冯定这里所说的"时时刻刻在考虑大众的利益"其实是从做事的立场出发的，就是在做任何事的时候，不能只从个人利益和个人立场出发，必须首先考虑的是"社会大众"的利益，共产主义并不需要我们毫无意义地牺牲自己的利益，但当一己的利益和大众的利益发生矛盾的时候，那么就得首先考虑大众的利益。

第三，尊人。冯定指出："共产主义人生观要求民主；所以我们在人生的过程中，必须尊重别人，注意集体的作用，和上下左右都建立团结友好的关系。"⑤ 在冯定看来，民主是和集体主义结伴同行的，民主精神是集体主义不可缺少的伴侣，要发挥集体的作用，就得发挥民主作风，重视个人的意见和能力，并经过集体的切磋琢磨，

---

① 《冯定文集》（第 2 卷），人民出版社，1989 年版，第 180 页。
② 《冯定文集》（第 2 卷），人民出版社，1989 年版，第 182 ~ 183 页。
③ 《冯定文集》（第 2 卷），人民出版社，1989 年版，第 183 页。
④ 《冯定文集》（第 2 卷），人民出版社，1989 年版，第 183 页。
⑤ 《冯定文集》（第 2 卷），人民出版社，1989 年版，第 186 页。

变成质量更高的意见和更高的能力。因此，人和人之间的互相尊重，是集体主义的要求，也是"搞好工作的枢纽和关键"①。

第四，求知。冯定指出："共产主义的人生观要求科学，所以我们在人生的过程中，必须不断求得科学知识，贯彻科学的精神。"求得科学知识就要不断学习科学，向科学进军；贯彻科学精神，就要爱好真理，追求真理，真理的认识和获得，为我们的实践做了准备，并使我们在实践中能够继续去发现真理；贯彻科学精神，就要具备实事求是的精神，还要将此精神与远大理想结合起来，充实人生意义，获得人生的真正乐趣；贯彻科学精神，还要破除迷信。

第五，热情。冯定认为，人是有感情的，感情的产生和培养，都和生活密切相关，共产主义不但不是没有感情，反而是最有丰富的感情的。有了共产主义人生观的人，不仅知道共产主义社会制度一定要实现，而且知道，共产主义社会实现的迟速决定于共产主义者和先进人们的努力程度，于是产生实现共产主义的巨大热情，对于实现共产主义有利的人和事就有了爱，对于实现共产主义不利的人和事，就有了憎。热情产生爱憎，爱憎贯彻热情。但是热情需要驾驭和控制，如热情过头，反会引起误会，甚至弄巧成拙。所以，以为共产主义者只有理想，没有感情的想法至少是误会，甚至是有意歪曲。冯定认为，"共产主义的人生观要求热情，所以我们在人生的过程中，必须对于社会主义事业和群众有益有利的事物，表示兴奋和喜悦，而反过来必须有所憎恨，有所厌恶"②。

第六，乐观。在冯定看来，乐观从伟大的理想和不知厌倦的实践两相结合中而获得。所以乐观不仅应该表现在迎接困难和克服困难上，而且也应该表现在处事待人的耐心、毅力和坚强意志上。共产主义是必然要到来的社会，到共产主义之道，好比顺水行舟，成功的方向是肯定的；虽然建设共产主义的过程中也还会有困难，但这是顺流中的困难，只要大家尽力努力，总是可以克服的。而且，

————————

① 《冯定文集》（第 1 卷），人民出版社，1989 年版，第 187 页。
② 《冯定文集》（第 2 卷），人民出版社，1989 年版，第 193～194 页。

有了共产主义人生观的人，非但不会害怕困难，倒反是大胆迎接困难、细心解决困难，不向困难屈服。因此，"共产主义的人生观要求乐观，所以我们在人生的过程中，处在顺利的环境中固然应该高兴和愉快，处在困难的环境中也不会忧郁、颓丧，而只有更加执着、更加坚定来攻破困难"。①

第七，克己。冯定认为，共产主义的人生观，肯定做人要符合世界和历史的实际，要倚靠群众；但也肯定个别的人在一定范围内、一定程度上都是有作用的；个别的人对共产主义的自觉性越高，就越能发挥其积极、主动的创造精神，那么社会的发展也就快了。但是个人要提高和加深其自觉，就得有克己的精神，就非经常检查自己和批评自己不可。所以在冯定看来，"共产主义的人生观要求克己，所以我们在人生的过程中，应该经常来认识自己，经常实行自我检查和自我批评"②。

当然，自我批评绝不是自我奚落、自我贬抑的意思，而是根据正确的世界观和历史观，承认世界和历史都是在发展的，所以每个个人的认识要想跟上去和追上去，本来也不是非常轻易的事。人总免不了会有偏向和错误；而正确的思想和行为，正是从不断纠正偏向和改正错误中形成的，因此，经常警惕自己，弥补错误，以至于设法避免错误，无疑是完全必要的。这就是克己一定要坚持自我检查和自我批评的原因之所在。

总之，冯定认为，"人生最有意义的行动就是改造世界"③，"工作的意义其实就是实践"④，"人生就是斗争"⑤。改造世界、实践、斗争，无不高扬着人的主体意识，无不强调着人生的意义，无不蕴含着不断加强人生修养的要求。这三个方面，既是冯定一生的真实写照，也是冯定人生观思想的理论旨趣之所在。

---

① 《冯定文集》（第2卷），人民出版社，1989年版，第196页。
② 《冯定文集》（第2卷），人民出版社，1989年版，第199页。
③ 《冯定文集》（第1卷），人民出版社，1987年版，第459页。
④ 《冯定文集》（第1卷），人民出版社，1987年版，第499页。
⑤ 《冯定文集》（第1卷），人民出版社，1987年版，第515页。

第七章

冯定对马克思主义哲学大众化的理论探索

　　哲学对已经发生或正在发生的人类历史现象的提问，说到底是对现存的那些束缚着人们思想创造的那种理性精神的反思，是新时代的理性精神的创造。任何真正的哲学都凝结着浓烈的时代意识，正如马克思指出的："真正的批判要分析的不是答案，而是问题。"①但是，哲学对时代问题的把握和揭示既不是图解、注释现实，表述时代状况的经验事实，也不是表达对时代的情感和意愿，而是批判性地反思和表征时代意义和时代精神，它需要与现实"拉开间距"，超越感觉的杂多性、表象的流变性、情感的狭隘性和意愿的主观性，深层地透视时代精神，理性地规范时代精神，理智地批判时代精神，理想地引导时代精神。

　　冯定认为，作为时代精神的体现，作为一种观察国家和民族命运的工具，作为一种宇宙观和方法论，马克思主义哲学不仅在"表面上"，而且从"骨子里"都卷入了斗争的旋涡，是和人民大众的生活不可分割地联系在一起的。因此，实现马克思主义哲学的大众化，"把马克思主义哲学的精神武器交给人民，将是新的历史时期赋予哲学工作者的历史使命"②。

---

　　① 《马克思恩格斯全集》（第 1 卷），人民出版社，1995 年版，第 203 页。
　　② 《冯定文集》（第 2 卷），人民出版社，1989 年版，第 530 页。

一　前提考察：为什么要"化"

冯定认为，马克思主义哲学之所以要中国化、大众化，是由理论和实践的内在矛盾运动所决定的。理论作为反映客观事物本质和规律的理性认识系统具有普遍性，而实践作为变革具体事物的客观物质活动，则是具体的、特殊的。只有具有普遍性，理论对于实践（实际）才具有指导意义；只有理解实践的特殊性，才能把理论和实践更好地结合起来。

第一，马克思主义哲学中国化、大众化是马克思主义理论的内在要求。

冯定指出："当马克思主义作为一种著作或理论存在时，它所要求的是理论上的完备和准确，就是需要对资本主义社会以至于全部人类社会所提供的优秀文化成果作最确切、最缜密和最深刻的研究。既不能忽略一点点成果，又不能忘却'批判地审查'。"[①] 所以，马克思的《资本论》在论证资本主义必然灭亡、社会主义必然胜利这个新结论时，其材料之充足，结构之严谨，方法之妥帖，论证之充分，均为历史所罕见。"但是，不能因为马克思写了《资本论》，无产阶级就可以象等待福音到来一样坐等世界革命获得胜利。相反，马克思强调在革命时期要有极大的灵活性。"[②]

列宁指出："任何一般都是个别的（一部分，或一方面，或本质）。任何一般只是大致地包括一切个别事物。任何个别都不能完全地包括在一般之中。"[③] 马克思主义的基本原理是普遍真理，就其本性、可能性与总的趋势而言，适用于全世界无产阶级的解放斗争和社会主义运动。但马克思主义在哪一个国家、哪一个民族何时发挥作用及作用的方向和大小，则取决于满足这个国家实践需要的程度。

①　《冯定文集》（第2卷），人民出版社，1989年版，第520页。
②　《冯定文集》（第2卷），人民出版社，1989年版，第520页。
③　《列宁选集》（第2卷），人民出版社，2012年版，第558页。

马克思深刻地指出："理论在一个国家实现的程度，总是取决于理论满足这个国家的需要的程度。"① 各个国家和地区的客观情况、实践特点是千差万别而又变化发展的，马克思主义理论没有也不可能把每个国家、地区的每一历史时期的情况囊括其中。恩格斯曾经说过，马克思主义不是教条，而是人们行动的指南。毛泽东也指出，马克思列宁主义并没有结束真理，而是在实践中不断地开辟认识真理的道路。马克思主义哲学提供给我们的只是想问题、看问题、处理问题的最基本、最原则的方式，而不是解决各类问题的具体的、现成的答案。邓小平深刻地指出："绝不能要求马克思为解决他去世之后上百年、几百年所产生的问题提供现成答案。列宁同样也不能承担为他去世以后五十年、一百年所产生的问题提供现成答案的任务。真正的马克思列宁主义者必须根据现在的情况，认识、继承和发展马克思列宁主义。"② 正是马克思主义哲学的共性、普遍性和中国社会、中国革命和建设的个性、特殊性决定了马克思主义哲学必须中国化、大众化。

　　第二，马克思主义哲学中国化、大众化是实践发展的必然要求。

　　冯定指出，"要求任何理论都能在现实中百分之百兑现，要求规律能赤裸裸地表现出来，要求在'公式的世界'与'现实的世界'之间划等号"③ 这是不可能的，当有人这样说的时候，他们不懂得，"发现规律同运用规律虽然密切相关，但这是不同的两件事。当人们发现规律的时候，必须在分析大量事实的基础上，找到它们之间的内在的本质的联系，为此就要求舍弃那些枝节的、非本质的、个别的或特殊的东西。这样才可以达到'真知'"④。然而，当人们运用这个规律性的认识去改造世界时，则"必须把抽象的东西再还原到具体，即必须把一般理论与当时当地的具体条件相结合，进行特殊

---

① 《马克思恩格斯文集》（第 1 卷），人民出版社，2009 年版，第 12 页。
② 《邓小平文选》（第 3 卷），人民出版社，1993 年版，第 291 页。
③ 《冯定文集》（第 2 卷），人民出版社，1989 年版，第 521 页。
④ 《冯定文集》（第 2 卷），人民出版社，1989 年版，第 521 页。

的分析，必须有新的材料结论来补充，否则就成为空话"①。

我们不能要求马克思写出《共产主义运动中的"左派"幼稚病》，也不必要求列宁再去写一部《资本论》；我们不能要求毛泽东写出《两个策略》，也不必要求列宁写出《矛盾论》《新民主主义论》，因为除了历史条件不同以外，无产阶级所担负的历史任务也不尽相同，需要武装的群众也不尽相同。冯定援引列宁在十月革命后所说的话："实际生活已经把它从公式的世界导入现实的世界，使它有血有肉，使它具体化，从而改变了它的面貌。"②

毛泽东指出："由于特殊的事物是和普遍的事物联结的，由于每一个事物内部不但包含了矛盾的特殊性，而且包含了矛盾的普遍性，普遍性即存在于特殊性之中，所以，当着我们研究一定事物的时候，就应当去发现这两方面及其互相联结，发现一事物内部的特殊性和普遍性的两方面及其互相联结，发现一事物和它以外的许多事物的互相联结。"③ 马克思主义产生于欧洲，发展于欧洲。中国国情同欧洲有很大差别，中国的文化传统和中国人的生活方式与西方有很大的差异。但十月革命开辟了人类历史的新时代，使半殖民地半封建社会的中国的民族民主革命成了世界无产阶级社会主义革命的一部分，从而对马克思主义提出了理论指导的要求，并为马克思主义在中国的传播、发挥作用和丰富发展提供了深厚的实践基础。中国社会、中国革命和建设的特殊性和个性，包含着马克思主义所揭示的规律的普遍性和共性。因此，马克思主义在中国扎根和发展，同中国的具体实际相结合，同中国文化和中国人民的生活相融合，不仅是可能的，而且也是必然的。马克思主义是普遍性的，但不是脱离特殊性独立自在的抽象神秘的普遍性，而是同特殊性相联系，通过特殊性而存在，它所反映的普遍规律是在各个不同的国度，包括情况十分复杂而特殊的中国都发生作用的具体的现实的普遍性，是以

---

① 《冯定文集》（第 2 卷），人民出版社，1989 年版，第 521～522 页。
② 《冯定文集》（第 2 卷），人民出版社，1989 年版，第 520 页。
③ 《毛泽东选集》（第 1 卷），人民出版社，1991 年版，第 318 页。

共性形式存在的共性与个性的统一。因此，马克思主义哲学必须中国化、大众化。

二　内容厘定："化"什么

从理论逻辑上分析，马克思主义大众化，其实是"马克思主义化大众"和"大众化马克思主义"相统一的过程。一方面，理论在一个国家实现的程度，取决于理论和这个国家的实际相结合的程度，批判的武器不能代替武器的批判，物质的力量只能用物质的力量来摧毁，所以，马克思主义要实现改造世界的功能，必须武装群众；另一方面，人民群众在认识和改造世界的过程中，需要有科学世界观的指导。毫无疑问，马克思主义是科学的世界观和方法论，是无产阶级实现解放的科学武器，但它不能自动在无产阶级和广大人民群众的"脑海"中生成，它需要转化为老百姓所喜闻乐见的形式，并和老百姓的生活紧密相连，才能在解决实际问题中为老百姓所接受。

冯定认为，不管是中国革命，还是建设，都需要走自己的道路，为此，"需要运用马克思主义的立场、观点和方法去研究新情况、解决新问题"；"需要我们用马克思主义哲学向人民群众进行教育，克服落后、愚昧现象"；需要我们"向盲目崇拜西方的资产阶级自由化思想作战"；需要帮助青年"学习历史和哲学，用无产阶级的世界观武装一代新人"。① 根据冯定先生的这一论述，我们认为，冯定先生对于马克思主义哲学大众化，从其具体内容上阐述了以下三个有机联系的方面。

第一，运用马克思主义研究新情况、解决新问题。

众所周知，《共产党宣言》是马克思主义的纲领性文件，在其问世 24 年之后，马克思恩格斯在 1872 年德文版序言里这样写道，"这

---

① 《冯定文集》（第 2 卷），人民出版社，1989 年版，第 530 页。

个纲领现在有些地方已经过时了"①，虽然"《宣言》中所阐述的一般原理整个说来直到现在还是完全正确的"，但"这些原理的实际运用……随时随地都要以当时的历史条件为转移"②。10 年之后，在1882 年俄文版序言中，马克思恩格斯根据美国和俄国在资本主义体系中的变化，坦言道："今天，情况完全不同了！"③ 并依据新的材料对这种新情况做了预测和推论——"假如俄国革命将成为西方无产阶级革命的信号而双方互相补充的话，那么现今的俄国土地公有制便能成为共产主义发展的起点"④。针对某些被实践证明是错误的、需要修正的部分理论，恩格斯甚至说："将来会纠正我们的错误的后代，大概比我们有可能经常以十分轻蔑的态度纠正其认识错误的前代要多得多。"⑤

在冯定看来，任何真正的马克思主义者都不能恪守马克思主义的"教条"一成不变，而必须以马克思主义基本原理为指导，研究新情况，解决新问题。他强调："不从理论与实践的结合上来研究马克思主义，不注意马克思主义基本原理及其具体运用之间的差别，要通晓马克思主义是困难的。"⑥ 因此，要真正通晓马克思主义，必须坚持理论和实践的统一，必须以时代的重大问题和人民群众的真正关切为中心，着眼于马克思主义理论的运用，着眼于新的实践和发展，对生动的现状做出研究和回答。

第二，对人民群众尤其是青年进行马克思主义世界观教育。

十年"文化大革命"的"反面的经验教训，往往会比正面的东西还深刻、还扎实。就象悲剧总比喜剧要深刻得多一样"⑦。冯定先生经历了"文化大革命"十年的惨痛岁月，但他从不只从个人得失

---

① 《马克思恩格斯选集》（第 1 卷），人民出版社，2012 年版，第 377 页。
② 《马克思恩格斯选集》（第 1 卷），人民出版社，2012 年版，第 376 页。
③ 《马克思恩格斯选集》（第 1 卷），人民出版社，2012 年版，第 378 页。
④ 《马克思恩格斯选集》（第 1 卷），人民出版社，2012 年版，第 379 页。
⑤ 《马克思恩格斯选集》（第 3 卷），人民出版社，2012 年版，第 462 页。
⑥ 《冯定文集》（第 2 卷），人民出版社，1989 年版，第 523 页。
⑦ 《冯定文集》（第 2 卷），人民出版社，1989 年版，第 300 页。

进退做历史反思和总结，他对"文化大革命"教训的总结深入到了人民群众的思想状况及其物质根基之中。

冯定先生指出："我国的社会主义社会是从一个半封建半殖民地社会脱胎而来的，我国拥有最广大的小生产者。因此，封建性的帮派意识和小生产者的狭隘性、散漫性、无政府主义和平均主义等等，在中国的土地上有着适宜的土壤，像野草一样滋长不息。"① 解决这些问题，不是一朝一夕就能够完成的，除了不断解放和发展生产力，促使生产的社会化条件不断成熟以外，还必须对人民群众进行马克思主义世界观的教育。为此，他认为，让共产主义道德深入人心是理论工作者的神圣职责。即使在今天，冯定先生写于 1981 年的下列话语依然振聋发聩。先生这样写道：

> 在今天，经过十年浩劫的社会主义中国，我们这个背着沉重的封建主义精神枷锁的包袱的民族，在拥有汪洋大海般的小生产者的社会里，我们多么需要有更多的人来掌握哲学这样的精神武器来解放我们的精神境界哪！在用四个现代化来医治我们的经济创伤时，一切小资产阶级的狂热性、一切崇洋的民族自卑感，一切无政府主义的空谈，一切狂妄自大、目空一切的偏激无知的调调，都不能对于振兴中华有所补益。而只有马克思列宁主义、毛泽东思想这个科学的宇宙观才能是我们百战百胜的武器。
>
> 有志于哲学的青年同志们，努力发挥你们的聪明才智，让哲学的思维启发你们迸发出思想的火花，为振兴中华而做贡献吧！②

这些铮铮话语，既体现着冯定对现实的深刻思考，凝聚着他对民族未来的深切关注，更熔铸着他对青年的殷切期盼，深厚的马克

---

① 《冯定文集》（第 2 卷），人民出版社，1989 年版，第 320 页。
② 《冯定文集》（第 2 卷），人民出版社，1989 年版，第 387 页。

思主义理论素养和伟岸的独立人格跃然纸上，令人不禁掩卷遐思。

第三，自觉同西方资产阶级错误思想做斗争。

冯定先生认为，改革开放恢复了中国与国际的正常联系，是一件好事。然而，在资本主义国家和我国的正常交往中，我们不仅引进了其先进的技术和管理经验，资本主义的生活方式、宇宙观和道德观也进入中国。在这种情况下，"有些人分不清资本主义制度和社会主义制度的本质区别，分不清资本主义意识形态里的精华与糟粕，以至于接受了资本主义的这些影响，发展到把自己的道德观和幸福观建立在资产阶级的极端利己主义的基础上"①。因此，必须对资产阶级的思想做辩证分析，批判继承。

冯定先生在写文章时很少引用经典作家的原话，然而，他却四次引用了列宁的话语："和社会主义比较，资本主义是祸害。但和中世纪制、和小生产、和小生产者散漫性联系着的官僚主义比较，资本主义则是幸福。"② 冯定先生之所以多次引用这句话，就是强调，对于资本主义的生产方式及其宇宙观、价值观，应该像列宁一样坚持科学的、分析的态度，不能一概而论，更不能像切西瓜那样一劈两半，而是采取实事求是的态度，对比、借鉴和分析外国的情况，既不要妄自尊大，也不要妄自菲薄，更不要崇洋媚外。

三　路径选择：如何"化"

在推进马克思主义哲学中国化、时代化和大众化的历史征程中，冯定先生写于 1983 年的也是其一生的最后一篇学术文章《把马克思主义哲学送到人民手中——论哲学的普及》的深刻见解和时代意义，很值得我们反复揣摩，仔细研讨。冯定特别强调马克思主义哲学的中国化、时代化和大众化，认为马克思主义传入中国的过程，就是一个马克思主义哲学的精神武器和中国革命的实践紧密结合在一起

---

① 《冯定文集》（第 2 卷），人民出版社，1989 年版，第 371 页。

② 《列宁全集》（第 32 卷），人民出版社，1958 年版，第 342 页。

的过程，尤其是毛泽东对马克思主义哲学中国化的功绩，使哲学在中国的实践中，产生了深远的影响。

实现马克思主义哲学的中国化和时代化，尤其是大众化，是冯定先生一生的思想基调，从他走上马克思主义理论学习、传播和研究的舞台直到他停息哲学的思维，都不曾中断。这一思想基调，不仅体现在冯定先生思想发展的各个阶段，也体现在他提出的真知灼见中，对于我们今天推进马克思主义哲学中国化、时代化和大众化，无疑具有重要的理论启迪。冯定指出："从事哲学的普及工作，并不是一件轻而易举的事情。它需要有深厚的马克思主义理论基础，需要有丰富的生活实践，还需要有对共产主义事业的极大热忱，才能使普及工作做得更好。哲学的普及是一项极其严肃的工作。我们所说的通俗，并不是意味着降低质量，也不是流于庸俗，而是把哲学的科学原理，用准确、精练、好懂的语言文字阐述清楚。并且善于联系我们党的当前政策和任务，联系群众的思想动态，把基本原理赋予和时代相关的生命力，使得群众乐于接受，有所共鸣，得到启迪。"① 我们认为，冯定的这一阐述，不仅是对马克思主义哲学中国化、时代化尤其是大众化规律的深刻表达，而且也是冯定一生哲学探索经验的中肯总结，对于继续推进马克思主义哲学大众化具有重要的理论启迪。

（一）大众化的主体条件："深厚的马克思主义理论基础"

冯定小时候接受了较好的传统文化熏陶，打下了坚实的国文基础，尤其是 1924 年到北京任徐荷君（段祺瑞政府财政部主任秘书）私人文秘后，他"下决心将线装书都搁置起来"，"凡是新的杂志如《向导》、《语丝》等"每期必读，"还通过同乡张雪门（在北京大学注册科工作）的帮忙每天上午去北大旁听"，阅读进步书籍，这使冯定对马克思主义有了强烈的心理认同。1925 年秋天，冯定考入上海商务印书馆任编辑，在此期间他接触到进步书籍，阅读过《共产党

---

① 《冯定文集》（第 2 卷），人民出版社，1989 年版，第 530 页。

宣言》、布哈林的《共产主义 ABC》及李大钊等人写的共产主义普及性读物，并且受到党组织的影响，于 1926 年初加入中国共产党，同时广泛涉猎各方面知识，撰写各种文体的文章，并刻苦自学英语和俄语，翻译一些小品，其文学造诣、理论素养、写作能力和外语水平显著提高，这为以后从事革命理论宣传和写作打下了坚实基础。1927 年 11 月初，冯定被党派往莫斯科中山大学学习，成为第三期学员，在此期间，他系统学习和接受了马克思主义理论。1930 年，冯定从莫斯科回国，在上海等地从事地下党和部队的宣传教育工作，曾参加过"社联"和"左联"组织的活动。1937 年，冯定在上海以贝叶的笔名，在进步刊物上发表了一批有水平的理论文章与专著，成为 20 世纪 30 年代上海文化界的名人。冯定一生笔耕不辍，一生都奋战在党的马克思主义理论研究、宣传和普及事业上，并精通英语和俄语，能够阅读马克思主义著作的更多版本。他在 20 世纪 30 年代就从俄文和英文中翻译介绍一些进步著作给中国读者，50 年代初在上海任中共中央华东局宣传部副部长时，他还和孙冶方一同请了一位白俄老太太学俄文。和苏联专家交往，他不需要通过翻译，可以直接对话。从冯定的理论著述可以看出，他精通马克思主义，这为他写作通俗化的哲学著作打下了坚实的马克思主义理论基础。

因此，马克思主义哲学大众化，需要把马克思主义哲学这一源自西方文明传统的、吸收了世界一切优秀文明成果的科学理论和中国的现实问题、生活实际、民族特点和文化传统结合起来，这不是任何一个教条主义者照搬照抄所能完成的艰巨任务，因为正如毛泽东同志指出的，"教条主义者是懒汉，他们拒绝对于具体事物做任何艰苦的研究工作，他们把一般真理看成是凭空出现的东西，把它变成为人们所不能够捉摸的纯粹抽象的公式"①。因此，要实现马克思主义哲学的大众化，首先需要有真正弄懂、弄通马克思主义精神实质的马克思主义理论家来进行翻译、传播、研究，并结合中国实际

---

① 《毛泽东选集》（第 1 卷），人民出版社，1991 年版，第 310 页。

不断进行理论创造。没有这样的理论家及其具备的马克思主义的理论基础，马克思主义大众化就会成为空中楼阁，无从实现。

（二）大众化的内在要求："丰富的生活实践经验"

冯定先生一生命运坎坷，1927～1930 年在苏联莫斯科中山大学学习期间，曾因抵制王明的宗派主义家长制作风而遭到排斥和打击，受到党内警告处分；1964 年起，他受到错误批判，其著作《平凡的真理》、《共产主义人生观》和《人生漫谈》等被污蔑为毒害青年的"毒草"，写于 1964 年的《人生漫谈》当时只是内部出版，直到1982 年才正式出版；"文革"期间他又被打成"反革命修正主义分子"，直到"文革"结束后才得以平反，重新开始自己的马克思主义理论研究和宣传事业。历经"文革"的磨难，冯定先生加深了对马克思主义的思考，正如他 1978 年指出的："反面的经验教训，往往会比正面的东西还深刻、还扎实。"① 可以说，陆定一为《冯定文集》的题词"出入几生死，往事泣鬼神"是对冯定一生的真实写照。

冯定拥有丰富的革命和生活实践经验。抗日战争爆发后，他相继任皖南新四军政治部宣传科长及《抗敌报》主编、苏北抗日军政学校副校长、抗日军政大学第五分校副校长、中共中央华中局党校校委会委员兼教员、中共中央华东局宣传部副部长等职，其间做了大量的演讲和宣传研究工作，为培养党的干部做出了重要贡献。1953 年 1 月，冯定调任中共中央马列主义学院一分院副院长，主要负责为周边国家尚未执政的共产党培养领导干部。1955 年冯定任新创办的《哲学研究》编委，任首批中国科学院学部委员，后历任全国政协第二、三、四届委员，参加了中国科学院拟制全国长期科学规划工作会议。1957 年 1 月由毛泽东提名任北京大学哲学系教授，1957 年 2 月率中国科学院哲学代表团（组成人员有冯定、贺麟、任继愈及张镛，冯定任团长）访问苏联。1977 年后历任北京大学党委副书记、哲学系主任、副校长、校务委员会顾问等职。

---

① 《冯定文集》（第 2 卷），人民出版社，1989 年版，第 300 页。

　　这些丰富的生活实践经验，使得他对马克思主义的理解有更多的实践气息。正如黑格尔所说，同一句格言，从完全正确地理解了它的年轻人口中说出来，总没有在阅历极深的成年人心中所具有的那种含义和广度，后者能够表达出这句格言所包含的全部力量。

　　"理论是苍白的，生命之树常青。"冯定一生积极参与中国革命、建设和改革的具体实践，积累了丰富的生活实践经验，这为他实现马克思主义哲学大众化提供了丰富的生活素材，同时也启示我们：丰富的生活实践经验，是马克思主义哲学大众化的内在要求。

（三）大众化的情感诉求："对共产主义事业的极大热忱"

　　冯定对共产主义有着坚定的信仰，从他 1926 年初加入中国共产党直到逝世，从没有动摇过。一个人在顺境中做到这一点也许并不难，但是当受到错误批判和对待时，能否做到这一点，才真正是一个人是否信仰共产主义的试金石。冯定一生两次受到错误批判，第一次是 1927～1930 年在莫斯科中山大学学习期间，他因抵制王明的宗派主义错误而受到警告处分；第二次从 1964 年开始直到"文化大革命"结束，在长达 13 年的困难岁月中，他没有动摇共产主义信念，没有丧失对共产主义的热忱，复出后依然为共产主义事业，为党和国家的建设事业不懈努力，殚精竭虑。

　　马克思在《〈黑格尔法哲学批判〉导言》中指出："批判的武器当然不能代替武器的批判，物质力量只能用物质力量来摧毁；但是理论一经掌握群众，也会变成物质力量。理论只要说服人，就能掌握群众；而理论只要彻底，就能说服人。所谓彻底，就是抓住事物的根本。"① 透过冯定的一生我们发现，理论要想说服人，就必须打动人，理论只有注入情感的力量才能打动人，要实现马克思主义哲学的大众化，除了政治认同、理论认同之外，还必须有情感认同。正是在这个意义上，我们说，对共产主义事业的极大热忱，构成马克思主义哲学大众化的情感要求。

---

　　① 《马克思恩格斯文集》（第 1 卷），人民出版社，2009 年版，第 11 页。

（四）大众化的表达形式："准确精练通俗的百姓语言"

冯定十分认同毛泽东同志关于"群众就不欢迎他们枯燥无味的宣传，我们也不需要这样蹩脚的不中用的宣传家"① 的思想，在讲课、做报告、写文章时，从来不居高临下，而是以平等的态度，平和的语气，平实的语言，表达着老百姓"喜闻乐见"的丰富思想。他熟读马列著作，但在写文章时很少引用马列原文，而是用凝练自然的语言，以中国老百姓所能接受的叙述方式表达出来，这不但体现在他为大众写作的通俗化读物中，也体现在20世纪80年代的专门学术研讨中。

还是毛泽东说的好："如果一篇文章，一个演说，颠来倒去，总是那几个名词，一套'学生腔'，没有一点生动活泼的语言，这岂不是语言无味，面目可憎，像个瘪三吗？"② 以无味空洞的语言，是打动不了老百姓的，更遑论马克思主义哲学的大众化！因此，"如果是不但口头上提倡提倡而且自己真想实行大众化的人，那就要实地跟老百姓去学，否则仍然'化'不了的。有些天天喊大众化的人，连三句老百姓的话都讲不来，可见他就没有下过决心跟老百姓学，实在他的意思仍是小众化"③。人民的语汇是丰富的，生动活泼的，表现实际生活的。因此，要想实现马克思主义的大众化，必须采取老百姓喜闻乐见的表达方式和表达风格。

（五）大众化的现实基础："联系党的当前政策和任务"

冯定各个时期的理论创作，都是和时代的课题，尤其是党在各个阶段的政策和任务紧密联系在一起的，都从哲学角度对党的政策和各个阶段的任务给予了理论阐释和哲学概括。1937年，面对国统区青年的迷茫，他写下了《青年应当怎样修养》一书；1943年，结合延安整风的实际，他写下了《论反省》；1947年，躺在病床上的

---

① 《毛泽东选集》（第3卷），人民出版社，1991年版，第838页。
② 《毛泽东选集》（第3卷），人民出版社，1991年版，第837页。
③ 《毛泽东选集》（第3卷），人民出版社，1991年版，第841页。

冯定终于有相对"充裕"的时间，以系列短文的形式来回答 20 世纪 30 年代以来青年一直苦恼的问题，即到底什么是真理，如何获得真理并为真理献身；1952 年，新中国成立后如何正确认识民族资产阶级的特点，成为重大的理论和现实问题，为此他写下了《关于掌握中国资产阶级的性格并和中国资产阶级的错误思想进行斗争的问题》一文，受到毛泽东的赞扬和肯定；1956 年，当社会主义改造完成以后，青年应该以怎样的人生态度投入新社会的洪流中积极从事社会主义建设，成为重要的时代课题，为此，他写下了《共产主义人生观》；20 世纪 80 年代，面对改革开放新的伟大实践，他倡导《哲学工作者的历史使命》，认为《让共产主义道德深入人心是理论工作者的神圣职责》，呼吁《把马克思主义哲学送到人民手中》。

通过冯定的艰苦探索，我们发现，马克思主义哲学大众化，必须和党在各个时期的政策、任务结合起来，和党在各个阶段的中心工作联系起来。离开了党在各个阶段的中心工作和任务这一现实基础，马克思主义哲学大众化就没有了实践土壤。离开现实基础的土壤，马克思主义哲学大众化的大树是长不起来的，即使生长，也绝不会枝繁叶茂。

（六）大众化的社会心理条件："联系群众的思想动态"

马克思指出："理论在一个国家实现的程度，总是取决于理论满足这个国家的需要的程度。"① 而"这个国家的需要"是通过人民群众的诉求和思想动态表现出来的。因此，只有联系群众的思想动态，理论才能拥有坚定的社会意识土壤和群众接受的思想条件。

冯定先生的《平凡的真理》一书被誉为 20 世纪五六十年代流传最广的、为进步青年所喜爱的一部马克思主义哲学通俗读物。该书 1948 年由光华书店出版，1949 年 5 月由大连新中国书局（作为"新青年自学丛书"之一）印造初版，中国青年出版社于 1955 年、1959 年、1980 年出版三个版次，重印十一次，先后共印行 50 万册。《共

---

① 《马克思恩格斯文集》（第 1 卷），人民出版社，2009 年版，第 12 页。

产主义人生观》一书 1956 年和 1957 年由中国青年出版社出版两个
版次，后多次重印，发行量达 86 万册，此外还出版过朝文版本。
《工人阶级的历史任务》一书由上海人民出版社出版了 1953 年版、
1960 年版两个版次，共印行 35 万册。冯定的著作在当时如此畅销，
获得广泛的读者基础，不仅仅是因为其切中了时代的脉搏，回答了
时代的问题，不仅仅是因为其讲述做事、做人道理的正确，也不仅
仅是其语言的通俗流畅，在很大程度上，是因为他的作品在广泛的
社会心理层面获得了深度认同。正是在这个意义上，我们说，联系
群众的思想动态，是马克思主义哲学大众化的社会心理条件。

（七）　大众化的时代视野：“赋予基本原理和时代相关的生命力”

任何一个时代，科学的理论都要面对和回答时代提出的问题。
“问题是时代的格言，是表现时代自己内心状态的最实际的呼声。”[1]
理论的生命力在于它能够及时发现时代提出的问题，并且科学回答
时代提出的问题，为人们正确地把握时代脉搏指明方向。马克思指
出，“任何真正的哲学都是自己时代的精神上的精华”[2]。作为文明
的活的灵魂，马克思主义哲学总是随着时代的发展而进步，在解决
时代新课题中不断更新发展自己。推进马克思主义哲学大众化，始
终包含着马克思主义哲学时代化的问题。把马克思主义基本原理赋
予和时代相关的生命力，这不仅是冯定对于理论工作者的谆谆教诲，
更是马克思主义哲学中国化、时代化和大众化的永恒课题。

---

[1]　《马克思恩格斯全集》（第 1 卷），人民出版社，1995 年版，第 203 页。
[2]　《马克思恩格斯全集》（第 1 卷），人民出版社，1995 年版，第 220 页。

结　语

　　马克思主义的诞生是人类思想史上的壮丽日出，它从来不是脱离人类文明大道的喃喃自语，更不是广场上的雕塑，柜子里的花瓶，而是从其一产生，不论在"表面上"还是"骨子里"早已卷入现实斗争的旋涡。关注现实，审视现实，反思现实，引领现实，从来就是每一个真正的马克思主义者义不容辞的历史使命。

　　理论在一个国家实现的程度，总是取决于理论满足这个国家的需要的程度。马克思主义理论在一个国家的应用，随时随地都要以当时的历史条件为转移。马克思主义在中国的传播和发展，就是马克思主义不断中国化、大众化、时代化的过程，就是一代代中国的马克思主义者不断结合新的实践，创造出中国化的马克思主义的过程。

　　"发展的列车匆匆驶过精神的站台，现实的变化把心灵的地图抛在身外。"诗化的语言，道出令人痛心的"价值失落"。人民有信仰，民族才有希望，国家才有力量。如何把马克思主义送到人民手中，使其成为人民改造世界的锐利思想武器？在凝聚着一生思想精粹的晚年论文中，冯定先生给出了自己的思考："探索探索者所走过的道路，继续追求真理和发展真理，是一切马克思主义研究者的共同任务。"

　　冯定一生追求真理，坚持真理，发展真理。他一生的理论探索，贯穿着对马克思主义的深刻理解，渗透着立场鲜明的党性原则，熔铸着注重应用的理论旨趣，高扬着立足现实的创新精神，蕴含着宽容平等的人格力量，洋溢着精练朴实的清新文风。

冯定对马克思主义的深刻理解，集中表现在他对马克思主义理论主题的把握和对新唯物主义世界观的阐释上。在冯定看来，马克思主义就是无产阶级和人类解放的科学，致力于实现全部人类的解放，是工人阶级伟大的历史使命。只有肯认这一前提，才能理解新唯物主义的实质，才能理解新唯物主义和无产阶级解放的内在一致性——"旧唯物主义的立脚点是市民社会，新唯物主义的立脚点则是人类社会或社会的人类"。

冯定思想坚定的党性原则，集中表现在他革命奋斗生涯中的人民情怀上，表现在他对待理论的实事求是态度上，表现在他对共产主义的无限热忱上。在上海商务印书馆工作时，他初次接触马克思主义，十分振奋，申请加入中国共产党，从此他便坚定了这一信仰；苏联留学时，面对王明的"左"倾宗派主义，他坚决抵制，受到处分；在"文化大革命"中，他"不做检讨英雄"，以沉默应对对他的错误批判；改革开放后，他反复强调，对于古今中外的一切理论，不要随意贴"政治标签"，要实事求是，具体分析。

冯定思想注重应用的理论旨趣，集中表现在他总是将现实问题融入哲学反思，进行理论总结，给予科学回答。20 世纪 30 年代，面对国统区青年的困惑，他写下了《青年应当怎样修养》一书；40 年代后期，面对解放事业的迅猛发展，他以连载的形式写下了《平凡的真理》一书；50 年代，他对新中国成立后民族资产阶级性格的分析，更是受到了毛泽东的赞许；社会主义改造完成以后，面对社会主义建设对"一代新人"的渴求，他写下《共产主义人生观》一书；80 年代，面对改革开放的历史重任，他强调对生动活泼的现实给予马克思主义的解答。

冯定思想立足现实的创新精神，集中表现在《平凡的真理》对哲学体系的积极探索上，表现在《关于掌握中国资产阶级的性格并和中国资产阶级的错误思想进行斗争的问题》一文运用矛盾辩证法对新中国成立后中国民族资产阶级性格的正确分析上。1955 年重写的《平凡的真理》，没有沿用斯大林教科书体系的模式，而是以认识论为主线，把辩证唯物论和历史唯物论融为一体，以耳目一新的体系来阐释马克思主义哲学；对资产阶级共同性格和特殊性格的分析，更是马克思主义和中国资产阶级改造实际相结合的典范，是对马克思列宁主义、毛泽东思想有关问题的创造性发挥，受到毛泽东的高度赞许。

冯定宽容平等的人格力量，表现在他的理论活动中，也表现在他的日常生活中。他和青年交流，从不居高临下，以权威自居，而是以一个"受过比较长远和深刻的生活教育"的"比较老的青年"的身份和青年谈心。在北大工作期间，他和青年教师、学生平等交流，答疑解惑。读冯定先生的文章，你从来不会觉得他是在说教，而是娓娓道来，循循善诱，让人如沐春风。

冯定精练朴实的清新文风，表现在他的论著中，也表现在他的演讲、报告中。毛泽东曾把"语言无味，像个瘪三"列为党八股的罪状之一，冯定深知，理论要打动群众，一定得让老百姓喜爱。他熟读马列经典，但他写文章很少引用马列原文，而是以平实的语言，表达深刻的思想。

把马克思主义哲学送到人民手中，是冯定思想一贯的理论品格，也是冯定先生一生的理论愿望。

　　　　平凡真理，真理平凡，留得人间一瓣香。
　　　　创新马列，马列创新，理论研究多任重。

参考文献

一 冯定的著作和论文类

《冯定文集》（第 1 卷）．北京：人民出版社，1987.

《冯定文集》（第 2 卷）．北京：人民出版社，1989.

冯定．《辩证唯物主义讲稿》（1960—1961）．北京：北京大学哲学系（内部刊印稿），1992.

贝叶①．青年应当怎样修养．上海：上海生活书店，1937.

冯定．平凡的真理．大连：新中国书局，1949.

冯定．平凡的真理．北京：中国青年出版社，1955.

冯定．平凡的真理．北京：中国青年出版社，1959.

冯定．平凡的真理．北京：中国青年出版社，1980.

冯定．中国共产党怎样领导中国革命．上海：华东人民出版社，1953.

冯定．中国共产党怎样领导中国革命．上海：上海人民出版社，1956.

冯定．中国共产党怎样领导中国革命．上海：上海人民出版社，1961.

冯定．工人阶级的历史任务．上海：华东人民出版社，1953.

冯定．工人阶级的历史任务．上海：上海人民出版社，1960.

冯定．有关中国民族资产阶级的某些问题．北京：人民出版社，1956.

---

① "贝叶"是冯定先生 20 世纪 30 年代发表著作和文章时所用的笔名。下同。

冯定．共产主义人生观．北京：中国青年出版社，1956．

冯定．共产主义人生观．北京：中国青年出版社，1957．

冯定．人生漫谈．北京：中国青年出版社，1964．

冯定．人生漫谈．长春：吉林人民出版社，1982．

贝叶．苏联剧院的伟大成功．读书生活，1934 年 11 月 10 日第一卷
　　第一期．

贝叶．苏联影片在国际展览会上的荣誉．读书生活，1934 年 11 月 25
　　日第一卷第二期．

贝叶．怎样把握住现在．文化食粮，1937 年 4 月 5 日第一卷第二期．

贝叶．往露天去．自修大学，1937 年 6 月 12 日一卷二辑第 11 号．

贝叶．好好儿过暑期生活．自修大学，1937 年 6 月 26 日一卷二辑第
　　12 号．

贝叶．我们对英美的谢意和戒心．自修大学，1937 年 7 月 10 日一卷
　　二辑第 13 号．

贝叶．形式逻辑的扬弃．自修大学，1937 年 7 月 10 日一卷二辑第 13 号．

贝叶．陈毅将军访问记（上）．译报周刊，1939 年 4 月 20 日第二卷
　　第一期．

贝叶．陈毅将军访问记（下）．译报周刊，1939 年 4 月 27 日第二卷
　　第一期．

冯定．学习毛泽东思想来掌握资产阶级的性格并和资产阶级的思想
　　进行斗争——读《毛泽东选集》的一个体会．解放日报，1952 -
　　03 - 24．

冯定．关于掌握中国资产阶级的性格并和中国资产阶级的错误思想
　　进行斗争的问题．学习，1952，（04）．

冯定．灯塔照耀中的警钟——增强党的团结．中国青年报，1954 -
　　03 - 23．

冯定．工人阶级政党内为什么会出现个人主义野心家．中国青年，
　　1954，（11）．

冯定．每个青年都应燃起对反革命的怒火．中国青年，1955，（14）．

冯定．关于"平凡的真理"．读书月报，1957，（02）．

冯定．访苏小记．北京大学学报（人文科学版），1957，（02）．

冯定．关于反击右派的几个问题．思想战线（北大编），1957，（01）．

冯定．关于"民主是手段"——给化二第一团小组的一封信．思想战线（北大编），1957，（03）．

冯定．从民主说起．青年共产主义者丛刊第一集：民主与自由．北京：中国青年出版社，1957．

冯定．这次学习讨论中的几个问题．北京大学校刊，1957－07－26．

冯定．为谁而学．中国青年报，1957－09－26．

冯定．十月革命开辟了人类社会历史的新纪元．学习，1957，（21）．

冯定．学术问题与政治问题．光明日报，1958－01－12．

冯定．怎样解决立场问题——再谈"为谁而学"．中国青年报，1958－02－21．

冯定．略谈中国工人阶级和资产阶级的矛盾性质及其斗争形式．北京大学学报（人文科学版），1958，（02）．

冯定．我的干劲和斗志．光明日报，1958－03－27．

冯定，谢道渊．党委委员应该率先上阵．光明日报，1958－03－27．

冯定．方针是正确的——哲学系师生下乡两月的总结报告．北京大学学报（人文科学版），1958，（04）．

冯定．劲从何来．哲学研究，1958，（04）．

冯定．人类知识的大跃进．哲学研究，1958，（05）．

冯定．高举共产主义的旗帜．哲学研究，1958，（07）．

冯定．中间状态和中游思想．学习，1958，（17，18 期合刊）．

冯定．个人主义的反动性及其危害．北京大学校刊，1958－04－14．

冯定．知识分子在大跃进．人民日报，1958－05－08．

冯定．不容个人主义"负隅顽抗"．光明日报，1958－05－25．

冯定．谈马克思列宁主义普遍真理和民族特点相结合的原则．青年共产主义者丛刊第六集：伟大的革命宣言．北京：中国青年出版社，1958．

冯定．个人主义的反动性及其危害．青年共产主义者丛刊第三集：在思想斗争战线上．北京：中国青年出版社，1958．

冯定．发挥六亿人民的主观能动作用是毛主席的重要思想．北京日报，1958－06－19．

冯定．发挥六亿人民的主观能动作用是毛主席的重要思想．伟大的一年——纪念"关于正确处理人民内部矛盾的问题"发表一周年．北京：北京出版社，1958．

冯定．一个指头坏了也要治．漫谈工作方法和哲学．北京：通俗读物出版社，1958．

冯定．给哲学教学踏开一条新路——关于北京大学哲学系教学改革的报告．人民日报，1958－09－26．

冯定．论家长制和家庭．中国青年，1958，（23）．

冯定．学习辩证法．北大青年，1959，（02）．

冯定．掌握客观规律，充分发挥主观能动作用．新建设，1959，（02）．

冯定．社会的跃进和辩证法．哲学研究，1959，（02）．

冯定．唯物论辩证法的伟大胜利．前线，1959，（02）．

冯定．关于两种世界观问题．北京大学学报（人文科学版），1960，（01）．

冯定．两种世界观的根本分歧．文汇报，1960－03－13．

冯定．学习雷锋，树立共产主义世界观．北京大学校刊，1963－03－02．

冯定，赵常林．坚持革命性和科学性的统一——学习《唯物主义和经验批判主义》笔记．北京大学学报（哲学社会科学版），1978，（03）．

冯定．一代巨人斯大林．科学社会主义研究，1980，（02）．

冯定，张文儒．论毛泽东同志在抗日民族统一战线问题上对唯物辩证法的杰出运用．晋阳学刊，1980，（02）．

冯定．学习少奇同志关于党的建设的理论．红旗，1980，（09）．

冯定，张文儒，陈葆华．辩证法是革命的代数学——从列宁著作中学习辩证的方法论．文史哲，1981，（01）．

冯定.用马克思主义世界观武装一代新人——从《通俗哲学》谈起.
　　人民日报，1982－04－02.

冯定.辩证唯物主义讲稿.北京大学学报（哲学社会科学版），
　　1993，（02）.

二　经典著作类

《马克思恩格斯选集》第1～4卷.北京：人民出版社，2012.

《马克思恩格斯文集》第1～10卷.北京：人民出版社，2009.

《马克思恩格斯全集》第1卷.北京：人民出版社，1995.

《马克思恩格斯全集》第3卷.北京：人民出版社，2002.

《马克思恩格斯全集》第30卷.北京：人民出版社，1995.

《马克思恩格斯全集》第2卷.北京：人民出版社，1957.

《马克思恩格斯全集》第29卷.北京：人民出版社，1972.

《马克思恩格斯全集》第32卷.北京：人民出版社，1974.

《列宁选集》第1～4卷.北京：人民出版社，2012.

《列宁专题文集 论马克思主义》.北京：人民出版社，2009.

《列宁专题文集 论社会主义》.北京：人民出版社，2009.

《列宁专题文集 论辩证唯物主义和历史唯物主义》.北京：人民出版
　　社，2009.

《斯大林选集》（上、下卷）.北京：人民出版社，1979.

《毛泽东选集》第1～4卷.北京：人民出版社，1991.

《毛泽东文集》第7卷.北京：人民出版社，1999.

《邓小平文选》第3卷.北京：人民出版社，1993.

三　学术著作类

谢龙主编.平凡的真理 非凡的求索——纪念冯定百年诞辰研究文集.
　　北京：北京大学出版社，2002.

北京大学哲学系图书资料室.冯定的论文及著作目录.北京：北京
　　大学哲学系，1964.

张岱年. 通往爱智之门. 北京：北京大学出版社，2011.

黄楠森，等，主编. 马克思主义哲学史（第六卷）：马克思主义哲学
　　在中国的传播和发展（上）. 北京：北京出版社，1989.

黄楠森，等，主编. 马克思主义哲学史（第七卷）：马克思主义哲学
　　在中国的传播和发展（下）. 北京：北京出版社，1989.

黄枬森主编. 马克思主义哲学体系的当代构建（上、下册）. 北京：
　　人民出版社，2011.

赵敦华，孙熙国主编. 中西哲学的当代研究与马克思主义哲学创新.
　　北京：人民出版社，2011.

孙熙国，李翔海主编. 北大中国文化研究（第 1 辑）. 北京：社会
　　科学文献出版社，2011.

孙熙国，李翔海主编. 北大中国文化研究（第 2 辑）. 北京：社会
　　科学文献出版社，2012.

王东主编. 时代精神与马克思主义哲学创新. 北京：人民出版社，
　　2011.

《马克思主义哲学史》编写组编. 马克思主义哲学史. 北京：高等教
　　育出版社，人民出版社，2012.

《中国哲学史》编写组编. 中国哲学史（下册）. 北京：人民出版
　　社，高等教育出版社，2012.

王东. 马克思学新奠基. 北京：北京大学出版社，2006.

北京大学哲学教研室组编. 马克思主义哲学原理. 北京：北京大学
　　出版社，1984.

许全兴，陈战难，宋一秀（顾问 张岱年）. 中国现代哲学史. 北京：
　　北京大学出版社，1992.

艾思奇. 大众哲学. 北京：三联书店，1979.

建国以来毛泽东文稿：第三册. 北京：中央文献出版社，1989.

薄一波. 若干重大决策与事件的回顾（上）. 北京：中央党校出版
　　社，1991.

哲学研究编辑部编辑. 中国过渡时期资产阶级与工人阶级矛盾性质

问题讨论专辑．北京：科学出版社，1956.

赵敦华，李中华，杨立华．北京大学哲学系史稿（1912—2012）．
　　北京：北京大学哲学系内部出版，2012.

北京大学马克思主义学院编．北京大学与马克思主义理论教育——
　　庆祝北京大学马克思主义学院建院 20 周年．北京：北京大学出
　　版社，2012.

陈占安，等，编选．马克思主义与北京大学纪念文集．北京：北京
　　大学出版社，1998.

温纯如．西方哲学史上的真理观．哈尔滨：黑龙江人民出版社，1998.

《马克思主义与社会科学方法论》编写组编．马克思主义与社会科学
　　方法论．北京：高等教育出版社，2018.

萧超然主编．巍巍上庠 百年星辰——名人与北大．北京：北京大学
　　出版社，1998.

马洪才编著．新四军人物志．南京：江苏人民出版社，2004.

《中国大百科全书》总编委会编．中国大百科全书（6）．北京：中
　　国大百科全书出版社，2009.

《中国大百科全书》总编委会编．中国大百科全书（2）．北京：中
　　国大百科全书出版社，2011.

复旦大学历史系资料室编．二十世纪中国人物传记资料索引（上编）
　　（1），上海：上海辞书出版社，2010.

复旦大学历史系资料室编．二十世纪中国人物传记资料索引（下编）
　　（3），上海：上海辞书出版社，2010.

中国社会科学院哲学研究所编．中国哲学年鉴（1983）．上海：中
　　国大百科全书出版社，1983.

中国社会科学院哲学研究所编．中国哲学年鉴（1984）．上海：中
　　国大百科全书出版社，1984.

中国社会科学院哲学研究所编．中国哲学年鉴（1986）．上海：中
　　国大百科全书出版社，1986.

中国社会科学院哲学研究所编．中国哲学年鉴（2003）．北京：哲

学研究杂志社，2003.

北京市社会科学界联合会编著．北京社会科学年鉴（2003）．北京：
　　北京出版社，2003.

北京市教育委员会编．北京教育年鉴（2003）．北京：开明出版
　　社，2004.

中国二十世纪通鉴编辑委员会编著．中国二十世纪通鉴（第四册）.
　　北京：线装书局，2002.

《中国百科年鉴》编辑部编．中国百科年鉴（1984）．上海：中国大
　　百科全书出版社，1984.

京声，溪泉．新中国名人录．南昌：江西人民出版社，1987.

中国社会科学院哲学研究所伦理学研究室．道德与道德教育．上海：
　　上海人民出版社，1981.

韩庆祥．马克思的人学理论．郑州：河南人民出版社，2011.

沙健孙主编．中国共产党和资本主义、资产阶级（上）．济南：山
　　东人民出版社，2005.

孙正聿．哲学通论．沈阳：辽宁人民出版社，1998.

孙正聿．哲学的目光．长春：吉林人民出版社，2007.

孙正聿．哲学观研究．长春：吉林人民出版社，2007.

孙正聿．马克思主义辩证法研究．北京：北京师范大学出版社，2012.

欧阳康．马克思主义认识论研究．北京：北京师范大学出版社，2012.

俞吾金．实践诠释学——重新解读马克思哲学与一般哲学理论．昆
　　明：云南人民出版社，2001.

萧前，杨耕，等．唯物主义的现代形态——实践唯物主义研究．北
　　京：中国人民大学出版社，2012.

林京耀，等．马克思恩格斯认识论的形成和发展．上海：上海人民
　　出版社，1987.

张天飞，童世骏．哲学概论．上海：华东师范大学出版社，1997.

朱立言，等，编著．哲学通论．北京：中国人民大学出版社，1990.

郭湛．主体性哲学——人的存在及其意义．北京：中国人民大学出

版社，2011.

沈湘平．哲学导论．北京：中国社会科学出版社，2014.

戴茂堂，李家莲．哲学引论．北京：人民出版社，2014.

洪晓楠．哲学通论十五讲．北京：人民出版社，2012.

郭庆堂，王昭风，丁祖豪，唐明贵．哲学通论．北京：中国社会科学出版社，2008.

王海明．新伦理学（上、中、下卷）．北京：商务印书馆，2008.

夏甄陶，李准春，郭湛主编．思维世界导论——关于思维的认识论考察．北京：中国人民大学出版社，1992.

夏甄陶．认识论引论．北京：人民出版社，1986.

王连法．当代真理论．北京：经济日报出版社，1988.

章士嵘．西方认识论史．长春：吉林人民出版社，1983.

弓肇祥．真理理论——对西方真理理论历史地批判地考察．北京：社会科学文献出版社，1999.

肖前，李秀林，汪永祥主编．辩证唯物主义原理．北京：人民出版社，1981.

〔德〕卡尔·雅斯贝尔斯．智慧之路．柯锦华，范进，译．北京：中国国际广播出版社，1988.

〔匈〕G. 卢卡奇．关于社会存在的本体论·上卷——社会存在本体论引证．白锡堃，等，译．重庆：重庆出版社，1993.

〔意〕安东尼奥·葛兰西．狱中札记．曹雷雨，等，译．北京：中国社会科学出版社，2000.

〔德〕黑格尔．小逻辑．贺麟，译．北京：三联书店，1954.

〔英〕特里·伊格尔顿．马克思为什么是对的．李杨，任文科，郑义，译．北京：新星出版社，2011.

四　报刊类

杨耳（许立群笔名）．驳斥资产阶级的谬论：资产阶级没有向工人阶级猖狂进攻吗？．学习，1952，（02）.

吴江．评民族资产阶级的"积极性"．学习，1952，（02）．

艾思奇．认清资产阶级思想的反动性．学习，1952，（03）．

于光远．明确对资产阶级思想的认识，彻底批判资产阶级思想．学
　　习，1952，（03）．

胡绳，于光远，我们的检讨．学习，1952，（05）．

沈少周．"平凡的真理"．光明日报，1955 - 12 - 29.

邵德门．对"平凡的真理"一书的几点意见．光明日报，1956 - 02 - 23.

沈少周．重读"平凡的真理"之后．光明日报，1956 - 12 - 13.

中国科学院哲学代表团访苏．科学通报，1957，（03）．

朱毛弟．冯定同志向我校团员作报告 号召共青团员站在反右斗争前
　　列．北京大学校刊，1957 - 06 - 28.

车书栋，金梅，记录并整理．关于处理右派分子大辩论中的一些问
　　题——冯定同志在 29 日的全校师生员工大会上作小结．北京大
　　学校刊，1958 - 01 - 31.

北大通讯社．冯定同志向全校师生作关于八届六中全会文件学习的
　　总结报告．北京大学校刊，1959 - 02 - 06.

卢善庆．冯定讲《关于中国民族资产阶级问题》．厦门大学学报
　　（社会科学版），1963，（01）．

张启勋．评冯定的《共产主义人生观》．红旗，1964，（17，18 合刊）．

张启勋．反对冯定式的个人主义——再评《共产主义人生观》．中
　　国青年，1964，（24）．

陆锋．主观唯心主义的大杂烩——评冯定同志的《平凡的真理》．
　　红旗，1964，（21，22 合刊）．

郭念锋．对冯定著《平凡的真理》一书中两个心理学问题的初步批
　　判．心理科学杂志，1965，（02）．

郜国荣．黄委会基层团干和青年批判冯定同志错误观点座谈会纪要．
　　黄河建设，1965，（02）．

朱德生，张文儒．寓深刻于平凡——评介《平凡的真理》一书．红
　　旗，1980，（10）．

袁方．永恒的追求——悼念冯定同志．人民日报，1984 - 02 - 24.

张文儒．忠诚的马克思主义理论战士——纪念冯定逝世一周年．光
明日报，1984 - 12 - 08.

汪子嵩．冯定同志初到北大二三事．北京大学校友通讯，1993，
（12）.

李少军．永远的丰碑——怀念黄枬森老师．北京大学校报，2013 -
04 - 07.

顾明，田方．评冯定关于中国工人阶级和资产阶级的矛盾性质和斗
争形式问题的论文．读书月报，1957，（07）.

黎德扬．评冯定的主观唯心主义的实践观．江汉学报，1964，
（11）.

在思想战线上 驳冯定的"正义冲动"论．人民教育，1964，（11）.

魏道履，赵伙来．是马克思主义真理观，还是唯心主义真理观——
评冯定同志的《平凡的真理》．学术月刊，1964，（11）.

钱逊．批判冯定同志"为了生活而实干"的个人主义哲学．前线，
1964，（22）.

朋宜．驳冯定同志的民主观．前线，1964，（23）.

批判冯定的《共产主义人生观》．人民教育，1964，（10）.

梁仁河．坚持马克思主义还是修正马克思主义——评冯定同志《工
人阶级的历史任务》一书的几个主要错误观点．西北师大学报
（社会科学版），1964，（Z1）.

史清．驳冯定同志的社会主义社会阶级斗争熄灭论．西北师大学报
（社会科学版），1964，（Z1）.

吴重光．驳冯定同志的人的气质论．自然辩证法研究通讯，1965，
（03）.

许启贤．批判冯定同志的"幸福观"．前线，1965，（04）.

皮明麻．克服个人主义其名，宣扬个人主义其实——评冯定同志
《又红又专的关键是克服个人主义》．人民教育，1965，（01）.

史国显，朱珍玉．冯定同志的《关于"红专"》宣扬了什么？．人民

教育，1965，（01）．

评冯定同志的《人生漫谈》．人民教育，1965，（01）．

评冯定同志的《平凡的真理》．人民教育，1965，（01）．

李荣兴，林永民．驳冯定同志否认阶级斗争宣扬阶级调和的两个论点．学术月刊，1965，（02）．

清．驳冯定的几本著作中的错误观点．学术月刊，1965，（02）．

陈筠泉．冯定同志怎样用相对主义来否定马克思列宁主义普遍真理．哲学研究，1965，（01）．

肖．我校师生隆重集会纪念李大钊同志诞辰九十周年．北京大学学报（哲学社会科学版），1979，（06）．

黄枬森，陈志尚．评1964年对冯定的《共产主义人生观》的批判．北京大学学报（哲学社会科学版），1980，（04）．

舒文，吴士濂．缅怀冯定同志．社会科学，1984，（05）．

袁方，张文儒．冯定的学风与哲学思想的特点．社会科学，1985，（07）．

张文儒．冯定哲学学术思想初评．北京大学学报（哲学社会科学版），1985，（03）．

许全兴．《平凡的真理》的启示——兼谈哲学体系的改造．北京大学学报（哲学社会科学版），1993，（02）．

苗力沉，褚静宇．冯定的哲学和伦理学思想探讨．北京大学学报（哲学社会科学版），1993，（02）．

冯宋彻．冯定的矛盾辩证法思想．北京大学学报（哲学社会科学版），1993，（02）．

姚惠龙．冯定应用哲学的主要特征．北京大学学报（哲学社会科学版），1993，（02）．

张文儒．冯定诞辰九十周年纪念会暨学术讨论会综述．北京大学学报（哲学社会科学版），1993，（02）．

汪致钰．北京上海相继召开"冯定学术思想讨论会"．毛泽东邓小平理论研究，1993，（01）．

陈瑛．人的精神生活更重要——纪念冯定同志诞辰九十周年．道德与文明，1993，（03）．

陈昊苏．磨难不可能颠覆真理——纪念冯定同志．道德与文明，1993，（03）．

冯宋彻．进击的一生——冯定同志的治学与做人．道德与文明，1993，（03）．

徐则浩．冯定回忆新四军军部片断．江淮文史，1993，（03）．

夏征农，等．论冯定同志的理论贡献．学术月刊，1994，（04）．

冯贝叶，冯南南．毛泽东关于冯定的三次表态．百年潮，2000，（06）．

于光远．《学习》杂志错误事件．百年潮，2000，（10）．

冯贝叶，冯南南．对《毛泽东对冯定的三次表态》的两点补充．百年潮，2000，（10）．

闵维方．既为经师 更为人师——学习冯定同志高尚的精神品格．求是，2002，（24）．

李存立．纪念冯定——一位杰出寓于平凡之中的学者．理论学习与探索，2002，（03）．

任吉悌．冯定与西方哲学讨论会．学术界，2002，（04）．

谢振声．真理的探索者——纪念著名学者冯定百年诞辰．中共宁波市委党校学报，2002，（03）．

魏铭．冯定同志百年诞辰纪念会暨学术研讨会召开．北京大学学报（哲学社会科学版），2002，（06）．

陈瑛．平凡蕴含真理 真理指向高尚——冯定关于人生观问题的论述．湖南师范大学社会科学学报，2002，（04）．

邢贲思．让哲学走进大众．人民日报，2002-08-13．

记者吴珺、彭国华．首都学术界纪念冯定诞辰一百周年．人民日报，2002-09-28．

王天玺．弘扬理论联系实际的优良学风．人民日报，2002-11-23．

记者刘茜，通讯员张翼．首都学术界纪念冯定诞辰一百周年．光明日报，2002－10－11.

黄楠森，陈志尚．共产主义人生观的基本特点和当代价值——重读
　　冯定关于共产主义人生观的论著．北京大学学报（哲学社会科
　　学版），2003，（01）.

章玉钧．对平凡真理的非凡探索——心香一瓣献吾师冯定．西南民
　　族大学学报（人文社科版），2003，（07）.

常哲．对21世纪哲学、伦理学创新给予的启示——评析冯定学术理
　　论贡献综述．哲学研究，2003，（01）.

今哲．著名哲学家、教育家冯定．今日浙江，2003，（02）.

章玉钧．我心中的冯定．百年潮，2003，（06）.

林娅，王多吉．马克思主义哲学中国化探析．新视野，2006，
　　（03）.

俞吾金．马克思对物质本体论的扬弃．哲学研究，2008，（03）.

孙熙国，路克利．马克思主义大众化与马克思主义理论的创新和发
　　展——改革开放三十年来马克思主义大众化的一条重要经验．
　　探索，2008，（06）.

孙熙国．马克思主义大众化的三个重要环节．思想教育研究，2008，
　　（10）.

孙熙国，路克利．马克思主义大众化的两个基本前提和两条实现路
　　径．马克思主义研究，2009，（02）.

孙熙国．60年来马克思主义大众化的基本历程与基本经验．理论视
　　野，2009，（11）.

孙熙国．是地道的唯心主义哲学还是唯物史观的秘密诞生地——马
　　克思《博士论文》与唯物史观的创立．学术月刊，2013，
　　（05）.

孙熙国．社会主义核心价值观的二重超越性．中国特色社会主义研
　　究，2014，（03）.

孙熙国．中国文化发展的基本路径．北京大学学报（哲学社会科学
　　版），2011，（06）.

孙熙国．马克思主义基本原理的学科对象与整体架构．马克思主义
　　研究，2012，（02）．

孙熙国．构建马克思主义基本原理学科的整体框架．人民日报，
　　2012－04－06．

冯宋彻．马克思主义大众化传播的学者路径．现代传播（中国传媒
　　大学学报），2012，（06）．

王多吉，代立梅．马克思《资本论》对现代社会研究的多维启示．
　　理论探索，2010，（06）．

王东．马克思主义哲学创新的一面旗帜——纪念黄枬森先生．高校
　　理论战线，2013，（03）．

王多吉．传统形而上学批判与马克思哲学的主题视域．理论导刊，
　　2009，（01）．

代立梅．新唯物主义视域中的主体文化自觉．云南社会科学，2014，
　　（04）．

代立梅．整体性马克思主义的重要奠基——《黑格尔法哲学批判》
　　理论地位新探．理论界，2014，（09）．

附录：冯定学术事业年表

1902 年

9 月 25 日，出生于浙江省慈溪县（现为宁波市江北区慈城镇）一个手工业工人家庭。冯家原为慈城的千年望族，在浙江素有"南浔刘家，慈溪冯家"之说，自汉以来几十代诗书传家，人才辈出，至清朝乾隆已出进士 56 名，但至晚清逐渐衰落。冯定，原名冯远龙（幼年和小学时用名）、冯昌世（宁波浙江省立第四师范学校时用名），1922～1930 年名冯稚望，1930～1938 年名冯季定，1938 年以后名冯定。30 年代常用笔名贝叶发表论文和著作，还曾用高莱、北译、宋彻、尔彻等笔名。

1916 年

秋，慈溪政婉小学毕业。因家境贫寒，无力升学，在族叔冯君木先生（当地著名学者）资助下，进入宁波浙江省立第四师范学校学习。

1921 年

秋，宁波浙江省立第四师范学校毕业，以优异的国文和算术成绩被宁波新创办的花纱交易所录用为会计（只招收一人，有一千多人报考）。冯定称：在交易所时，自己的生活分为两部分：一部分，每天八小时，"为了生活只好卖给交易所"；另一部分，在家"按计划读古书"（据冯定1955年撰写的《自传草稿》）。虽报酬优厚，但一年后因志向不合且交易所破产而离职。

1922 年

冬，随冯君木先生赴上海，在冯君木先生任教的修能学社任国文教师。

1924 年

冬，赴北京，任徐荷君（段祺瑞政府财政部主任秘书）私人文秘。冯定称：每天除两三小时坐办公室外，"以对付交易所的态度去对付财政部，而且下决心将线装书都搁置起来"，"凡是新的杂志如《向导》、《语丝》等"每期必读，"还通过同乡张雪门（在北京大学注册科工作）的帮忙每天上午去北大旁听"，一次讲课者说 Marx 的经济学思想在欧洲有较大影响，而在学术界没有地位，听后很"恼火"（据冯定1955年撰写的《自传草稿》）。1925年五卅惨案后，曾到北大报名参加救国会，不久向徐荷君辞职返沪。

1925 年

秋，考入上海商务印书馆任古文编辑。从此借助商务印书馆的条件，广泛涉猎各方面知识，撰写各种文体的文章，并刻苦自学英语和俄语，翻译一些小品，其文学造诣、理论素养、写作能力和外语水平显著提高，为以后从事理论宣传和写作打下坚实基础。在此期间接触到进步书籍和党组织。为寻求解释社会不合理现象的道理，阅读过布哈林的《共产主义 ABC》、《共产党宣言》及李大钊等人写的共产主义普及性读物等；受到党组织的影响，于1925年底在上海商务印书馆编辑部经吴文棋和方渊泉介绍加入中国共产党（当时商务的党支部工作由陈云同志负责领导），候补期三个月。

1926 年

1 月，正式出席党小组会，由此开始计算党龄。入党后在上海参加过二次罢工，不久任党小组长，1926 年底起任支部书记。

10 月，上海工人第一次起义期间，参加为期三天的党的浙江区第一次代表会议，该会主席是书记罗亦农，彭述之代表中央作政治报告，在会上冯定提出"支部建立工作机关"建议，并就争论问题发言。会后，应商务印书馆工会之邀，在宝山路印刷厂车间召开的群众大会上作反蒋报告。

1927 年

2 月 19 日，上海工人第二次起义失败后按上级部署，与另一支部委员分头散发传单。

3 月，进入杭州后，根据组织指示加入国民党，并先后任杭州国民党浙江省党部秘书、宁波国民党宁波市党部秘书。曾于 3 月 23 日抵上海，向商务印书馆辞职。

"四一二"反革命政变后赴武汉，顺利接上组织关系，先任国民党汉口市党部宣传干事，后接中央军委的通知，任国民革命军第六军军政训练股长。在此期间，曾作为上海代表出席第五次全国劳动代表大会。

"七一五"反革命政变后，按组织意见携介绍信返回上海。经陈修良同志动员，提交去苏联学习的报告，并由她转给组织审批（蒋介石、汪精卫相继叛变革命，中共中央为保存革命力量，有计划地把一些在大革命时期有一定影响的同志送往苏联学习）。

10 月 9 日，中国工人代表团秘密离沪赴莫斯科参加十月革命十周年纪念活动。代表团团长是向忠发，团员有李震瀛、邢红珠、冯定、胡任生、沙文汉。由上海同船（苏联客轮"安铁捷"号）赴苏联的还有上海、武汉、江苏、浙江等地干部 40 余人。

11 月初，到达莫斯科，冯定与大部分同志被党派往莫斯科中山大学学习，成为第三期学员。这期学员中还有：铁瑛（女）、章汉夫、帅孟奇（女）、陈徵（沙可夫）、陈铁真（孔原）、应修人、陈昌浩、陈逸（陈修良）（女）、陈尚友（陈伯达）、孟庆树（女）等。同时在莫斯科中山大学学习的还有杨尚昆、伍修权、孙冶方、张崇德、张崇文等。至1930年，冯定在莫斯科中山大学学习期间，曾因抵制王明的宗派主义而遭到排斥和打击，受到警告处分。

1930 年

秋，从苏联回国，到上海从事党的地下工作，任津浦、沪宁、沪杭、杭甬四路铁路员工赤色总工会秘书。

冬，因患急性胃病，向组织请假，到北方一边养病，一边在师范学校和中学任教并翻译苏联小说，以维持生计。

1932 年

秋，返回上海，在任俄文教师的同时，参加"中国社会科学家联盟"（简称"社联"）① 及其和"左联"组织的活动，为"少共"江苏省委办的刊物《少年真理》译稿，并开始以贝叶等笔名发表译文。

1933 年

春，以贝叶为笔名翻译了一部以苏联海军生活为题材的小说。开明书店初步同意出版，条件是必须有鲁迅的序言，鲁迅感觉内容不错，但由于对海军生活不熟悉，希望冯定能再译一份作者小传，以供撰写序文参考。但冯定手头无作者小传，书店主要从盈利角度出发，希望鲁迅能随便写几句话，这一态度使鲁迅不悦，遂未写

---

① "中国社会科学家联盟"于1930年5月20日在上海成立，1935年"华北事变"后，全国抗日救亡运动出现新形势，为推进抗日民族统一战线的建立，于1936年宣布解散。"社联"是中国革命的和进步的哲学社会科学工作者的战斗堡垒，为马克思主义哲学在中国20世纪30年代的广泛传播做出了历史性的贡献。

序言。①

1934 年

11 月 10 日，以贝叶的笔名在上海《读书生活》第一卷第一期发表《苏联剧院的伟大成功》一文。

11 月 25 日，以贝叶的笔名在上海《读书生活》第一卷第二期发表《苏联影片在国际展览会上的荣誉》一文。

1936 年

年初，中共江苏省委正式恢复后，任省委宣传部干事兼党刊《真理》主编。

1937 年

3 月 3 日，以贝叶的笔名发表第一部著作——《青年应当怎样修养》，由上海生活书店出版（被列为《青年自学丛书》之一）。该书针对当时国民党统治区青年的思想实际，以谈心的方式和生动的语言介绍马克思主义的新世界观和新人生观。因以平等的态度对话，能做到和读者的思想、感情息息相通，是当时颇具影响的一部用马克思主义观点解释人的道德情操修养的读物。

3 月 6 日，以贝叶的笔名在上海《自修大学》杂志一卷一辑第 4 号发表《英雄和英雄主义》一文。

3 月 20 日，以贝叶的笔名在上海《自修大学》一卷一辑第 5 号发表《谈新人生观》一文；在《文化食粮》第一卷第一期发表《青年群》一文。

4 月 3 日，以贝叶的笔名在上海《自修大学》一卷一辑第 6 号发表《新人群的道德观》一文。

4 月 5 日，以贝叶的笔名在上海《文化食粮》第一卷第二期发

---

① 闻超：《鲁迅致金丁信》，《鲁迅研究月刊》1990 年第 8 期。

表《怎样把握住现在》一文。

4 月 17 日，以贝叶的笔名在上海《自修大学》一卷一辑第 7 号发表《哲学的应用》一文。

5 月 1 日，以贝叶的笔名在上海《自修大学》一卷一辑第 8 号发表《现阶段的中国青年问题》一文。

5 月 14 日，以贝叶的笔名在《国民周刊》1 卷 2 期发表《青年在这个时候应该干些什么?》一文。

5 月 15 日，以贝叶的笔名在上海《自修大学》一卷一辑第 9 号发表《怎样自修外国语》一文。

5 月 28 日，以贝叶的笔名在《国民周刊》1 卷 4 期发表《大话与小话》一文。

5 月 29 日，以贝叶的笔名在上海《自修大学》一卷一辑第 10 号发表《论自然哲学和历史哲学》一文。

6 月 12 日，以贝叶的笔名在上海《自修大学》一卷二辑第 11 号发表《问题简答》（关于物质统一性问题）和《往露天去》两篇文章。

6 月 26 日，以贝叶的笔名在上海《自修大学》一卷二辑第 12 号发表《好好儿过暑期生活》和《问题简答》（关于新哲学是科学的哲学）两篇文章。

7 月 10 日，以贝叶的笔名在上海《自修大学》一卷二辑第 13 号发表《我们对英美的谢意和戒心》及《形式逻辑的扬弃》两篇文章。

7 月 24 日，以贝叶的笔名在上海《自修大学》一卷二辑第 13 号发表《主战与求和》一文。

1938 年

《青年应当怎样修养》再版。

10 月，在安徽省皖南新四军政治部任宣传科长、《抗敌报》主编、教育科长、干部教育科长。

10 月 26 日，在《译报周刊》1 卷 3 期发表《脑子还得磨砺》一文。

1939 年

与项英、袁国平、朱镜我、李一氓、黄诚等集体修改《新四军军歌》。①

4 月 20 日，在《译报周刊》2 卷 1 期发表《陈毅将军访问记》（上）。

4 月 27 日，在《译报周刊》2 卷 2 期发表《陈毅将军访问记》（下）。

1940 年

2 月 15 日，《美国与世界大战》（上）刊登在《抗敌》1 卷 7 期。

3 月 1 日，《美国与世界大战》（下）刊登在《抗敌》1 卷 8 期。

3 月 16 日，《忠奸辩》刊登在《抗敌》1 卷 9 期。

春，任江南澄武锡区军政委员会副主任。

秋，任苏北抗日军政大学副校长，抗日军政大学第五分校副校长（陈毅兼分校校长，副校长还有赖传珠、洪学智），中共中央华中局党校校委会委员兼教员。

1942 年

11 月，任中共淮北区党委宣传部长。

1943 年

3 月 16 日，《学习的中心堡垒》（原署名：彻）刊登在《拂晓报》。

7 月 1 日，《论反省》刊登在《拂晓报》1 卷 4 期。

---

① 唐炎、林晖：《〈袁国平同志在皖南〉读后感》，《大江南北》2011 年第 8 期。

1944 年

与袁方同志结婚，邓子恢同志主持婚礼，刘少奇等新四军主要领导同志出席简朴的晚宴。

1945 年

6 月 23 日，《教育改革声中防止"矫枉过正"与"因噎废食"》刊登在《拂晓报》。

10 月 7 日，《认清形势，积极行动》（上）刊登在《拂晓报》。

10 月 8 日，《认清形势，积极行动》（下）刊登在《拂晓报》。

秋，任中共中央华东局华中分局宣传部副部长。

1947 年

3 月，任中共中央华东局（先在山东，后在上海）宣传部副部长。

秋，赴大连医治胃病，术后疗养中写作多篇普及哲学知识的短文，总标题是"平凡的真理"，在每篇具体标题前冠以"平凡的真理"之一、之二、之三……，连载于《大连日报》。

1948 年

将连载《大连日报》的多篇哲学短文集成《平凡的真理》一书，由光华书店出版。全书分上、中、下三编，上编："信不信由你——基本知识"；中编："宇宙的钥匙——普遍的规律"；下编："当战士与做学生——真实的生活"。该书是冯定的主要代表作，被誉为五六十年代流传最广、进步青年最为喜爱的一部马克思主义哲学的通俗读物。

1949 年

5 月，《平凡的真理》由大连新中国书局（作为《新青年自学丛书》之一）印造初版。

上海解放后，被聘请到中共中央华东局举办的华东新闻学院讲习班讲课。①

1950 年

6月，《平凡的真理》由三联书店在上海印造第二版（重排），为上海第一版，导文印刷所承印，印数 00001～10000 册，增补 1950年1月写于上海的"沪新版序"。第三、四版（重印），印数 10001～38000 册。

1951 年

5月，《平凡的真理》由三联书店在北京印造第五版（重印），印数 38001～48000 册。

1952 年

任中共中央华东局宣传部副部长，兼华东军政委员会文化教育委员会副主任。

3月24日，《学习毛泽东思想来掌握资产阶级的性格并和资产阶级的思想进行斗争——读〈毛泽东选集〉的一个体会》发表于上海《解放日报》。

4月10日，根据毛泽东的指示，《学习》杂志编辑部对 1952 年3月24日发表于上海《解放日报》的文章，即《学习毛泽东思想来掌握资产阶级的性格并和资产阶级的思想进行斗争——读〈毛泽东选集〉的一个体会》做了个别地方的修改，以《关于掌握中国资产阶级的性格并和中国资产阶级的错误思想进行斗争的问题》为题，刊登在《学习》杂志 1952 年第 4 期。

4月10日，《人民日报》转载《学习》杂志《关于掌握中国资

---

① 黄鸿森：《悼念敬爱的师长——椿芳同志》，《出版工作》1988 年第 2 期。

产阶级的性格并和中国资产阶级的错误思想进行斗争的问题》一文。
此后，人民出版社出版单行本。

11 月，《中国共产党怎样领导中国革命》一书由上海华东人民
出版社（后改称上海人民出版社）出版初版。

1953 年

1 月，任中共中央马列主义学院一分院副院长。

3 月，《中国共产党怎样领导中国革命》一书由上海华东人民出
版社出版第 4 版，印数 250001 ~ 300000 册。

10 月，《工人阶级的历史任务》一书由上海人民出版社出版第
1 版。

1954 年

3 月 23 日，《灯塔照耀中的警钟——增强党的团结》一文发表
在《中国青年报》。

《工人阶级政党内为什么会出现个人主义野心家》一文发表在
《中国青年》第 11 期。

1955 年

1 月 17 日，出席《哲学研究》编辑委员会第一次会议。冯定自
《哲学研究》创办即担任编委。

4 月 27 日，参加中国"五一"劳动节访苏代表团访问苏联，同
行的有艾思奇、许涤新等同志，6 月 12 日返北京。访问期间，5 月
13 日到苏联高级党校做总路线报告，5 月 21 日到镰刀斧头工厂做报
告，5 月 23 日到莫斯科大学给党的积极分子做报告。

6 月 3 日，周恩来总理签署公布国务院 5 月 31 日第 10 次会议批
准的包括冯定在内的首批中国科学院 233 名学部委员名单。

《每个青年都应燃起对反革命的怒火》，《中国青年》第 14 期。

10 月，重写《平凡的真理》，由中国青年出版社出版。全书分

四篇，第一篇"真理和智慧"，第二篇"真理和谬误"，第三篇"真理和规律"，第四篇"真理和实践"。北京第一版第一次印刷，印数1～70000 册。

1956 年

《中国共产党怎样领导中国革命》一书由上海人民出版社出版第2 版。

被选为第二届中国人民政治协商会议全国委员会委员（历任全国政协第二、三、四届委员，第五届常务委员会委员）。

2 月 3 日，在第二届全国政协第一次会议期间，赴中南海怀仁堂参加晚宴，受到毛泽东、刘少奇、周恩来的接见，并会晤了陈云同志。

6 月 14 日，参加中国科学院拟制全国长期科学规划工作会议期间，与全体代表一起受到毛泽东主席接见，并合影留念。

8 月，《谈"百家争鸣"》，《哲学研究》1956 年第 3 期。

《关于"平凡的真理"》，《文史哲》1956 年第 4 期。

10 月 13 日，《关于我国当前阶级矛盾的性质和斗争的形式问题》，《大公报》。

10 月，《平凡的真理》，中国青年出版社北京第一版第四次印刷，印数 135001～165000 册。

11 月，《共产主义人生观》一书由中国青年出版社出版第一版。第一版第一次印刷，印数 1～570000 册。

11 月 19 日，《谈选本》，《新民报晚刊》。

12 月，《有关中国民族资产阶级的某些问题》一书由人民出版社出版。该书收入《关于掌握中国资产阶级的性格并和中国资产阶级的错误思想进行斗争的问题》、《论中国工人阶级对民族资产阶级既联合又斗争的基本特点》（1956 年 7 月承《哲学研究》编辑的委托为苏联《哲学问题》撰写）与《关于我国当前阶级矛盾的性质和斗争的形式问题》三篇文章。《关于中国工人阶级和资产阶级的矛盾性质和斗争形式论争的关键》，载《中国过渡时期资产阶级与工人阶级矛盾性质问题讨论专辑》，《哲学研究》编辑部编，由科学出版社出版。

《爱养父母在社会主义社会里也是必要的美德》，《中国青年》第 24 期。

1957 年

1 月，由毛泽东同志提名调北京大学任哲学系教授。

1 月 23 日，《关于"平凡的真理"》一文发表在《读书月报》第 2 期。

1 月 29 日，由高教部综合大学司副司长胡沙同志陪同至北大报到，在临湖轩和校长马寅初先生及校部几位处长相见，又与党委书记江隆基同志交谈。

1 月 29 日，率中国科学院哲学代表团（由冯定、贺麟、任继愈和张镛组成，冯定任团长）访问苏联。主要访问莫斯科苏联科学院哲学研究所和莫斯科大学哲学系、列宁格勒哲学研究所和列宁格勒大学哲学系、基辅哲学研究所和乌克兰大学哲学系。2 月 28 日，参加苏联科学院哲学研究所学术讨论会。3 月 8 日，与基辅哲学研究所座谈，解答有关中国的许多问题。3 月 11 日，与莫斯科大学哲学系七八十位教师座谈、演讲。访问期间还同中国留学生交谈。3 月 14 日返回北京。

《关于反击右派的几个问题》一文发表在《思想战线》（北大编）第 1 期。

《访苏小记》刊登在《北京大学学报》（人文科学版）第 2 期。

《关于"民主是手段"——给化二第一团小组的一封信》刊登在《思想战线》（北大编）第 3 期。

2 月，《中国共产党怎样领导中国革命》，上海人民出版社第三版。

3 月 21 日，至中宣部，和陆定一同志谈话，告以不兼任北京大学副校长。

3月27日，哲学系全体教员会，讲访苏观感，任继愈同志也发了言。

4月1日，经北京大学哲学系系务委员会一致通过、校务委员会批准评为一级教授（因原为行政六级，工资高于一级教授）。北京大学校党委会议全体通过增补冯定为党委委员，并报上级批准。哲学系系主任郑昕先生主持全系学生大会，由冯定和任继愈谈访苏观感，其他系的学生也有来参加的。

4月13日，与哲学系副主任汪子嵩和从理科本科毕业生中招收的五名自然辩证法研究生共商学习问题，提出聘请于光远指导的建议。

4月30日，出席《人民日报》哲学社会科学版编辑委员会第一次会议，到会的还有胡绳、许立群、于光远等。

6月24日晚，向北京大学共青团员作报告，号召共青团员站在反右斗争前列。[①]

6月，《共产主义人生观》由中国青年出版社出版第二版，1958年以后多次印刷。

7月26日，《这次学习讨论中的几个问题》刊登在《北京大学校刊》。

9月26日，《为谁而学》一文发表在《中国青年报》。

10月，《从民主说起》一文载于《青年共产主义者丛刊》第一集：《民主与自由》（中国青年出版社出版）。

11月，《中国在过渡时期的辩证发展》刊登在《北京大学学报》1957年第4期。l2月，该文又以《十月革命的伟大思想在中国的胜利》为题目发表于苏联《哲学问题》杂志1957年第6期。

《十月革命开辟了人类社会历史的新纪元》一文发表在《学习》杂志第21期。

---

① 朱毛弟：《冯定同志向我校团员作报告号召共青团员站在反右斗争前列》，《北京大学校刊》1957年6月28日。

1958 年

1 月 12 日，《学术问题与政治问题》一文发表在《光明日报》。

1 月 29 日，就"处理右派分子大辩论中的一些问题"在全校师生员工大会上作小结。①

《论家长制和家庭》一文发表在《中国青年》第 23 期。

2 月，《个人主义的反动性及其危害》一文载于青年共产主义者丛刊第三集《在思想斗争战线上》（中国青年出版社出版）。该文也刊登在 4 月 14 日的《北京大学校刊》上。

2 月 21 日，《怎样解决立场问题——再谈"为谁而学"》一文发表在《中国青年报》。

3 月 27 日，《我的干劲和斗志》、《党委委员应该率先上阵》（与谢道渊合写）两篇小短文发表在《光明日报》。

4 月，经北京大学校长兼党委书记陆平提名并报上级批准，任北京大学党委副书记。

4 月，《略谈中国工人阶级和资产阶级的矛盾性质及斗争形式》一文发表在《北京大学学报》（人文科学版）第 2 期。

《劲从何来》一文发表在《哲学研究》第 4 期。

5 月 8 日，《知识分子在大跃进》一文发表在《人民日报》。

5 月，《人类知识的大跃进》一文发表在《哲学研究》第 5 期。

5 月 25 日，《不容个人主义"负隅顽抗"》一文发表在《光明日报》。该文标题在《冯定文集》第二卷（人民出版社 1989 年版）中改为《个人主义与个人利益》。

6 月，《谈马克思列宁主义普遍真理和民族特点相结合的原则》一文载于青年共产主义者丛刊第六集《伟大的革命宣言》（中国青年出版社出版）。

6 月 19 日，《发挥六亿人民的主观能动作用是毛主席的重要思

---

① 《关于处理右派分子大辩论中的一些问题——冯定同志在 29 日的全校师生员工大会上作小结》，车书栋、金梅记录并整理，《北京大学校刊》1958 年 1 月 31 日。

想》一文刊登在《北京日报》上。8 月载于《伟大的一年——纪念"关于正确处理人民内部矛盾的问题"发表一周年》一书（北京出版社出版）。

7 月 1 日，"毛泽东哲学思想学习会"成立大会在北京大学办公楼礼堂举行。该会是由冯定等 10 人发起组织的。

7 月 7 日，"毛泽东哲学思想学习会"干事会，选举常务干事，冯定被选为总干事。

8 月，《一个指头坏了也要治》一文载于《漫谈工作方法和哲学》一书（北京通俗读物出版社出版）。

《高举共产主义的旗帜》一文发表在《哲学研究》第 7 期。

《方针是正确的——哲学系师生下乡两月的总结报告》刊登在《北京大学学报》（人文科学版）第 4 期。

9 月 26 日，《给哲学教学踏开一条新路——关于北京大学哲学系教学改革的报告》发表在《人民日报》。

《中间状态和中游思想》一文发表在《学习》杂志第 17、18 期合刊。

1959 年

1 月 24 日，向全校师生作关于八届六中全会文件学习的总结报告。①

2 月，《唯物论辩证法的伟大胜利》一文发表在《前线》第 2 期。

《学习辩证法》一文发表在《北大青年》第 2 期。

《社会的跃进和辩证法》一文发表在《哲学研究》第 2 期。

《掌握客观规律，充分发挥主观能动作用》一文发表在《新建设》第 2 期。

4 月，《关于不断革命和革命发展阶段论》一文载"青年共产主

---

① 北大通讯社：《冯定同志向全校师生作关于八届六中全会文件学习的总结报告》，《北京大学校刊》1959 年 2 月 6 日。

义者丛刊"第十三集《学习毛泽东著作的体会》（中国青年出版社
出版）。

9 月，《平凡的真理》由中国青年出版社出版第二版。增补作者
写于 1957 年元旦的长篇（两万多字）"重印附言"。

12 月至次年 5 月，北京大学哲学系辩证唯物主义和历史唯物主
义教研室编写马克思主义哲学教材，教研室全体教师参加，由冯定
任主编，在他倡议下尝试按辩证唯物主义和历史唯物主义融为一体
的框架撰写，并亲自撰写绪论。

1960 年

1 月，《平凡的真理》中国青年出版社北京第二版第十次印刷，
印数 343501 ~ 393500 册。

3 月 1 日，《关于两种世界观问题》一文发表在《北京大学学
报》（人文科学版）第 1 期。

3 月 13 日，《两种世界观的根本分歧》一文发表在《文汇报》。

5 月，《工人阶级的历史任务》一书由上海人民出版社出版第 2
版，印数 300001 ~ 350000 册（上海人民出版社将此书和《中国共产
党怎样领导中国革命》一书收入"党的基本知识丛书"，"是为了帮
助具有初中以上文化水平的广大党员和党的基层干部，系统地学习
党的基本知识，增强党性锻炼，以便更好地发挥党的基层组织的战
斗堡垒作用，发挥共产党员的模范作用"①）。

8 月 28 日，《马克思主义世界观的伟大胜利——读〈毛泽东选
集〉第四卷的几点初步体会》一文发表在《北京大学学报》（人文
科学版）第 4 期。

11 月 5 日，北京大学校务委员会通过《学报》编辑委员会，冯
定为召集人。

11 月，《马克思主义世界观的伟大胜利——读〈毛泽东选集〉

---

① 冯定：《工人阶级的历史任务》，上海人民出版社，1960 年版，"党的基本知识丛
书"编辑说明。

第四卷的几点初步体会》一文被转载于《新建设》1960 年第 10、11 期。

1960 年和 1961 年为北京大学哲学系本科生系统地讲授马克思主义哲学原理课。在 1987 年编辑《冯定文集》时，根据当时听过课的夏剑豸老师的笔记并参照其他几份记录整理成《辩证唯物主义讲稿》（节录），后因篇幅问题未收入《冯定文集》。1992 年在纪念冯定先生诞辰九十周年，举行学术讨论会之际，北京大学哲学系在 9 月刊印了《辩证唯物主义讲稿》的小册子，供学者研究与参考。① 为纪念冯定先生诞辰九十周年，《北京大学学报》（哲学社会科学版）1993 年第 2 期将该讲稿的绪论部分连同一组研究冯定哲学思想的文章一起发表。

1961 年

1 月，出席中国科学院社会科学部委员会举行的第 3 次扩大会议（出席会议的有学部委员等 100 余人），参与讨论了我国哲学社会科学工作任务等问题。

北京大学哲学系招收历史唯物主义研究生（由冯定指导）2 名：石仲泉、章玉钧。

《中国共产党怎样领导中国革命》一书由上海人民出版社出版第 3 版。

6 月，北大哲学系补充和增设马克思列宁主义经典著作课，其中"毛泽东著作选读课"由冯定和青年教师谢龙、冯瑞芳负责。

1962 年

4 月 29 日，和冯友兰一起被任命为校务委员。

6 月 12～14 日，《关于"红专"》一文连载于《光明日报》。

6 月，北京大学哲学系招收历史唯物主义研究生（由冯定指导）

---

① 冯定：《辩证唯物主义讲稿》（1960—1961），北京大学哲学系 1992 年 9 月内部刊印，第 31 页。

5 名：于本源、邹永图、张秀华、徐荣庆、苏振富。

年末，应中共福建省委书记叶飞同志邀请，赴福建省讲学 50 多天，于 1963 年初返回北京。

1963 年

1 月 11 日，应厦门大学和福建省哲学学会厦门分会筹委会的邀请，在厦门大学做题为《关于中国民族资产阶级问题》的学术报告。[①]

3 月 2 日，《学习雷锋，树立共产主义世界观》一文刊于《北京大学校刊》。

4 月 20 日，《革命的人生是不朽的——学习雷锋的关键》刊登在《中国青年报》。

5 月 4 日，新华社向全国报道，为发挥老教授的作用，加强对青年教师的培养，北京大学安排青年教师向几位老教授对号学习。向冯定对号学习的是哲学系青年教师谢龙和张恩慈。

1964 年

8 月 24 日，毛泽东在和周培源、于光远的谈话中对冯定进行了点名批评。

9 月 23 日，《红旗》杂志 17、18 期合刊以《评冯定的〈共产主义人生观〉》的标题发表编者按和署名张启勋的"对《共产主义人生观》一书的批评"的来信，首次在报刊上公开对冯定进行错误批判。

10 月，《人生漫谈》一书由中国青年出版社内部出版，因报刊上开展对冯定的错误批判而未能正式出版。

11 月，《红旗》杂志 1964 年 21、22 期合刊发表署名陆锋的文章《主观唯心主义的大杂烩——评冯定同志的〈平凡的真理〉》，《人民

---

① 卢善庆：《冯定讲〈关于中国民族资产阶级问题〉》，《厦门大学学报》（社会科学版）1963 年第 1 期。

日报》等报刊转载。

1966 年

6 月，被扣上"反革命修正主义分子"的帽子，成为批判斗争的重点对象。

10 月 25 日，毛泽东在《林彪在中央工作会议上的讲话》稿上"近年来对杨献珍、冯定的批判"处，删去了冯定的名字并批示："对冯定的批判我没有与闻。"

1967 年

4 月 1 日，北京大学文化革命委员会作战部资料组编辑和印刷《反革命修正主义分子冯定反动言论选编》，向校内外散发。

1970 年

在江西南昌鲤鱼洲北京大学"五七干校"劳动，为期一年，次年返校。

1975 年

8 月 5 日，北京大学校党委常委会议审议对冯定专案的意见，结论是冯定没有自首变节问题，决定予以解放，恢复其党组织生活，报上级党组织批准。

8 月 8 日，根据北京市委指示，北京大学党委书记王连龙到医院向北大原党委副书记冯定宣布对他的审查结论和北大党委关于解放冯定并恢复其党组织生活的决定。但此事随即因"批邓""反击右倾翻案风"而搁浅，未予执行。

1977 年

7 月 15 日，北京大学校党委常委开会，讨论翦伯赞、冯定的处理问题，当天，校党委向市委报送《关于解放冯定并恢复其党组织生活的请示报告》。

9月23日，北京大学校党委常委开会，会上宣读了北京市委同意北京大学校党委关于解放冯定并恢复其党组织生活的决定。

1978 年

6月20～21日，应邀参加社科院《哲学研究》编辑部组织召开的"真理的标准问题"座谈会并发言。

6月30日，与赵常林合写《坚持革命性和科学性的统一——学习〈唯物主义和经验批判主义〉笔记》一文，发表在《北京大学学报》（哲学社会科学版）第 3 期。

7月17～24日，社科院哲学研究所《哲学研究》编辑部召开"理论和实践问题讨论会"，冯定应邀做专题报告。

7月20日，北京大学接到教育部党组《关于周培源等同志任职的通知》：经党中央批准，周培源同志为北京大学校长，高铁、汪小川、冯定……同志为副校长。

7月，冯定在社会科学院哲学研究所和《哲学研究》编辑部联合召开的"理论和实践关系的研讨会"上发言，阐述"科学无禁区"的见解。

8月15日，冯定在北京大学做《实践是检验真理的唯一标准》问题的报告。

10月15日，北京大学、中国社会科学院、人民出版社、商务印书馆及安徽劳动大学联合在安徽芜湖市召开全国首届西方哲学讨论会（学界称"芜湖会议"）。全国哲学界 204 位专家学者包括冯定、贺麟、严群等数十位著名哲学家与会。以"芜湖会议"为开端，学术界就西方哲学史的性质、哲学史中的两条路线斗争、关于西方哲学史的分期、哲学史研究的方法等问题展开深入讨论，逐步克服以往把哲学史看作社会政治状况的直接反映以及把社会形态或阶级属性作为分期标准的简单化倾向。因此这是"我国现代外国哲学研究的一个转折点"（详见 1997 年国家哲学社会科学规划办公室编《哲学社会科学各学科研究现状与发展趋势》)。

10 月 20 日，在全国首届西方哲学讨论会上做《哲学工作者的历史使命》的学术报告，受到全体与会者的热烈欢迎。

10 月 24 日，借参加"芜湖会议"之机，与夫人袁方同志到泾县云岭参观了新四军军部旧址纪念馆和军部大礼堂。①

《哲学工作者的历史使命》一文发表在《安徽劳动大学学报》1978 年第 4 期。

1979 年

1 月 9 日，《生命的价值——谈谈革命人生观》发表在《文汇报》。

1 月 18 日～4 月 3 日，党的十一届三中全会后，中央根据叶剑英同志提议，召开理论务虚会议。第一阶段，以中宣部、中国社会科学院名义，邀中央和北京理论宣传部门 100 多人参加。第二阶段，以中共中央名义，邀中央和各省（区、市）近 500 人参加。冯定因身体状况未全程参加会议，出席其中若干次会议。

4 月 19 日，《立足今天 懂得昨天 奔向共产主义明天》发表在《中国青年报》。

《树立共产主义世界观 走历史的必由之路》发表在《红旗》第 6 期。

10 月 25 日，出席李大钊诞辰九十周年纪念大会。②

11 月 27 日，由冯定口述、别人执笔，给王岳（歌曲《跟着共产党走》的曲作者）复信，帮助这首于 1949 年 10 月下旬被"禁唱"的歌曲恢复名誉。这首歌是 1940 年 6 月由沙洪作词、久鸣（王岳的笔名）作曲，献给山东抗大一分校党代会的，后在山东根据地和其他解放区军民中广泛传唱。由于中国人民解放军军乐团在 1949 年 10 月 1 日开国典礼上演奏这首乐曲时，苏联文化代表团一成员说奏的

---

① 徐则浩：《冯定回忆新四军军部片段》，《江淮文史》1993 年第 3 期。
② 肖：《我校师生隆重集会纪念李大钊同志诞辰九十周年》，《北京大学学报》（哲学社会科学版）1979 年第 6 期。

曲子像是苏联的追悼歌，因此在 1949 年 10 月下旬上海市委召开的宣传会议上，当时任华东局宣传部副部长的冯定同志宣布这首歌因抄袭了苏联追悼歌要禁唱，后来证实不是抄袭。在给王岳的复信中，冯定同志向作者赔礼道歉并提出了切实可行的解决问题的办法。①

1980 年

2 月，《平凡的真理》由中国青年出版社出版第三版，印数 394001～494001 册。

4 月 30 日，与张文儒合写《论毛泽东同志在抗日民族统一战线问题上对唯物辩证法的杰出运用》一文，发表在《晋阳学刊》第 2 期。

3 月 20 日，《总结历史经验 发扬党的优良传统》一文刊登在《光明日报》。

《一代巨人斯大林》刊登在《科学社会主义研究》第 2 期。

5 月 29 日，《人活着究竟为什么?》发表在《文汇报》。

5 月，《学习少奇同志关于党的建设的理论》发表在《红旗》第 9 期。

5 月，《红旗》杂志第 10 期发表朱德生、张文儒的文章《寓深刻于平凡——评介〈平凡的真理〉一书》。

6 月 6 日，《青年的苦闷从何而来?》发表在《文汇报》。

6 月 17 日，在无锡召开的全国第一次伦理学讨论会上，被推选为中国伦理学会名誉会长。②

7 月，《吸取人类思想文化中一切有价值的东西——兼谈研究外国哲学的态度和方法》一文发表在《外国哲学》1980 年创刊号。8 月 29 日《人民日报》转载该文。

----

① 《关于歌曲〈跟着共产党走〉》，《光明日报》1980 年 1 月 15 日。
② 陈瑛：《著名伦理学家冯定教授简介》，《伦理学研究》2004 年第 2 期；中国社会科学院哲学研究所伦理学研究室编《道德与道德教育》，上海人民出版社，1981 年版，"编者的话"。

8 月 28 日，《让共产主义道德深入人心是理论工作者的神圣职责》一文发表在《北京大学学报》（哲学社会科学版）第 4 期。该文也选编入《道德与道德教育》一书（中国社会科学院哲学研究所伦理学研究室编，上海人民出版社，1981 年版）。

《北京大学学报》（哲学社会科学版）第 4 期发表黄楠森、陈志尚的文章《评 1964 年对冯定的〈共产主义人生观〉的批判》。

10 月 27 日，《列宁对我们今天的启示》发表在《江淮论坛》第 5 期。

在昆明参加由教育部主持召开的两本哲学教材的审稿会议（中国人民大学主编的《马克思主义哲学原理》、中山大学和中国人民大学主编的《马克思主义哲学发展史》）。①

1981 年

1 月 7 ~ 16 日，由中国社会科学院哲学研究所、《哲学研究》编辑部、全国总工会干部学校等单位联合召开的全国历史唯物主义讨论会在北京举行。冯定同志到会，就如何开展历史唯物主义的研究做了重要讲话。会议期间成立了中国历史唯物主义研究会，冯定同志任顾问。②

1 月 8 日，《理论与实践结合的光辉榜样》发表在《文汇报》。

1 月 31 日，与张文儒、陈葆华合写《辩证法是革命的代数学——从列宁著作中学习辩证的方法论》一文，发表在《文史哲》第 1 期。

3 月 17 日，任北京大学校务委员会顾问（据中共中央委员会 48 号文件）。

5 月 31 日，《怎样学哲学》一文发表在《文史哲》第 5 期。

9 月 28 日，《学习鲁迅振兴我们的精神世界》刊登在《北大校刊》。

---

① 张尚仁：《教育部两本哲学教材审稿会议在昆明召开》，《思想战线》1980 年第 6 期。

② 祝福训：《全国历史唯物主义讨论会概述》，《编创之友》1981 年第 2 期；中国社会科学院哲学研究所编《中国哲学年鉴（1983）》，中国大百科全书出版社，1983 年版，第 348 页。

12 月 13 日，任全国政协常委（全国政协五届四次会议通过）。

1982 年

3 月，《人生漫谈》由吉林人民出版社正式出版。

4 月 2 日，《用马克思主义世界观武装一代新人——从〈通俗哲学〉谈起》一文发表在《人民日报》。

6 月 3～12 日，"中国辩证唯物主义研究会成立大会暨学术讨论会"在京举行，冯定被聘为顾问（赵光武当选为副秘书长）。

8 月 10 日，《〈平凡的真理〉所经历的不平凡道路》一文发表在《民族书林》。

8 月，《精神文明建设在社会主义建设中具有特殊的重要地位和作用》，这是在北京市社联会上的书面发言。

12 月，《探索探索者的道路，开辟未来》一文载于《马克思主义哲学发展史论集》（人民出版社出版）。

1983 年

5 月，《关于抗大五分校一段历史的回忆》，盐城新四军军部原址纪念馆筹备处印。

6 月，《把马克思主义哲学送到人民手中——论哲学的普及》一文载于《中国哲学年鉴（1983）》（中国大百科出版社出版）。

8 月 15 日，《哭冶方》刊登在《人民日报》。

10 月 15 日，于北京友谊医院因脑软化医治无效逝世，终年81 岁。

10 月 27 日，冯定同志追悼会下午在八宝山革命公墓礼堂举行。

邓小平、陈云、彭真、胡乔木、邓力群、陈丕显、胡启立、粟裕、谷牧、姬鹏飞、张劲夫、张爱萍、陆定一、刘澜涛、韩天石、洪学智、周培源、杨献珍、周扬、夏衍、何东昌、钱正英、陈国栋、汪道涵等同志和政协全国委员会、中央宣传部、中央组织部、中央联络部、文化部、新华社、中共浙江省委、浙江省人民政府、宁波市人民政府、商务印书馆、中国人民解放军政治学院、北京大学等单位送了花圈。

邓力群、陈丕显、韩光、韩天石、洪学智、周培源、夏衍、张承先、黄辛白、彭佩云、刘导生等以及理论界、教育界人士和北京大学师生 700 多人参如了追悼会。

追悼会由北京大学校长张龙翔主持,中共中央书记处书记、中宣部部长邓力群致悼词。邓力群在悼词中介绍了冯定同志革命的一生,高度赞扬了他在长期的革命和建设过程中刻苦钻研和积极宣传马列主义、毛泽东思想,对马克思主义哲学的传播、宣传和普及做出的贡献。遵照冯定的遗愿,他的部分骨灰撒在北大校园里。

(注:该部分内容参考了冯贝叶、冯宋彻撰写的《冯定生平与学术年表简记》,载于谢龙《平凡的真理 非凡的求索——纪念冯定百年诞辰研究文集》,北京大学出版社,2002 年版,第 575~588 页)。

后　记

冯定一生追求真理，坚持真理，发展真理。他一生的理论探索，贯穿着对马克思主义的深刻理解，渗透着立场鲜明的党性原则，熔铸着注重应用的理论旨趣，高扬着立足现实的创新精神，蕴含着宽容平等的人格力量，洋溢着精练朴实的清新文风。

本书完成以后，我久久不能忘怀冯定先生在《探索探索者的道路 开辟未来》中的一段话，那种强烈的时代责任感和民族赤子之心总是跃然纸上。冯定先生这样写道：

我们这个背着沉重的封建主义精神枷锁的包袱的民族，在拥有汪洋大海般的小生产者的社会里，我们多么需要有更多的人来掌握哲学这样的精神武器来解放我们的精神境界哪！在用四个现代化来医治我们的经济创伤时，一切小资产阶级的狂热性、一切崇洋的民族自卑感，一切无政府主义的空谈，一切狂妄自大、目空一切的偏激无知的调调，都不能对于振兴中华有所补益。而只有马克思列宁主义、毛泽东思想这个科学的宇宙观才能是我们百战百胜的武器。

本书的完成只是一段探索历程的总结，并不是对马克思主义探索历程的终止。循着探索者开辟的道路，继续追求真理、发展真理，既是冯定先生的理论嘱托，也是马克思主义后学者的历史责任。

本书的写作，得到了众多专家学者的指导和帮助，北京大学马克思主义学院孙熙国教授、黄小寒教授、李翔海教授、夏文斌教授、李少军教授、魏波教授以及哲学系陈志尚教授、王东教授对本书的写作提出了很多宝贵意见。在此，一并表示真挚的感谢！

2019 年，我获评北京市第三届青年教学名师奖。本书的写作，既是对冯定哲学思想的总结和梳理，也凝聚着我对马克思主义大众化讲授方式的思考和探索。本书的出版，得益于北京市教学名师项目的奖励资助，也得到了中国劳动关系学院副院长刘玉方教授的大力支持。刘玉方教授宽厚待人的风格和对后学者温暖和蔼的鼓励是需要铭记在心的。

王多吉

2021 年 10 月 1 日于北京

图书在版编目（CIP）数据

冯定哲学思想研究 / 王多吉，代立梅著. -- 北京：
社会科学文献出版社，2022.6
ISBN 978 - 7 - 5201 - 9936 - 0

Ⅰ.①冯…　Ⅱ.①王…　②代…　Ⅲ.①冯定（1902 -
1983）- 哲学思想 - 研究　Ⅳ.①B261

中国版本图书馆 CIP 数据核字（2022）第 048756 号

冯定哲学思想研究

著　　　者 / 王多吉　代立梅

出 版 人 / 王利民
组稿编辑 / 任文武
责任编辑 / 王玉霞
文稿编辑 / 王　倩
责任印制 / 王京美

出　　　版 / 社会科学文献出版社（010）59367143
　　　　　　地址：北京市北三环中路甲 29 号院华龙大厦　邮编：100029
　　　　　　网址：www. ssap. com. cn
发　　　行 / 社会科学文献出版社（010）59367028
印　　　装 / 三河市尚艺印装有限公司

规　　　格 / 开 本：787mm × 1092mm　1/16
　　　　　　印 张：15.75　字 数：219 千字
版　　　次 / 2022 年 6 月第 1 版　2022 年 6 月第 1 次印刷
书　　　号 / ISBN 978 - 7 - 5201 - 9936 - 0
定　　　价 / 88.00 元

读者服务电话：4008918866